Zu diesem Buch

Tracy Thompsons Leben ist von Kindheit an von einer Depression überschattet. Was hat sie ausgelöst? Das fundamentalistisch-religiöse Elternhaus in Atlanta, ein schwerer Autounfall mit einer schlimmen Gesichtsverletzung, die jahrelang kosmetische Operationen erforderte, eine genetische Veranlagung?

Als die junge Journalistin in einem riesigen Karriereschritt zur *Washington Post* überwechselt, trifft sie dort auf ein Klima, das Erfolg, Macht und Leistung verherrlicht und in dem es unmöglich ist zuzugeben, daß man depressiv ist. Als sie noch eine unglückliche Liebesgeschichte zu verarbeiten hat, schlägt die Krankheit erneut zu. Sie versucht, sich umzubringen, und landet in der psychiatrischen Station eines Krankenhauses. Es ist der Wendepunkt in ihrem Leben.

Tracy Thompson hat die «Biographie einer Krankheit» geschrieben, die Chronik dessen, was sie erlebte. Ihr Buch ist wie eine Flaschenpost von einem Ort, der fremd ist, den die meisten von uns niemals betreten und der doch gleich nebenan liegt.

«Tracy Thompson nimmt uns mit auf die Reise durch die Trümmerlandschaften ihrer Depression und ihrer Heilung. Eine machtvolle, aufrüttelnde Reise, einzigartig in ihrer schonungslosen Ehrlichkeit und bestechenden Selbstanalyse. Da Tracy Thompson über großes Erzähltalent verfügt, ist ‹Die Bestie› auch eine fesselnde Lektüre.» (Susan Faludi)

Tracy Thompson wurde in Atlanta geboren und begann ihre Karriere als Journalistin bei der *Atlanta Constitution*, wo sie für den Pulitzerpreis nominiert wurde. Heute arbeitet sie für die *Washington Post* und lebt in Maryland.

Tracy Thompson

Die Bestie

Überwindung einer Depression

Deutsch von
Stefanie von Kalckreuth

rororo

Rowohlt

Deutsche Erstausgabe
Veröffentlicht im Rowohlt Taschenbuch
Verlag GmbH, Reinbek bei Hamburg, Juli 1998

Gesamtherstellung Clausen & Bosse, Leck
Printed in Germany
ISBN 3 499 22396 1

In the long journey out of the self,
There are many detours, washed-out interrupted
  raw places
Where the shale slides dangerously
And the back wheels hang almost over the edge
At the sudden veering, the moment of turning.

Journey to the Interior
THEODORE ROETHKE

Für meinen Mann

Prolog

Mein Körper schmerzt stoßweise, in Wellen, als hätte ich Malaria. Ich esse ohne Appetit, einfach weil der Geschmack von Essen zu den wenigen Dingen gehört, die mir noch Freude machen. Ich bin müde, so müde. Gestern abend lag ich da wie ein Haufen alter Kleider, und als David ins Bett kam, rührte ich mich nicht. Sex ist ein fremder Begriff. Bei der Arbeit bin ich heute vergeßlich, habe Schwierigkeiten, Sätze zu bilden. Ich verliere nach der Hälfte den Faden, und meine Worte verheddern sich ständig. Ich schaue auf meine «Zu erledigen»-Liste für heute und starre eine Ewigkeit darauf; nichts scheint zu passieren. Alles kommt mir traurig vor. Heute morgen mußte ich an meine ehemalige Nachbarin denken, die mir erzählte, sie hätte bei Sears Gardinen aus falscher Spitze gekauft. Das erschien mir so trostlos – so aufs Geld achten zu müssen, daß man sich keine echte Spitze leisten kann. (Warum denn? fragte eine Stimme in meinem Kopf. Die Gardinen, die sie gekauft hat, sahen hübsch aus.) Ich habe das Gefühl, mein Gehirn ist ein Klumpen Protoplasma mit winzigen Stromkreisen darin, und in einigen Leitungen gibt es ständig einen Kurzschluß. Winzig kleine elektrische Brände knistern da oben, und sie hinterlassen rauchende und ruinierte Neuronenabschnitte.

So kommt es mir zumindest vor. Während ich in der U-Bahn-Station sitze und auf den Zug warte, merke ich, daß ich nicht geordnet denke, also mache ich das, was ich schon oft in dieser Situation getan habe: Ich hole Stift und Papier heraus und fange an, meine «dysfunktionalen Gedanken» niederzuschreiben. Allein zwischen dem Wagen und der Rolltreppe sammle ich die folgenden: «Alle außer mir sind in Form. Ich bin fett.» Dann: «Mit meiner Karriere geht es nicht weiter. Ich werde niemals beruflich weiterkommen. Sie halten mich für zweitklassig.» Und: «Meine Beziehung zu David funktioniert nicht. Ich bin reizbar, entziehe mich und kritisiere an ihm herum. Wieder ein Beweis dafür, daß ich mit Intimität nicht klarkomme.»

Diese Gedanken zu notieren hilft nicht unmittelbar, das weiß ich, aber ich hefte sie für später ab. Ich nehme zwar an, daß ich zur Zeit verzerrt denke. Aber wenn mir dieses Wissen am meisten helfen würde, bin ich mir seiner nie wirklich sicher. Ich weiß nicht einmal, wann die momentane Attacke angefangen hat – vor einer Woche? Vor einem Monat? Es setzt so allmählich ein, man kann schwer sagen, wann. Ich weiß nur, daß die Bestie wieder da ist.

Man nennt es Depression, und meine Erfahrungen damit haben mein Leben geprägt – meine Persönlichkeit verändert, meine intimsten Beziehungen beeinflußt, meine berufliche Laufbahn verändert –, auf eine Weise, die mir vermutlich niemals ganz bewußt werden wird. Doch mittlerweile habe ich die Bestie in die Enge getrieben – was heißt, daß sie von Zeit zu Zeit ausbricht, ich aber eine gewisse Kontrolle über sie habe. Ich habe eine Reihe neuer Antidepressiva zur Verfügung – weit stärker als die traditionellen, schneller und mit weniger Nebenwirkungen – und eine Psychiaterin, zu der ich Vertrauen und eine gute Arbeitsbeziehung entwickelt habe. Nachdem ich lange Jahre so tat, als gäbe es die Bestie nicht, habe ich heute tiefen Respekt vor meinem Gegner.

Ich nenne sie «Bestie», weil es zu ihr paßt – obwohl ich sie mir nicht als ein Wesen, sondern als eine Kraft vorstelle: etwas, was die Grenzen der natürlichen Existenz durchbrochen hat, ein psychischer Güterzug namenloser Verzweiflung. Schon fast mein ganzes Leben lang ist die Bestie mein unerbittlicher und unberechenbarer Feind, der für Monate oder Jahre verschwindet und dann mit voller Macht zurückkehrt. Sie erschien in den harmlosesten Tarnungen, direkt vor meinen Augen versteckt hinter einem Wort, das ich zu verstehen glaubte, aber nicht verstand. Ich gebrauchte das Wort «Depression» schon mit vierzehn in meinem Tagebuch, aber nicht im medizinischen Sinn, sondern in seiner Alltagsbedeutung – für die normale, vorübergehende Verzweiflung eines Teenagers. Doch schon damals in der Schulzeit gab es lange Phasen – Wochen, vielleicht Monate, das läßt sich heute nicht mehr sagen –, in denen ich jeden Morgen die Stunden zählte, die ich hinter mich bringen mußte, bis ich wieder ins Bett kriechen konnte, Zeiten, in denen ich mich in die Dusche flüchtete und das Wasser voll aufdrehte, damit man mich nicht weinen hörte, in denen ich unglücklich über irgend etwas war, was ich nicht benennen konnte. Ich vermutete, daß etwas mit mir nicht stimmte, daß diese flache und farblose Welt, in der ich lebte, sich von der unterschied, in der die meisten anderen lebten, und ich wollte verzweifelt «normal» sein. Gleichzeitig hatte ich keine wirkliche Gewißheit, daß das nicht normal war. «Jeder fühlt sich manchmal einsam», sagte mir meine Mutter, wenn ich versuchte, ihr zu erzählen, wie es war. Wie sollte sie mir auch helfen? Ich hatte keine Worte, um diese Sache zu beschreiben. Und sie litt selbst unter Depressionen.

Und so versuchte ich schon sehr früh zu verstehen.

Meine diesbezüglichen Anstrengungen kann ich bis zu einem Winternachmittag mit vierzehn zurückverfolgen, als ich auf meinem Zimmer in einem Vorort von Atlanta saß. Ich hatte einen leeren grünen Stenoblock auf dem Schoß und einen Kuli in der Hand. Ich weiß das genaue Datum, weil es dort in meiner sorgfältigen Schulmädchenschrift notiert ist: 29. Dezember 1969. Ich begann ein Tagebuch, und ich hatte, so schrieb ich, zwei Gründe für dieses Experiment: Der eine war, mich im Schreiben zu üben. Der andere war, «die Ursache meiner Depressionen niederzuschreiben, um mir so vielleicht zu helfen ... Es klingt schrecklich und ist es auch, aber ich habe schon ein paarmal gedacht, wie schön es wäre, mich umzubringen!!!»

Im Laufe der Zeit wurde die Depression zu mehr als nur einem persönlichen Kampf, sie wurde auch zu einem Gegenstand, an dem ich meine schriftstellerischen Fertigkeiten üben konnte, selbst in jenen langen Jahren, als ich noch nicht wußte, was ich beschrieb. Es lag nahe, Journalistin zu werden – ein Beruf, der Menschen mit affektiven Störungen liegt. Eine affektive Störung zu haben heißt nicht, daß man auch künstlerisches Talent hat, doch es trifft zu, daß Angehörige der sogenannten kreativen Berufe – Schriftsteller, Schauspieler, Künstler, Musiker – häufiger als normal an solchen Erkrankungen leiden und daß es in diesen Berufsgruppen überdurchschnittlich viele Alkoholiker gibt, die vielleicht versuchen, mit dem Alkohol die Angst der Depression zu lindern. Das alles wußte ich noch nicht, als ich mit einundzwanzig Zeitungsreporterin wurde. Ich wußte nur, daß ich Zeitungen liebte. Am besten gefielen mir die Leute, die für sie schrieben: die abgebrühten Kollegen, die sich köstlich über die tote Stripperin amüsierten, deren Testament ihren Leichenbestatter anwies, ihr eine Peitsche und ein Glas Erdnußbutter in den Sarg zu legen («Wozu?» fragte ich, und sie brachen in schallendes Gelächter aus), aber bei einer Story über ein Kind, das sich im Wald verlaufen hatte, dahinschmolzen. Natürlich wollte ich am liebsten großartige Literatur schreiben, doch das wirkliche Leben kam stets dazwischen. Es war so viel interessanter. Ich beobachtete und beachtete alles, und was ich sah und fühlte, schrieb ich in mein Tagebuch. Es war noch immer ein pubertäres Unternehmen; jedes Ereignis wurde auf diesen Seiten mit viel Dramatik ausgestattet, und es verging kaum ein Tag, an dem ich nicht vermerkt hätte, wie es um meinen Gemütszustand bestellt war. Erst Jahre später würde ich beginnen, mich für die Biologie des Gehirns zu interessieren, würde ich soweit sein, zu erkennen, daß die Story, die ich recherchierte, größer war als ich selbst. Aber diese Fetzen Rohmaterial sollten sich später, als ich sie nach Mustern durchforstete, als nützlich erweisen. Ich war sozusagen dabei, «Spuren zu sichern».

1992, zwei Jahre nach dem Beginn einer wirksamen medikamentösen Behandlung meiner Depression, verschmolzen Persönliches und Berufliches in einem Artikel, den ich für die *Washington Post* über meine Erfahrungen schrieb. Mehrere Kollegen hatten mich davor gewarnt, über ein so persönliches Thema zu schreiben. Zu enthüllen, daß ich psychisch krank gewesen war, würde meiner Karriere schaden, und eine Zeitlang schwieg ich, aus Angst, sie könnten recht haben. Aber je mehr ich darüber nachdachte, desto mehr kam ich ins Zweifeln. Angenommen, sie hatten *tatsächlich* recht: Würde es mir auf lange Sicht helfen, zu schweigen? Außerdem empfand ich die Situation als ungerecht. Meine Kollegen hatten Erfahrungsberichte über ihre Herzanfälle oder ihre Gallenblasenoperation geschrieben, wenn sie etwas Interessantes daraus gelernt hatten, und ihre Artikel galten als wertvolle Beiträge zum öffentlichen Verständnis. Depressionen waren mit Sicherheit ebenso verbreitet wie Herzkrankheiten oder Gallenblasenoperationen. Ich kannte ein halbes Dutzend Leute, die schwere depressive Phasen durchgemacht hatten, und genauso viele, bei denen ein Familienmitglied davon betroffen war. Sie sprachen jedoch nicht offen darüber. Einige meiner Kollegen bei der *Post* wußten, daß ich wegen meiner Depressionen im Krankenhaus gewesen war, doch kamen sie meist nur im Treppenhaus oder bei einem privaten Essen darauf zu sprechen. Es verblüffte mich immer wieder, wie jeder einzelne seine Erfahrung als etwas Besonderes darstellte. *Es war keine richtige «Depression», es war Streß.* Oder: *Ich habe es nie erzählt, aber mein Vater war ein halbes Jahr lang im Krankenhaus; wir dachten, er würde nie wieder gesund werden.* Oder: *Niemand in meiner Familie war jemals beim Psychiater, ich bin der Sonderling.* Nach einer Weile lag der Schluß nahe, daß es sehr viele Menschen gab, die Erfahrungen mit dieser Krankheit gemacht hatten.

Und so war es. Um neun Uhr an jenem Dienstag morgen, an dem mein Artikel erschien, waren auf meiner Durchwahl in der Redaktion bereits über vierzig Anrufe eingegangen, die Anrufe, die woanders innerhalb der Zeitung landeten, nicht mitgezählt. Es ging die ganze Woche so weiter. Für viele Leser war es völlig neu, daß ihr Leiden tatsächlich ein medizinisches Problem und nicht eine Charakterschwäche war, daß sehr viele «Erfolgsmenschen» von depressiven Episoden lahmgelegt wurden und es dazwischen trotzdem schafften, eine anspruchsvolle Karriere zu verfolgen – und daß es Abhilfe gab. Wie ich hatten sie vermutet, daß irgend etwas mit der Art, wie sie sich fühlten, grundsätzlich nicht in Ordnung war. Aber sie hatten die letzte begriffliche Hürde nicht genommen – nämlich laut auszusprechen: «Ich bin psychisch krank.» Viele äußerten große Erleichterung; es war, als sei ein vertrautes Wort – «Depression» – plötzlich dreidimensional und der wahre Feind hinter der Alltagsfassade endlich sichtbar geworden. Ich kann mich besonders an eine Anruferin erinnern. «Ich heiße Peggy», sagte sie. Der Anruf war am frühen Dienstag morgen aufgezeichnet worden; sie mußte die Zeitung gerade gelesen haben. Weinend sagte sie: «Ich habe Ihren Artikel gelesen. Ich glaube, Sie haben mir gerade das Leben gerettet.»

Überwältigt von der Reaktion, die ich in mir selbst und bei anderen ausgelöst hatte, ging ich nach vier solchen Tagen nach Hause und zog mir für eine Weile die Bettdecke über den Kopf.

Ich tauchte schließlich mit der Idee wieder auf, anders über diese Krankheit zu schreiben – nicht als Bericht über eine Geisteskrankheit, sondern als Chronik einer Zeit, die ich durchlebt hatte. Für mich begann diese Epoche an jenem Winternachmittag 1969 in Atlanta – an einem Ort und zu einer Zeit, als man noch vage von «Nervenzusammenbrüchen» und «weiblichen Leiden» sprach –, und sie währt bis zum heutigen Tage, da sich viele Laien einigermaßen intelligent über Störungen der Neurotransmitter im Gehirn unterhalten können. Meine Aufgabe würde es sein, mich selbst dem gleichen prüfenden Blick auszusetzen –, mit dem ich andere betrachtete, wenn ich über sie schrieb, und so objektiv wie möglich über ein ausgesprochen persönliches Thema zu schreiben. Ich wollte versuchen, die Werkzeuge des Journalismus – die Fähigkeit, wichtige Einzelheiten zu bemerken und die richtigen Fragen zu stellen, das zähe Suchen nach einem Bedeutungsmuster in einem Wirrwarr von Fakten – auf die Kunst der persönlichen Biographie anzuwenden. Ich wollte versuchen, durch den Spiegel meines Selbst hindurchzutreten und zu beschreiben, was ich von der anderen Seite aus sah.

Es ist ein interessantes Konzept. Das Gehirn ist das einzige Organ, das versucht, seinen Schmerz zu verstehen. Es ist so, als ob der Knochen seinen Bruch verstehen, als ob das Blutgefäß seinen Riß begreifen wollte. Aber genau das hindert es auch am stärksten am Verstehen. Der Geist klammert sich fest an jede Alternative zum Chaos, selbst wenn diese Alternative die Selbstzerstörung ist. Die Tunnelsicht des Selbstmörders, dem der Tod die einzige Lösung für eine unerträgliche Existenz zu sein scheint, ist die kategorische Weigerung des Gehirns, die absurde Vorstellung zuzulassen, daß mit seiner Wahrnehmung der Ereignisse irgend etwas nicht in Ordnung sein könnte. Aber umgekehrt sollte genauso zutreffen, daß der gesunde Geist in der Lage sein könnte, seine eigene Funktionsstörung zu verstehen.

Die Symptomatik, die wir als Depression bezeichnen, ist

ein Gebiet, das im Laufe der Jahrhunderte schon oft erkundet wurde, und jedesmal waren die Forscher von anderen Elementen seiner Topographie fasziniert. Es erscheint uns als ein Phänomen des zwanzigsten Jahrhunderts, doch in Wahrheit ist es eine alte und wohldokumentierte Krankheit. Schon zu Hippokrates' Zeiten beschrieben griechische Ärzte einen Gemütszustand, der mit anhaltenden und unerklärlichen Ängsten und Befürchtungen Sorge einherging und den sie auf ein Zuviel an «schwarzer Galle» zurückführten. Der griechische Name hierfür – *mélas cholé* – ist die Wurzel des Wortes «Melancholie». Im vierzehnten Jahrhundert nannte man es «melancholia» und verwies damit auf die Trübsinnigkeit, die ein weiteres vorherrschendes Merkmal dieser Krankheit ist. Im neunzehnten Jahrhundert wurde sie zur «Neurasthenie» – ein Begriff, mit dem man Ohnmachtsanfälle und nicht recht faßbares körperliches Unwohlsein assoziierte. Das Wort «Depression» im klinischen Sinne kam erst in diesem Jahrhundert in Gebrauch, und ist bereits in die Laiensprache zurückgewandert. Heute, da wir versuchen, all die Einzelteile des Bildes in einen gemeinsamen Rahmen zu bringen, lautet der geläufigste medizinische Begriff «affektive Störung». Dieser und andere moderne Benennungen wie «neurobiologische Störung» mögen präziser sein, aber ihnen fehlt der Klang mancher Wörter aus früheren Jahrhunderten. Bislang war noch keiner wirklich zufriedenstellend; wir haben noch immer keinen spezifischen und zutreffenden Namen für diesen jahrtausendealten Schatten auf dem Gehirn gefunden.

Die Einstellung zur Depression im modernen Amerika ist besonders ambivalent. Aus unserer Pionier-Ethik der Unabhängigkeit hat sich ein moderner Hang zur Selbstbezogenheit und umgekehrt die Suche nach Anerkennung des Opferstatus entwickelt. Im Umgang mit Depressionen neigen die Amerikaner entweder dazu, Gleichmut zu zeigen und blind für die offensichtlichsten Symptome zu sein oder in die Rolle des verletzten Kindes zu schlüpfen, für dessen Probleme allein Kräfte verantwortlich sind, die sich seiner Kontrolle entziehen – schlechte Erziehung, soziale Mißstände oder genetische Mängel. Manchmal scheint es, als seien die anerkanntesten Meinungsträger bei diesem Thema in zwei Lager gespalten: die einen, die glauben, daß die Depression überhaupt keine echte Krankheit ist, und die anderen, deren Leben eine einzige lange Erfahrung mit Depressionen ist.

Trotz unserer neuesten Fixierung auf die Psychopharmakologie ist die Depression eine komplexe Krankheit internen wie externen Ursprungs, ein Zusammenspiel von inneren Gegebenheiten und äußeren Einflüssen. Das macht es um so schwieriger, sie zu definieren – und unser Unvermögen, das zu tun, mag erklären, weshalb selbst die großzügigsten Krankenversicherungen den Versicherungsschutz für diese Krankheit einschränken. Einer kürzlich im *Journal of Clinical Psychiatry* veröffentlichten Schätzung zufolge verursachen Depressionen in den USA jährlich einen volkswirtschaftlichen Schaden von 43,7 Milliarden Dollar, berücksichtigt man die medizinischen Kosten, Produktivitätseinbußen und den verlorenen wirtschaftlichen Beitrag von Lohnempfängern, die durch depressionsbedingten Suizid in jungen Jahren sterben. Für die amerikanische Wirtschaft ist die Depression der Taugenichts in der Familie, der im Verdacht steht, Geld aus der Kasse zu klauen. Die Arbeitgeber ignorieren ihn oder behandeln ihn mit Herablassung, in der Hoffnung, daß er eines Tages einfach verschwindet. Aber das tut er nicht.

In jedem guten Buchladen finden sich heute ganze Regale voller Bücher über affektive Störungen, viele davon medizinisch anspruchsvoll, manche auf populärwissenschaftlichem Niveau und viele irgendwo dazwischen. Im Cyberspace werden mittels Datenfiles mit Namen wie «Depression Chatline» Fragen zu Medikamenten und Tips zur Krankheitsbewältigung ausgetauscht. Nach der Anzahl von Einträgen zu urteilen, ist das Interesse an diesem Thema ebensogroß wie an dem ewigen Dauerbrenner: «Beziehungen». Der Apotheker in meiner Nachbarschaft in Washington meint scherzhaft, daß er Prozac gleich in Wagenladungen bestellen sollte, da es jeder in der Gegend nimmt.

Aber, fügt er hinzu, nicht jeder möchte das von sich zugeben.

Damit deutet er auf einen Aspekt hin, über den keiner spricht: Auch inmitten dieser Informationsflut bleibt das Stigma. Ich weiß von einem hochangesehenen Reporter bei der *New York Times*, der seine Psychiaterrechnungen selbst bezahlt, aus Angst, seiner Karriere zu schaden, wenn er sie bei der betrieblichen Krankenkasse einreichen würde. Vielleicht hat er recht; in jedem Fall ist der Versicherungsschutz der *Times* im Bereich geistige Gesundheit nicht gerade großzügig, so daß ihm also nicht viel entgeht. Ein junger Berater im Weißen Haus, der aufgrund seiner offenkundigen Intelligenz und seines Potentials direkt vom College angeworben wurde, erzählt mir beim Mittagessen, wie er sich aus dem Büro schleicht, um zu seinem Psychiater zu gehen, wie besorgt er ist, daß seine Kollegen die Nebenwirkungen seiner Medikamente bemerken könnten. Wie ich es auch von mir selbst kenne, erzeugt seine Krankheit solche Ängste, daß allein einen Gedanken zu Ende zu führen zu einer qualvollen Aufgabe wird und einen vollständigen Absatz zu schreiben einen ganzen Vormittag dauern kann. Es ist ein lähmender Zustand, in dem man sich da befindet, vor allem in Washington, einer Stadt, die eine Zeit hat für Leute, die schwer von Begriff sind. Eine Depression raubt dem Geist sein normales Konzentrations- und Analysevermögen. Betrachtet man scheinbar gesunde Menschen, die ihre Depression verbergen, von außen, so sind ihre Ausfälle subtil und leicht zu übersehen. Doch für den Kranken sind sie so verheerend, als ob ein Messer ihm im Schlaf 20 IQ-Punkte von seinem Frontallappen abgetrennt hätte. Das erzählt mir der Berater im Weißen Haus beim Mittagessen, obwohl er das nicht müßte. Er leidet so sehr, daß man es sehen kann, ist so zerbrechlich, daß ich denke, er könnte vor meinen Augen zusammenbrechen. Er ist sehr krank, und er schämt sich so sehr.

Ich verstehe seine Schamgefühle, ich habe sie selbst gehabt. Manchmal kommen sie auch heute noch. Wer niemals depressiv gewesen ist, den muß diese Krankheit wütend machen – leicht vorzutäuschen, durchaus möglich zu verstekken, bisweilen schwer zu unterscheiden von Gejammer und schlichtem Simulieren. Diese Frustration erklärt zweifellos einige der Methoden, mit denen Depressionen im Laufe der Jahrhunderte behandelt wurden, wie etwa Brechmittel, Abführmittel, kalte Duschen oder irgendwelche Hausmittelchen, alles mit einer Art müder Toleranz verordnet. Ich frage mich manchmal, wieviel diese nur allzu menschliche Frustreaktion mit dem Rat einiger Ärzte zu tun hat, die sich in den letzten Jahren ganz gegen den Einsatz von psychoaktiven Medikamenten stellen – und ob einer von ihnen jemals auf den Gedanken käme, einem Diabetiker zu sagen, er solle sich mehr bemühen, gesund zu werden.

Mitunter wird das der Depression anhaftende Stigma unbewußt auch von jenen unter uns genährt, die darüber schreiben und glauben, eine affektive Störung zu haben mache einen zu etwas «Besonderem». Viele persönliche Berichte über Depressionen enthalten eine hoffnungslos widersprüchliche Botschaft: Es sei falsch, eine Krankheit zu stigmatisieren, die ein medizinisches Problem wie jedes andere ist ... außer daß sie eben *doch* anders ist, weil nur Künstler daran leiden. Dies ist eine elitäre Sichtweise. Gemüseverkäufer und Busfahrer leiden genauso daran, nur fehlt ihnen die Muße, darüber zu schreiben. Und es ist eine Sichtweise, die einige unliebsame Wahrheiten ignoriert, zum Beispiel die Tatsache, daß Depression oftmals bestimmte Charakterzüge fördert, die als ihr dauerhaftes Erbe zurückbleiben können: manipulatives Verhalten, Passivität und unablässige Selbstversunkenheit.

Ich glaube nicht, daß Depressionen einer bestimmten Personengruppe vorbehalten sind, und ich sehe darin auch kein «feministisches» Thema. Ich mißtraue Statistiken, die besagen, daß Frauen weit häufiger an Depressionen leiden als Männer, weil ich nicht glaube, daß unsere Kultur es den Männern jemals gestattet hat, psychischen Schmerz so auszudrücken, wie es Frauen tun. Ebensowenig können wir auch nur annähernd sicher sagen, wie die Häufigkeitsstatistiken in unserem Jahrhundert beispielsweise im Vergleich zu denen im Frankreich des ausgehenden neunzehnten Jahrhunderts ausfallen. Statistiken über Depressionen sind wie Verbrechensstatistiken; wir kennen nur die verzeichnete Häufigkeit. Sie liefern uns grobe Anhaltspunkte, aber keine präzise Information.

Zu den Ironien der Geschichte dieser Krankheit zählt, daß neue medikamentöse Therapien – Arzneimittel wie Prozac, Paxil und Zoloft – hier bei uns etwa zeitgleich mit dem Höhepunkt des Kreuzzugs gegen Drogen auftauchten. Die Antidrogen-Slogans sind allgegenwärtig, sie zieren Einkaufstüten ebenso wie Seitenwände von Sattelschleppern. «Drogen sind eine Sackgasse». «Sag nein zu Drogen». «Drogen töten». Kaum eine Schule im Land, die nicht ein Schild hätte, das sie stolz zur «drogenfreien Zone» erklärt. Hinzu kommt die Auffassung vieler Nichtmediziner unter den Psychotherapeuten, Medikamente seien eine unzulässige Abkürzung und der einzige Weg, Probleme wirklich zu lösen, führe über eine jahrelange, qualvolle Selbstanalyse.

«Prozac macht mir ein bißchen angst», sagte mir einmal eine prominente Washingtoner Psychotherapeutin auf einer

Party. «Ich behandle lieber den ganzen Menschen» – als ob sie, dachte ich, das Gehirn als völlig unabhängig vom Dickdarm oder von der Bauchspeicheldrüse sehe.

Aber in gewisser Weise hat sie recht. Ray Fuller, einer der Wissenschaftler, die Prozac bei Eli Lilly entwickelten, formulierte es folgendermaßen, als ich ihn vor einigen Jahren für eine Story in der *Washington Post* interviewte: «Wenn das Gehirn simpel genug wäre, daß wir es verstehen könnten, dann wären wir zu simpel, um es zu verstehen.» Die Chemie des Gehirns zu verändern verändere das Verhalten, sagte er, aber der darin versteckte Umkehrschluß gelte genauso: Das Verhalten zu verändern verändere die Chemie des Gehirns. Das leuchtet mir ein. Und ich sehe das Rätsel des menschlichen Bewußtseins nicht geschmälert, wenn ich dies akzeptiere. Nein, es erhält allenfalls eine noch tiefere Dimension.

Eine psychische Krankheit ist eine Art Verbannung in ein fremdes Territorium des Geistes, obwohl diese Fremde gleich nebenan liegt. Es ist ein Raum – man kann ihn sich weiß, ohne bestimmte Merkmale und leer vorstellen –, den die meisten Menschen vielleicht niemals betreten und den andere vielleicht niemals wieder verlassen. Manchen unter uns, die ihn von innen gesehen haben, gelingt es oder auch nicht, uns Nachrichten darüber zukommen zu lassen, und bislang verstanden andere diese Berichte allenfalls in den Klängen der Poesie, der Musik oder der einfachsten Prosa.

«Es ist kalt hier drin», können wir sagen. «Ich habe Schmerzen. Ich fühle mich elend.»

Und die auf der anderen Seiten hören uns vielleicht. Vielleicht verstehen sie uns sogar teilweise. Doch noch nie ist die Botschaft in einer klaren, allgemeinverständlichen Sprache durchgedrungen, zusammenhängend, sorgfältig und in allen Einzelheiten erzählt.

Bis jetzt, muß man sagen. Seit die Medizin wirksame Behandlungsmethoden für Depressionen entwickelt hat, nehmen auch wir, die wir daran leiden, aktiv an dieser neuen Erforschung des Gehirns teil. Zum ersten Mal kann eine größere Anzahl von uns aus diesem gesichtslosen weißen Raum zurückkehren und etwas zu der Diskussion über Psychopharmaka und ihren Platz in der Gesellschaft beitragen. Es ist eine Diskussion, von der wir bislang meist ausgeschlossen waren, obwohl das nicht so sein sollte. Keiner hat größere Autorität als der Patient selbst, wenn es darum geht, was in seinem eigenen Kopf abläuft. Auch wird es immer mehr zu unserer Pflicht, daß wir uns mit unserer Krankheit auseinandersetzen, die richtige Therapie finden und, soweit wir können, darangehen, die Verhaltensweisen zu ändern, die durch die Depression begünstigt werden. Das bedeutet nicht, dem Opfer die Schuld zu geben; es bedeutet, das Opfer zu eigenständigem Handeln zu befähigen. Hier zu scheitern, sich dem überwältigenden Selbstmitleid hinzugeben, das diese Krankheit hervorbringen kann, verstößt gegen ein ungeschriebenes Gesetz unserer Gesellschaft, die sämtliche Talente und die Energien jedes einzelnen ihrer Mitglieder braucht. Ein Opfer der Depression zu bleiben, wenn ich die Mittel bekommen habe, gesund oder zumindest gesünder zu werden, bedeutet, daß ich Menschen einen Teil von mir vorenthalte, die vielleicht brauchen, was ich zu geben hätte.

Wenn ich mir heute jene sorgsam gerundeten Buchstaben in dem grünen Stenoblock betrachte, staune ich, wie wenig diese Vierzehnjährige wußte und wie prophetisch jene Worte waren, mit denen sie den Kampf beschrieb, der ihr bevorstand. Und ich bin froh, daß sie es geschafft hat.

Kapitel 1

Es ist mitten in der Nacht, der Morgen eine Fata Morgana. Und meine Befürchtung ist eingetreten: Die Bestie ist vor meinem Fenster. Es ist eine mechanische Bestie, und sie kreischt – Stahl gegen Stahl, ein tonnenschweres Donnern. Bedrückend spüre ich etwas Riesiges und Schwarzes. Noch ist es eingesperrt, aber es droht, sich loszureißen, alle Naturgesetze durchbrechend. Wenn ich mich bewege, könnte es mich bemerken. Ich rühre mich nicht, versuche, nicht zu atmen. Murrend bremst die Bestie ab, erbebt, gleitet und kommt schließlich vor meinem Fenster heiser und knallend zum Stillstand. Irgendwie ist die Stille schlimmer als der Mißklang davor. Es ist eine unheilvolle Stille, immer wieder unterbrochen von einem metallischen Ächzen, wenn sich die Bestie bewegt und im Schlaf etwas murmelt. Die Angst steigt wie eine Blase von der Magengrube zu meinen Lippen auf. Dann steht ein Schatten in der Tür: meine Mutter.

«Es ist ein Güterzug, Tace», sagt sie müde. «Schlaf weiter.» Kurz darauf höre ich ihre Stimme auf der anderen Seite des Flurs, im Schlafzimmer meiner Eltern. «Ich glaube wahrhaftig, sie kann diese Züge schon hören, wenn sie in Chattanooga aus dem Bahnhof fahren.»

Ich sitze auf dem Schoß meiner Mutter. Sie kniet oder sitzt im Schneidersitz auf dem nackten Holzboden. Ich fühle mich warm und glücklich. Sonnenlicht scheint durch das Fenster vor mir, und eine Brise bewegt die dünnen Gardinen. Ich lache.

Es ist Sommer, und ich bin im Garten hinterm Haus im Schutz eines kühlen Baldachins aus Eichenbäumen. Der Liegestuhl meiner Mutter steht auf der blanken Erde, neben dem Entenstall. Sie sitzt da mit der Mutter einer meiner Spielkameradinnen, und sie trinken Eistee aus kalten, hohen Gläsern in Metallhaltern. Ich sollte mich wohl fühlen, aber ich tue es nicht. Ich spüre eine vertraute, nagende Angst in mir. Was ist los? Irgend etwas stimmt nicht. Ich warte ständig darauf, daß es passiert. «Es ist so schön, im Regen hier draußen zu sitzen. Die Bäume sind so dicht, daß man gar nicht naß wird», höre ich meine Mutter sagen. Irgendwie frißt sich diese beiläufige Bemerkung in mein Gehirn, als hätte sie gesagt: «Die Russen bombardieren uns», oder: «Ich sterbe.» Solcherlei Dinge erwartete ich zu hören.

Die meisten meiner frühen Erinnerungen sind wie Sonnenlicht, das durch Blattwerk fällt, mit Furcht gesprenkelt. «Mein Berg-und-Tal-Mädchen» nannte mich meine Mutter. Nachts, wenn alle eingeschlafen waren, kniete ich vor der Zedernkommode in meinem Zimmer, die ich zu einem Altar machte, indem ich die dünnen weißen Vorhänge um mich herum ausbreitete. Dort handelte ich mit Gott um Erleichterung von diesem schrecklichen Bewußtsein der Schuld und der drohenden Katastrophe. Wenn ich nur brav genug sein könnte, würde mein Vater seine Arbeit nicht verlieren, meine Mutter nicht an Krebs sterben, unser Haus nicht niederbrennen. Mit einem Plastikkreuz in der Hand, das Licht absorbierte und eine Zeitlang im Dunkeln leuchtete, ging ich ins Bett und hoffte, in den Schlaf hinüberzugleiten, während das Symbol meines Erlösers noch über mir wachte – ein magisches, rötliches Leuchten. Doch oft erlosch es, bevor der Schlaf kam. In manchen Nächten driftete ich zwischen Wachsein und angstvollem Dösen hin und her, jäh ins Bewußtsein zurückgeholt, wenn der Hahn meiner Großmutter jenseits des Kornfeldes krähte. Es mochte dämmern; es mochte drei Uhr morgens sein. So wie Jahre später der Ruf einer Spottdrossel erschien mir dieses Geräusch wie eine gegen mich erhobene Anklage für Sünden, die ich nicht benennen konnte.

Wahrlich, ich sage dir, ehe denn der Hahn zweimal krähet, wirst du mich dreimal verleugnen.

Angst lag in der Luft, wie ein Virus.

Meine Mutter hatte Angst. «Ich hatte letzte Nacht einen schrecklichen Traum», sagte sie eines Tages. Wir saßen alle vier im Auto und fuhren über einen Hügelkamm irgendwo auf dem Land südlich von Atlanta. Wir hatten «Besuche gemacht», hatten an einem Sonntag nachmittag bei Verwandten vorbeigeschaut – eine alte Sitte in den Südstaaten. Jetzt war es schon spät. Vor uns versank hinter einem knotigen Gewirr von kahlen Zweigen die Sonne, zu einem matten Orange ausgebrannt, und warf Schatten über farblose Felder, die noch die Stoppeln der Sommerernte trugen. Meine Mutter hatte ständig schreckliche Träume, Prophezeiungen von Unheil oder endlose Zeitlupen-Alpträume, in denen sie der Sache, die sie verfolgte, nicht entkommen konnte. Es war das Erbe ihrer Vergangenheit: eine Kindheit in Armut, der frühe Verlust beider Eltern, Jahre der Entbehrungen und der Mißhandlungen durch Verwandte. Aus all diesen Trümmern hatte sie ihren südstaatlichen fundamentalistischen Glauben geborgen. Jesus war ihre Zuflucht, das einzige Wesen, das sie nie verlassen oder ihr das Gefühl gegeben hatte, wertlos zu sein. Sie liebte ihren Heiland mit der Inbrunst eines verlassenen Kindes. Doch selbst dieser freundliche Jesus warnte uns vor dem Jüngsten Tag, und genau davon sprach sie jetzt. Meine Schwester und ich lehnten uns über den Vordersitz; meine Mutter saß neben meinem Vater auf dem Beifahrersitz und blickte in den Sonnenuntergang.

«Die Sonne war blutrot, als sei es das Ende der Welt», erzählte sie.

«Was geschah in dem Traum, Mama?» Ihre Worte ließen mich frösteln. «Kamen wir darin vor?»

«Ja», antwortete sie kurz. Dann erschauerte sie. «Ich will nicht darüber sprechen.» Wie sehr ich sie auch drängte, sie sagte nichts mehr. Ich lehnte mich wieder zurück. Wie gräßlich er gewesen sein mußte, daß sie ihn uns nicht erzählen konnte. Der Traum war ein Omen; ich glaubte an Omen. Das Ende der Welt stand bevor, die Wiederkunft Christi. Es konnte jederzeit geschehen. *Denn ihr wisset weder Tag noch Stunde. Ich werde über dich kommen wie ein Dieb, und du wirst nicht wissen, welche Stunde ich über dich kommen werde. Sonne und Mond werden den Schein verlieren, und die Sterne werden vom Himmel fallen, und die Kräfte der Himmel werden sich bewegen.* Doch ich wußte, worum es in ihrem Traum ging: Es ging um mich, daß ich zurückgelassen würde. Ich würde nicht in den Himmel kommen.

Ich kann mich an keine Zeit erinnern, zu der ich dies nicht gewußt hätte. Der Glaube, der meine Mutter fürs Leben gestählt hatte, den mein Vater akzeptierte und in den meine ältere Schwester so natürlich hineinzuwachsen schien, fiel mir nicht so selbstverständlich zu.

Von Anfang an verwirrte mich vor allem diese sogenannte Wiederkunft Christi. Sie sollte für alle Christen der Augenblick des größten Entzückens sein, in dem die Gläubigen in die Lüfte getragen und direkt in den Himmel gebracht würden. In der Kirche hörten wir die Bibelverse. *Ich sage euch: In derselben Nacht werden zwei auf einem Bette liegen; einer wird angenommen, der andere wird verlassen werden … Zwei werden auf dem Felde sein; einer wird angenommen, der andere wird verlassen werden.* Es war ein Augenblick, den alle Christen angeblich mit Sehnsucht erwarteten. Aber jede Beschreibung davon hörte sich für mich schrecklich, verwirrend und seltsam an. Ich begriff es einfach nicht. Und die Tatsache, daß diese andere Sicht nicht ins Konzept paßte, daß ich die Wiederkunft Christi mit Furcht und Schrecken erwartete, war der Beweis dafür, daß ich anders war als die anderen. Und anders zu sein ist für ein Kind wie ein Fluch. Anders bedeutete fehlerhaft.

«Ich kann mich auf dieser Welt nicht mehr zu Hause fühlen», sangen wir in der Kirche. Aber die Welt *war* mein Zuhause. Ich liebte das Berührbare; in meinem Denken besaßen sogar die Buchstaben des Alphabets Form, Farbe, Substanz und Gewicht.

Das war Georgia, zwanzig Meilen südlich von Atlanta, Anfang der sechziger Jahre.

An einem Abend, ich war sieben Jahre alt, sprach Präsident Kennedy im Fernsehen. «Was ist los?» fragte ich. Die Erwachsenen starrten auf den Fernseher und antworteten nicht. Danach hatten wir eine Familienkonferenz um den runden Eichentisch in der Küche, bei der besprochen wurde, was wir tun sollten, wenn eine Atombombe auf Atlanta fiel. Steigt nicht in den Bus, befahl meine Mutter; ich komme euch holen, was auch passiert. In der Kirche beugten sich bleiche Männer mit dunklen Hornbrillen über mich und verlangten, daß ich mir vorstellte, gottlose Russen hätten gedroht, mich zu erschießen, wenn ich Jesus Christus nicht abschwor. Was würde ich tun? Ich würde Jesus abschwören und nach Hause gehen, dachte ich; vielleicht würden sie mich dann ja in Ruhe lassen. Aber das sagte ich nicht. Den bleichgesichtigen Männern zu erzählen, daß ich bereit war, mich den gottlosen Russen zu fügen, war nicht das, was sie hören wollten.

Der drohende Atomkrieg, der uns von irgendeinem Ort namens Kuba bedrohte, vermischte sich in meinem Kopf mit der Wiederkunft Christi. Ich konnte mich nicht entscheiden, wovor ich mich mehr fürchtete: vor den gottlosen Russen oder vor Jesus am Himmel, wenn er wiederkommt, um die Lebenden und die Toten zu richten. Irgendwie dachte ich immer, beide Ereignisse würden direkt über dem Zelt des Roosevelt-Autokinos, das von unserem Hintereingang aus zu sehen war, stattfinden.

Meine Mutter erinnert sich noch an einen Nationalfeiertag im Jahre 1962 oder 1963. Sie und mein Vater waren gegen Mitternacht in die Auffahrt hinausgegangen, um sich das alljährliche Feuerwerk anzusehen, das beim Autokino veranstaltet wurde. Meine Schwester und ich schliefen im hinteren Zimmer, jedenfalls dachten sie das. Irgendwann, zwischen Pfeifen und Knallen, wurde sie plötzlich auf Geschrei aus dem hinteren Teil des Hauses aufmerksam. Das waren wir beide, wir waren von dem Lärm aufgewacht. Wir dachten, es sei das Ende der Welt.

Ich kann mich nicht an diese Begebenheit erinnern. Ich wußte nur, daß die Vernichtung immer drohte. Es konnte passieren, während ich schlief, während ich meine Socken anzog, während ich mich mit meiner Schwester kabbelte. Ich konnte von einem Nickerchen erwachen und mich in der ewigen Hölle wiederfinden, während der Rest meiner Familie in die Seligkeit eingegangen war, weil Christus wiedergekommen oder der Atomkrieg ausgebrochen war, was immer zuerst eintreten mochte.

Einmal, in der vierten Klasse, verließ ich meinen Platz im Klassenzimmer und ging den Gang hinunter zum Mädchenklo. Ich lief dicht an der Wand, bemüht, keinen Raum einzunehmen. In der Toilette verkroch ich mich hinter einer Kloschüssel, die Arme um die Knie geschlungen. Ich weinte nicht; ich war einfach wortlos traurig. Da ich, nur mit der Logik eines Kindes ausgerüstet, nicht ergründen konnte, warum, beschloß ich schließlich, daß ich traurig war, weil Präsident Kennedy tot war. Selbst damals erschien mir diese Begründung nicht befriedigend.

Es gab zumindest auf einer Seite meiner Familie – der meines Vaters – eindeutige Anzeichen für eine erblich bedingte Neigung zu affektiven Störungen.

Irgendwann in den dreißiger Jahren, so erzählte man sich, legte sich die Mutter meines Vaters einfach ins Bett und stand ein Jahrzehnt lang nicht mehr auf. Keiner wußte genau, warum, obwohl man vage von «weiblichen Leiden» sprach. Rückblickend scheint es, als hätte sie einfach das Leben aufgegeben. Zu der Zeit, als sich meine ersten Erinnerungen an die Mutter meines Vaters formten, war sie schon eine gebeugte Frau, schwächer und älter, als sie den Jahren nach hätte sein sollen, die auf dem Sofa saß und alles Licht und allen Frohsinn im Raum zu absorbieren schien. Ihr Hunger nach menschlichem Kontakt – jeder Art – war unersättlich, aber sie hatte die Angewohnheit, meist um eine persönliche Gefälligkeit zu bitten, um ihn zu bekommen. «Könntest du mir die Fußnägel schneiden?» fragte sie. «Würdest du mir wohl die Haare waschen?»

Jahre später, als Erwachsene, erfuhr ich von einem weiteren Kind – einem Mädchen, das vor meinem Vater zur Welt gekommen war und von dessen Existenz meine Großmutter kaum jemals sprach. Ihr Name war Helen Faye. Sie war mit drei bei einem Haushaltsunfall zu Tode gekommen. Als meine Großmutter ihr gerade den Rücken zukehrte, hatte Helen Faye es geschafft, auf einen Schemel neben dem Herd zu klettern und dort einen Topf mit kochendem Wasser umzustoßen. Sie starb ein paar Tage später. Mein Vater wurde zu meiner Tante nach Gadsden, Alabama, geschickt, während sein älterer Bruder zu Hause blieb, um mit für die Mutter zu sorgen.

Der Vater meines Vaters war ein auf eine irgendwie spitzbübische Art gutaussehender Mann und gehörte einer der ersten Motorradstaffeln der Polizei von Birmingham an. Wir alle hörten meine Großmutter ihn niemals anders nennen als

«Boy» – nicht in dem herabwürdigenden Sinn, der damals in den Südstaaten auch gebräuchlich war, wenn man einen Schwarzen anredete, sondern einfach als Kosewort – eine ungewöhnliche Geste bei einer so zurückhaltenden Frau. Irgendwann nach Helen Fayes Tod ging er fort. In manchen Versionen verschwand er einfach – ging, wie man so sagt, Zigaretten holen und kam nie wieder. In anderen Versionen hatten sie sich über seinen Entschluß gestritten, in Mobile Arbeit suchen zu gehen. Sein Bruder fand ihn Jahre später in San Francisco als Dockarbeiter wieder. Als ich noch ganz klein war, sagt meine Mutter, kam die Nachricht, daß er wieder geheiratet hätte. Meine Großmutter lebte damals bei meinen Eltern – nach ihrer bettlägerigen Zeit brachte sie den größten Teil ihres Lebens damit zu, zwischen ihren Söhnen hin und her zu pendeln –, und meine Mutter wurde nachts von fürchterlichem Schluchzen wach. Zu dieser Zeit war er schon einige Jahre weg. Meine Großmutter trug noch immer ihren Ehering.

So zogen Tod und Verlassenheit in unser Haus ein, versteckt unter einer Decke von erdrückendem Schweigen. Und zum Trost gab es einen gütigen Jesus, der jeden Augenblick kommen konnte, um die Lebenden und die Toten zu richten.

Über die Familie meiner Mutter wußte ich noch weniger. Sie hat ein Bild, etwa 1929 aufgenommen, von zwei kleinen Mädchen, die neben einem Haus stehen. Es scheint Morgen zu sein. Beide haben einen Bubikopf und tragen Osterkörbe. Die ältere, sie dürfte etwa sieben sein, schaut direkt in die Kamera. Die jüngere, die etwa drei ist, sieht zur Seite – kurz abgelenkt durch einen Schmetterling vielleicht oder durch das Auftauchen der Hauskatze. Im Vordergrund des Fotos zeichnen sich zwei große Schatten ab, ein Mann und eine Frau, offenbar die Erwachsenen, die die Aufnahme machen. Die Dreijährige ist meine Mutter. Die Schatten sind die einzigen sichtbaren Erinnerungen an ihre Eltern.

Sie hat ihren Vater nie gekannt. Er ging nicht lange danach fort, aus nie geklärten Gründen, so wie Männer ihre Familien während der Depression eben verließen, um woanders Arbeit zu suchen oder sich einfach von der Last, die Frau und Kinder darstellten, zu befreien. Meiner Mutter erzählte man, er sei gestorben. Sie hat nur vage Erinnerungen an ihre Mutter – eine ernste, tief religiöse Frau mit rotbraunem Haar, die in Atlanta in der Nabisco-Fabrik arbeitete, wo sie Keksschachteln fertigte. Sie starb an einer Grippe, als meine Mutter vier Jahre alt war, in dem Winter nach dem Osterschnappschuß. Meiner Tante – der Siebenjährigen auf dem Foto – sagte man, ihre Mutter habe sich auf dem Sterbebett von ihrer Schwester versprechen lassen, sich um die beiden kleinen Mädchen zu kümmern.

Das Versprechen wurde leichtfertig gegeben und ebenso leichtfertig gebrochen; die Armut hatte die Familie meiner Mutter bitter und geizig gemacht. Zwei Kinder bedeuteten für sie lediglich eine höhere Lebensmittelrechnung. Weder meine Mutter noch ihre Schwester haben jemals auch nur mit einem Hauch von Zuneigung von ihren Verwandten gesprochen. Der einzige Onkel, der in stabilen finanziellen Verhältnissen lebte, ein Buchhalter bei Coca-Cola, beantragte ihre Adoption. Doch die Gerichte verweigerten ihm das Sorgerecht wegen seiner Trunksucht. Eine Zeitlang zogen meine Mutter und ihre Schwester von einem Verwandten zum anderen, wo sie überall als unerwünscht behandelt wurden. Meine Mutter erinnert sich an einen Familienkrach, der damit endete, daß die beiden irgendwo auf dem Land aus einem Auto geschoben und allein am Straßenrand zurückgelassen wurden. Wie lange sie dort standen, weiß sie nicht mehr; es kam ihr vor wie eine Woche, obwohl es vermutlich nicht mehr als eine Stunde war. Sie sieht sich noch mit ihrer Schwester dort im hohen Gras, während das Auto davonfährt. Sie war sechs, ihre Schwester zehn.

Die beiden endeten im Southern Christian Children's Home in der Innenstadt von Atlanta. Während einer besonders mageren Zeit war das Geld so knapp, daß die Kinder zum Abendessen nur ein Stück Brot mit etwas klebriger Erdnußbutter bekamen. Meine Mutter lernte, das Brot zu essen und sich die Erdnußbutter aufzuheben, die sie zu einer Kugel gerollt vor dem Einschlafen im Bett aß.

Meine Tante verließ das Kinderheim mit sechzehn, um sich unglücklich zu verheiraten. Meine Mutter hatte mehr Glück: Sie wurde mit acht Jahren adoptiert. Es überrascht nicht, daß sie den Mann, der sie rettete, mit ihrer uneingeschränkten Bewunderung überschüttete. Er war ein knochiger Farmer namens John Derrick, dessen Frau Cora keine Kinder bekommen konnte. Ich nannte ihn Pa-Pa. Als ich vier oder fünf war, hörte er bei der Southern Railway auf, wo er einen Job angenommen hatte, um die Rechnungen bezahlen zu können. Doch im Herzen war er immer ein Farmer geblieben, und bis zum letzten Jahr vor seinem Tod säte er noch ganz gewohnheitsmäßig aus. In einer meiner frühesten Erinnerungen sitze ich auf seinem Schoß, während er ein Messer aus der Brusttasche seines abgetragenen Overalls fischt, um mir einen Apfel zu schälen.

Meine Erinnerungen an diese Jahre sind primitiv und sensorisch.

Der Erdweg vor uns ist aus rotem Lehm, klebrig und schlüpfrig, wenn er naß ist. Ich pule ihn unter den Fingernägeln hervor, finde ihn zwischen den Zehen. Ich gehe hinter meinem Großvater, Pa-Pa, während er das obere Kornfeld mit seinem Maulesel Becky pflügt. Es ist frühes Frühjahr, und die abbröckelnden Erdklumpen sind kalt, als würde der Pflug die Wintererde für die stete Frühjahrssonne öffnen. Die Erde riecht dunkel, ein moschusartiger Geruch von Dung und Regen.

Später, in einem anderen Frühjahr, erinnere ich mich, wie

ich neben der Scheune auf der Erde liege und Pa-Pa auf der anderen Seite des Feldwegs pflügt. Er starb an einem Frühlingstag wie diesem, einem Tag, wie sich alte Damen den Himmel vorstellen: ein bißchen zu warm, ein bißchen zu duftend, ein bißchen zu blütenschwer. Ich rieche Geißblatt. Dieser Duft ist unterlegt von einem schwachen Tiergeruch aus der Scheune. Die Sonne scheint warm auf meinen Rükken. Ich liege mit dem Gesicht im Gras, drücke es an die Erde, und im Schlaf meine ich zu spüren, wie sich die Erde, fast unmerklich, auf den späten Nachmittag zubewegt.

So viel Traurigkeit – und doch: Zu der Zeit, als meine Eltern sich kennenlernten und heirateten, schien das Leben heiter, das schlimmste Elend lag hinter ihnen. Bilder von meiner Mutter aus dieser Zeit zeigen eine schöne Frau mit verlegen nach vorne gezogenen Schultern, eine Haltung, die sie angenommen hatte, weil sie ihre Körpergröße für unfeminin hielt. Sie war schlank, hatte rotes Haar, grüne Augen und einen gardenienblassen Teint. Mein Vater war damals sehr dünn, sein Haar schwarz und lockig, und er hatte einen intensiven Blick, den meine Schwester später erben sollte. Er kam aus dem Zweiten Weltkrieg nach Hause, sie lernten sich bei der Arbeit für Delta Airlines kennen und heirateten ein Jahr später. So lebten sie ihre Version eines Skripts, dem Millionen anderer heimkehrender Kriegsveteranen und ihre Bräute ebenfalls folgten. Pa-Pa zweigte acht Morgen Wald und Kornfelder neben seinem eigenen Haus ab, und mein Vater ließ sich Baupläne aus einer Zeitschrift kommen. Er und Pa-Pa bauten einen Großteil des Hauses selbst, vergaben die Spezialarbeiten, mischten aber den Beton und hievten Bauholz. Meine Mutter verputzte die Wände. Das Ergebnis war ein Ranchhaus mit Zwischenstock, einem kiefernholzgetäfelten Arbeitszimmer und einem nach zwei Seiten hin offenen Kamin im Wohnzimmer, den ich sehr mochte. Meine

Schwester wurde in diesem Haus im Winter 1953 gezeugt. Ich wurde zwei Jahre später geboren.

In dieser Zeit arbeitete mein Vater nachts für seinen Abschluß in Jura, während er tagsüber in der Frachtabteilung von Delta schuftete. Abends schlief ich mit dem Klappern der Royal-Schreibmaschine meiner Mutter ein, wenn sie in der Küche seine Hausarbeiten tippte. Die beiden paßten gut zusammen. Nach seiner mutterlosen Kindheit saugte mein Vater die bedingungslose Liebe meiner Mutter auf wie durstiger Boden das Wasser. Bei meinem Vater fühlte sich meine Mutter endlich wirklich gewollt. Ihre Flitterwochen verbrachten sie in Kalifornien und machten in Los Angeles Station, um ihre Schwester zu besuchen, die inzwischen schon zum zweitenmal verheiratet war. Auf einem Bild dieser Reise steht meine Mutter in langen Hosen gegen einen schnittigen Wagen aus den späten Vierzigern gelehnt und sieht strahlend und sexy aus. Dennoch ist da etwas – eine Spannung in ihrer Haltung, ein Unbehagen in ihrem Ausdruck –, das einem sagt, daß die Kamera etwas von ihr ohne ihre Genehmigung eingefangen hatte. Sie war schüchtern. Aber mein Vater hatte das umgängliche Wesen eines Politikers; bei ihm konnte sie das schwindelerregende Gefühl von Popularität stellvertretend miterleben. Er spielte in der Softball-Mannschaft seiner Firma, warf mit links und gewann Trophäen; er spielte in der Golfmannschaft seiner Firma, schlug mit rechts und gewann Trophäen; er spielte in der Bowling-Liga der Kirche und gewann so viele Trophäen, daß meine Mutter sie in den Wandschränken stapelte. Er scherzte fortwährend, sogar in der Kirche. Erst viel später wurde mir klar, wieviel er hinter dieser Maske aus Fröhlichkeit verbarg. Daß sie so wirksam war, lag daran, daß er wirklich komisch sein konnte. «Hast du gehört, was Tommy wieder vom Stapel gelassen hat?» sagten die Leute auf Partys und wiederholten einen seiner Sprüche. Ich war sein Gehilfe – ein lachfreudiges

Kind, das sofort bei ihm anbiß; nichts machte ihm mehr Freude, als mich zum Lachen zu bringen. «Nach dem Gottesdienst heute abend findet ein kurzes Älterentreffen statt», tönte der Pfarrer von der Kanzel, und mein Vater flüsterte vernehmbar: «Und was ist mit den *langen* Älteren?» – wohl wissend, daß ich die aufkommende Heiterkeit nicht unterdrücken konnte.

Er war impulsiv. Einmal kam er von der Arbeit in die Auffahrt gerast, ließ die Bremsen quietschen, hupte und rief uns zu, wir sollten einsteigen. Mit kreischenden Reifen ging es die Straße hinauf zu der Autobahnüberführung, die in der Nähe von uns gebaut wurde. Dort angelangt, zeigte mein Vater nach Westen auf einen besonders eindrucksvollen roten Sonnenuntergang. Er hatte gewollt, daß wir ihn sehen.

Nachdem er seinen Juraabschluß gemacht hatte, stieg er ins Management von Delta auf, und wir kamen in den Genuß von Freiflugscheinen. Doch er plante eine Reise nie im voraus, wir unternahmen sie einfach. Einmal kam er von der Arbeit nach Hause und verkündete: «Wir fahren nach Australien», und an diesem Wochenende taten wir es. Es war das erste von etlichen ähnlichen Abenteuern, die uns im Laufe der Jahre an Orte wie Irland, Neuseeland oder Hawaii brachten – an jeden Ort, den meine Eltern schon immer erkunden wollten und den wir Kinder sehen sollten. Meine Mutter fand das nicht weniger aufregend als meine Schwester und ich. «Wer hätte gedacht», sagte sie oft, «daß eine Waise aus dem Southern Christian Children's Home in … landen würde?» Diese Trips waren in ihren besten Momenten köstliche Ad-hoc-Unternehmen. Einmal fanden wir uns bei dem Versuch, mit einem Mietwagen von einem großen und seltsam menschenleeren Flugplatz in Auckland wegzukommen, am Ende einer Straße wieder, die uns direkt auf eine Rollbahn gebracht hatte. «Und jetzt?» fragte meine Mutter, und ich, die ewig Neunmalkluge, steckte meinen

Kopf nach vorne zwischen sie und meinen Vater. «Jetzt macht man den Windsack ausfindig und hebt mit dem Wind ab.»

Manchmal packte ihn die Wut, aus irgendeinem Anlaß – ein Rasenmäher, der nicht anspringen wollte, das Mayonnaiseglas, das jemand unverschlossen auf dem Küchentisch hatte stehenlassen. Wenn er so war, machte er mir angst; sein Zorn konnte uns alle aus dem Raum fegen. Da war etwas Übertriebenes in der Art, wie er ein Werkzeug auf den Boden warf oder eine Tür zuknallte, eine Heftigkeit, die aus dem Nichts zu kommen schien. Ich spürte einen tiefen, unergründlichen Zorn in ihm – vielleicht, weil ich schon damals ahnte, daß ich ihn auch hatte. Dann war es wieder vorbei. Er wanderte durch das Haus und sang Quatschreime zu bekannten Melodien. «Toreador / Don't spit on the floor / Use the cuspidor / That's what it's for», grölte er. Oder: «LEP-rosy / Night and day you TOR-ture me / Sometimes I wonder / Why I fall asunder ...»

Für meine Mutter war seine Überschwenglichkeit wie Medizin. Sie war glücklich. Ich beobachtete sie von der Küchentür aus, wie sie an der Spüle stand, in einem grüngestreiften Seersuckerkleid, die Haare zurückgebunden. Ihre Hände bewegten sich in den Seifenschaum hinein und wieder heraus; ihr Gesicht war ruhig und ernst. Ich dachte, niemand auf der Welt könnte schöner sein als sie. «Die Liebe erhöht mich», sang sie in ihrem klaren, echten Sopran, oder: «Er birgt meine Seele im Spalt eines Felsens / Der beschattet ein trokkenes, durstiges Land / Er birgt meine Seele in der Tiefe seiner Liebe / und beschirmt mich dort mit seiner Hand.»

Am letzten Schultag vor den Weihnachtsferien, am 18. Dezember 1968, hielt mein Bus an der üblichen Stelle, jenseits der Bahngleise, in Sichtweite des Hauses. Es war ein klarer und kühler Nachmittag. «Sei lieb», sagte meine Freundin

Necie, als ich hinter meiner Schwester ausstieg. Das letzte, woran ich mich erinnern kann, ist ein Glitzern von Sonnenlicht auf Metall, das ich aus dem Augenwinkel wahrnahm.

Das Auto war über eine leichte Anhöhe gekommen, mit einer solchen Geschwindigkeit, daß ich es überhaupt nicht sah. Es verfehlte meine Schwester um Zentimeter. Mich erwischte es rechts unten im Rücken, und ich flog wie eine Stoffpuppe über die Motorhaube. Ich wachte erst nach einer Woche wieder auf, an Heiligabend. Im Fernseher neben meinem Bett bereiteten sich die Astronauten der Apollo 8 auf die erste Erkundung der dunklen Seite des Mondes vor. Ich erhaschte, immer wieder unterbrochen durch morphiumbedingten Schlaf, einige Szenen davon durch mein rechtes Auge – der einzige Teil von mir, der nicht mit Verbandsmull umhüllt war.

Der Aufprall hatte mir die Knochen im unteren Rücken und Becken zertrümmert, und ich hatte tiefe Rißwunden auf der Außenseite meines linken Oberschenkels, wo ich offenbar auf der Straße entlanggeschlittert war. Kleinere Wunden bedeckten mich von Kopf bis Fuß; ein Kiesel hatte sich sogar in mein Handgelenk gegraben. Die inneren Verletzungen waren ebenfalls beträchtlich: Darmblutungen und eine geprellte Milz. Aber das schlimmste für mich war mein Gesicht: Irgendein Metallteil an dem Wagen hatte einen fransigen Hautriß hinterlassen, der sich unmittelbar am Haaransatz über dem linken Auge auftat und meine ganze linke Schädelhälfte exponierte; wie durch ein Wunder war das Auge verschont geblieben. Sie operierten sechs Stunden, um mich wieder in menschliche Form zu bekommen, und den größten Teil davon beanspruchte die plastische Chirurgie an meinem Gesicht.

Der Unfall fiel mit einem größeren Wachstumsschub der Pubertät zusammen. Nach drei Wochen verließ ich das Krankenhaus im Rollstuhl; nach drei Monaten humpelte ich nicht mehr. Aber da war eine gräßliche rote Narbe, die sich über ein Viertel meines Gesichts zog. Sie fing über dem linken Auge an und drehte den äußeren Rand meines Auges grotesk nach oben.

Ich weiß bis heute nicht genau, wie der Unfall passiert ist. Ich wußte, daß es eine Zeit der Rassenspannungen war. Martin Luther King war im vergangenen April ermordet worden, und manche Leute in der Kirche munkelten, daß der Fahrer, ein neunzehnjähriger Schwarzer, mich absichtlich überfahren hatte, weil ich weiß war. Im späten Frühjahr kam es zum Strafprozeß. Vor Gericht sagte der Fahrer aus, daß seine Bremsen versagt hätten. Im Flur des Gerichtsgebäudes musterten sich unsere Familien mit feindseligen Blikken. Meine Familie wartete auf ein Zeichen der Reue; seine Familie wartete ab, welche Form der Ungerechtigkeit das Gericht walten lassen würde.

Nach dem Essen wurde ich in den Zeugenstand gerufen. Der Staatsanwalt stellte der Form halber ein paar Fragen. Dann bat er mich, den Zeugenstand zu verlassen und vor die Geschworenen zu treten. Er führte mich langsam an der Reihe der Geschworenen vorbei. Manche von ihnen lehnten sich vor, um die roten Narben in meinem Gesicht besser sehen zu können. Ich weiß noch, wie ein älterer Herr bei meinem Anblick zurückzuckte. Die Narben, so wurde mir viel später klar, sollten nicht als Beweis dafür dienen, daß der Angeklagte ein Verbrechen begangen hatte. Vielmehr waren sie eine deutliche, unausgesprochene Botschaft des Staatsanwalts an die zwölf Weißen auf der Geschworenenbank: Hier war ein junges weißes Mädchen, dem man eines der wertvollsten Dinge geraubt hatte, die eine Frau besitzt, und ein Schwarzer hatte das getan.

Der Verteidiger hatte keine Fragen. Die Geschworenen brauchten eine halbe Stunde, um den Schuldspruch zu fällen. Ich erfuhr später, daß der Richter ihn zu drei Jahren verurteilte.

Die ganze Geschichte war unerträglich, also schloß ich sie im Geiste weg. Mach dir keine Sorgen, sagten die Leute; die Narben sind momentan schlimm, aber das kriegt man mit plastischer Chirurgie wieder hin. Und so wartete ich. In dem Sommer nach dem Unfall hatte ich die erste Reihe von plastischen Operationen – ein oder zwei Tage im Krankenhaus, gefolgt von mehreren Wochen mit verbundenem Gesicht, in denen ich mich im Haus versteckte, weil ich aussah, als hätte ich mich geprügelt. Jedesmal erwartete ich, nach dem Entfernen der Verbände wieder das Gesicht zu sehen, das ich früher gehabt hatte; jedesmal wurde ich enttäuscht. Tatsächlich konnte nur die Zeit die Wunden heilen. Mit diesem Konzept konnte eine Vierzehnjährige freilich wenig anfangen. «Du bist ein hübsches Mädchen», versuchte meine Mutter mich immer wieder zu überzeugen. Aber ich mußte nur in den Spiegel schauen, um zu sehen, daß das nicht stimmte. Und so versuchte ich, es zu ignorieren.

Das funktionierte, jedenfalls zeitweise. Einmal, als ich an einer Bushaltestelle wartete, erkundigte sich ein Fremder unverschämt: «Was ist denn mit deinem Gesicht passiert?» Ich blickte geradeaus und wußte keine Antwort. «Mach dir keine Sorgen, Schätzchen», sagte der Arzt in der Notaufnahme, ein flotter Mann, der ein ehemaliges Playboy-Häschen zur dritten oder vierten Frau hatte. «Du wirst eine interessant aussehende Frau werden.» Das war nicht sehr hilfreich. Ich war nicht dumm; ich wußte, daß «interessant» nur einen Schritt von «häßlich» entfernt war und weit hinter «schön» oder wenigstens «hübsch» rangierte – und er selbst war der Beweis dafür, wie sehr die Männer bei Frauen ein schönes Aussehen schätzen. Mein plastischer Chirurg, ein angesehener Arzt, der total gefühlskalt wirkte, betrachtete mein Gesicht teilnahmslos, so wie ein Künstler seine Alternativen erwägt. In seinem Schweigen hörte ich deutlich, wie er meine Träume für unmöglich erklärte.

Schließlich überwand meine Mutter ihre moralischen Bedenken dagegen, schon so früh Make-up zu tragen, und ging mit mir in ein Merle-Norman-Studio. Dort schmierte eine Dame mein Gesicht dick mit Schminke ein, bedeckte die Schminke mit Puder und das Puder mit Rouge. Dann nahm sie einen Schminkstift und zog eine neue Augenbraue über mein linkes Auge. Anschließend verkaufte sie uns einen Sack voll Merle-Norman-Produkten. «Schön siehst du aus», sagte sie, als sie fertig war. Das stimmte nicht; ich sah einbalsamiert aus. Aber von diesem Tag an verließ ich das Haus nie mehr ohne mein Make-up. Es machte mich verrückt, daß ich Make-up tragen mußte, daß ich vernarbt und bleichgesichtig war. Meine Schwester, damals sechzehn, war im letzten Jahr noch ein paar Zentimeter gewachsen, und ihr Gesicht hatte das kindlich Runde verloren. Mit ihren schwarzen Haaren und großen braunen Augen entwickelte sie eine Art dunkler Schönheit, die noch unterstrichen wurde durch den Reh-Blick, mit dem sie die Leute anschaute, wenn sie sie beim Namen nannten. Es kam mir damals nicht in den Sinn, daß auch sie litt, daß sie sich als Reaktion auf die Aufmerksamkeit, mit der meine Eltern mich überschütteten, noch weiter in ihre Bücher und ihre Phantasiewelt zurückzog. Soweit ich mich entsinnen kann, wurde kaum darüber gesprochen, daß sie ebenfalls beinahe umgekommen wäre. Ich wußte nur, daß ich eifersüchtig war.

Tagebucheintrag, Samstag, 15. Mai 1971:

Nonny hat sich heute die Haare schneiden lassen, jetzt bin ich endgültig die Häßlichere von uns Schwestern. Ich wußte schon immer, daß es so ist … Sie hat alles, was dazugehört, um wirklich hübsch zu sein, und sie lernt, das auszunutzen. Ich dagegen sehe so aus, wie ich immer aussehen werde.

Ich hatte auf die Pubertät gewartet wie jedes andere junge Mädchen, als wäre es ein Disney-Traum, und etwas Wunderbares würde passieren. Jetzt sehnte ich mich zwar danach, meinen Vater sagen zu hören, ich sei hübsch, aber ich wußte, daß das nie geschehen würde. Ich fragte nicht einmal. Als ich aus dem Krankenhaus zurückkam, hatte er mich hochgehoben und ins Haus getragen, doch seine Berührung tröstete mich nicht, sie war mir nur peinlich. Ich weiß bis heute nicht, wie er über den Unfall dachte; er hat es mir nie gesagt. Wir sprachen nur ein einziges Mal darüber, nach Jahren, und dieses Gespräch war gestelzt und unnatürlich. Meine Mutter redete oft darüber. Für sie war mein Überleben ein Wunder. Sie dankte Gott inbrünstig dafür, daß er ihre Tochter verschont hatte. Wenn ich ihren Gebeten zuhörte, erschien es mir undankbar, mich über die Art zu beschweren, wie Gott das vollbracht hatte.

Wieder beugten sich bleiche Männer mit dunklen Brillen in der Kirche über mich, diesmal ihren Dank murmelnd, daß der gütige Gott mich hatte überleben lassen, und als brave Tochter sprach ich ihre frommen Gebete nach. In mir drin verzog sich meine Wut in eine dunkle Ecke meiner Seele. Erst Jahre später sollte ich erkennen, daß ich wütend war.

In meinem letzten Jahr auf der High-School hatte ich mich mit einer Clique von Leuten zusammengetan, die von der restlichen Schule hämisch «Creamer» genannt wurden – «erste Sahne», die Klassenbesten in einer ganz normalen öffentlichen High-School in Georgia. Ein «Creamer» zu sein war dasselbe, wie wenn man «Streber» genannt wurde, aber das war mir egal. In Strebertradition hielten wir zusammen. Wir gingen sogar geschlossen zum Schulball, weil es keiner von uns wagte, jemand anderen um eine Verabredung zu bitten. Bis zum Schulabschluß hatte ich einige akademische Auszeichnungen gesammelt, spielte Tennis und hatte mir sogar einen Freund zugelegt. Ich las ständig. Meine Lektüreliste zeigte eine deutliche Präferenz für männlich, britisch und neunzehntes Jahrhundert, obwohl sich gelegentlich auch ein Amerikaner dazwischen fand: Dickens – *Große Erwartungen* war mein Lieblingsbuch –, die Brontë-Schwestern, Thackeray, Hemingway, F. Scott Fitzgerald, James Thurber, Mark Twain. Mein Leben war voll von den Dingen, die Teenager eben so tun – Mädchenpartys, Clubs, Mitarbeit am Schul-Jahrbuch.

Aber die ersten Anzeichen einer chronischen Depression wurden sichtbar. Schon vor dem Unfall hatte ich angefangen, häufig zum Arzt zu gehen und ständig über diverse Beschwerden zu klagen. Manche waren echt; andere hatten keine klare körperliche Ursache. Ich schien permanent an Magenschmerzen, Kopfschmerzen, einem mysteriösen Husten und seltsamen Klumpen in den Lymphdrüsen zu leiden – eine ganze Litanei von Gebrechen, die die Ärzte irritierte und meiner Mutter Sorgen bereitete. Denn sie hatte die Erfahrung gemacht, daß es so etwas wie schlechte Nachrichten nicht gibt, nur Katastrophen. Jedes neue Leiden überzeugte sie davon, daß ich an einer tödlichen Krankheit litt. Unser Hausarzt überwies mich an einen Internisten, der überwies mich an einen Neurologen, der ein EEG machte. Es war normal. Mein Urin wurde auf Diabetes getestet, mein Blut auf Leukämie. Auch hier alles normal. Schließlich wußte der Internist nicht mehr weiter und verschrieb mir Valium. Ich war entzückt. Ich bekam nicht nur die Aufmerksamkeit, nach der ich mich sehnte, sondern das Valium versprach auch, daß ich – endlich – gut schlafen würde.

Mai 1973: Es ist bald ein Uhr nachts, aber ich schreibe so lange, bis ich schläfrig werde. Gestern nacht hatte ich einen Rückfall – Schlaflosigkeit, bei der ich eindöse, nur um zehn Minuten später von meinem eigenen Herzschlag zu erwachen, so erschrocken, daß ich keine Luft bekomme ... Heute abend habe ich eine Dosis codeinhaltiges Hustenmittel plus zehn Milligramm Valium eingenommen und hoffe, daß ich schlafen kann ... Das hat ungefähr vor anderthalb Jahren angefangen, kurz vor dem Umzug, und seitdem habe ich immer wieder Probleme damit.

Ich war siebzehn.

Die Angst war wie Giftsumach, ein seelisches Jucken. Sie war so leicht auszulösen – durch eine zufällige Bemerkung, die Erinnerung an ein Ereignis vom Vortag –, aber wenn sie erst einmal angefangen hatte, war es mir unmöglich, den Kreis zu durchbrechen. Meine Gedanken drehten sich, mein Puls hämmerte, ich konnte mich nicht konzentrieren. Wie sehr wollte ich dieses Gefühl *verstehen* – und die Erklärung, oder die scheinbare Erklärung, war offenkundig: Mein Problem waren die Jungs.

Aber ich war Christin, und christliche Mädchen hatten ihren Geist höheren Dingen zuzuwenden. Glücklich sollten wir sein. «Der Zweifel», erklärte uns ein Lehrer in der Sonntagsschule feierlich, «ist des Teufels.» Ich war von Zweifeln erfüllt, sie zerfraßen mich. Als der Rektor unserer High-School einmal eine Schönheitskönigin zu einer Anfeuerungsveranstaltung vor einem Footballspiel mitbrachte, damit sie ihr persönliches christliches Bekenntnis ablegte, saß ich mit meinem Freund Jim auf der Zuschauertribüne und sah zu, wie die Leute um uns herum einer nach dem anderen hinuntergingen und ihr Leben Christus übergaben. Ich tat es nicht; ich haßte diesen emotionalen Zwang.

Mein Gesicht haßte ich auch. Es gab Zeiten, da stand ich vor dem Spiegel im Badezimmer und bedachte mich mit lautlosen Obszönitäten, angewidert vom Anblick der roten Wulstnarbe, die meine Stirn verunstaltete. Aber das sagte ich niemandem. Jahrelang verließ ich den Raum, sobald jemand den Unfall erwähnte, so erzürnt, daß ich nichts sagen konnte. Da es nichts anderes gab, worauf ich diesen Zorn hätte richten können, wählte ich das am leichtesten verfügbare Objekt: mich selbst. Dieser Drang, die Erscheinungsformen meiner Minderwertigkeit zu katalogisieren, war einer der ersten Impulse, die zu meinem Tagebuch führten. In diesem ersten Band fand ich Zettel, die noch vor dem Dezember 1969, als ich mein Tagebuch anfing, datiert waren, die ich aber zusammengefaltet und darin aufbewahrt hatte. Auf einen solchen Zettel, der das Datum 23. Oktober 1969 trug, hatte ich geschrieben:

Im Grunde bin ich ein sehr kalter und verschlossener Mensch ... Die meisten halten mich für ehrlich, verläßlich und vertrauenswürdig – ein nettes, christliches junges Mädchen. Ich fürchte, das ist zum Großteil geheuchelt ... Ich versuche, eine gute Christin zu sein, aber wegen meiner erwähnten Neigung zur Heuchelei und auch wegen einer erschreckenden Neigung zu Falschheit und Einbildung fällt mir das extrem schwer ... Ich bin schlimmer als die Betrunkenen auf der Straße oder die Prostituierten in den Bars, weil sie wenigstens nicht vorgeben, besser zu sein, als sie sind. Das kann ich von mir nicht sagen. PS Wenn ich das lese, werde ich mir wahrscheinlich selbst leid tun.

An anderen Stellen zeigen diese Tagebucheinträge, daß ich auf irgendeiner Ebene begriff, daß meine körperlichen Beschwerden und mein seelischer Zustand miteinander zusammenhingen.

14. April 1970: Tagsüber fühle ich mich gut; abends fange ich an, mich deprimiert zu fühlen, und morgens zähle ich die Stunden bis zum Schlafengehen. Eigentlich bin ich all dieses Selbstmitleid nicht wert, denn ich habe alles, was man sich wünschen kann. Nun, ich darf mir nichts vormachen: Ich habe manchmal schon daran gedacht, einen Selbstmordversuch zu unternehmen, weil mich das ins Krankenhaus bringen würde ... Ich weiß schon, warum ich Ohnmachtsanfälle und Schwindelgefühle habe und allgemein nicht richtig gesund bin; das liegt an diesen ganzen düsteren Gedanken, die ich dauernd habe.

Doch das waren Episoden. Über lange Phasen dazwischen war das Leben normal, mit seinen regelmäßigen Höhen und Tiefen. Manchmal konnte ich es kaum glauben, daß ich noch derselbe Mensch war. In einem Tagebucheintrag vom Juni 1972 erinnere ich mich an das Gefühl der Ungläubigkeit, das mich einmal auf dem Heimweg vom Pferdestall befiel, als mir klar wurde, wie unglücklich ich noch vor wenigen Wochen gewesen war. «Du meinst, du wolltest wirklich sterben?» fragte ich mich selbst. «Du mußt nicht bei Trost gewesen sein!»

Es war, wie wenn man in geringer Höhe fliegt: in Turbulenzen hinein und wieder heraus. Die normale Arbeit der Adoleszenz – Wissen erwerben, emotionale Reife erlangen, Sex entdecken, sich auf das College und die Unabhängigkeit vorbereiten – geriet gegenüber dem Navigieren durch die tägliche Sturmfront in den Hintergrund. Ich war zornig, so zornig. Die finsteren Wutausbrüche meines Vaters erschienen jetzt trivial verglichen mit der Wut, die ich fühlte, aber nicht ausdrücken konnte. Sie schien unkontrollierbar, und darum machte sie mir angst. Ich bemühte mich, sie zu verdrängen. Und lange Zeit gelang mir das auch. Wenn sich die Gefühlsstürme gelegt hatten, fühlte ich mich voller Energie, optimistisch, erfüllt von mir selbst – die jugendliche Version des heiteren, lachfreudigen Kindes, das ich gewesen war. Es gibt ein Lied aus meinem Abschlußjahr an der High-School, das ich mit dieser Zeit verbinde: «I can see clearly now, the pain is gone / I can see all obstacles in my way ...»

In dunklen Momenten fand mein innerer Tumult Ausdruck in nervösen, melodramatischen Erklärungen. Ich sehnte mich danach, daß jemand entdecken möge, was zu verstecken ich mich so sehr bemühte. Als ich kein Valium mehr verschrieben bekam, ersetzte ich es durch rezeptfreie Schlafmittel, die ich löffelweise zu mir nahm. Einmal erklärte ich meinen Freunden auf einer Fahrt zu einem Footballspiel: «Gestern nacht mußte ich zehn Sominex nehmen, um einschlafen zu können.» Mein Freund Jim meldete sich vom Rücksitz. «Ich finde, du solltest nicht so viele Pillen nehmen, Tracy», sagte er – und ich behielt diese Bemerkung jahrelang in Erinnerung, als wäre es eine Liebeserklärung gewesen: Er hatte es *bemerkt*.

Zu Hause herrschte das Gesetz des Schweigens. Einmal fand meine Mutter eine Schublade voll leerer Sominex-Fläschchen in meiner Kommode und warf sie weg. Erst Jahre später erfuhr ich, daß sie einen ganzen Tag geweint hatte, weil sie fürchtete, ich würde drogensüchtig. Ich erzählte niemandem, daß ich trotz der Sominex immer noch nachts um vier aufwachte, weil mein Herz so laut klopfte, daß es in meinen Ohren dröhnte. Ich erzählte niemandem, daß ich, als ich im Winter meines Abschlußjahres herausfand, daß Jim eine Verabredung mit einer meiner besten Freundinnen gehabt hatte, zu Hause ein halbes Fläschchen Aspirin geschluckt hatte.

Ich wollte sterben, ich wollte, daß man auf mein Elend aufmerksam würde, doch keines von beidem geschah.

Kapitel 2

Ich stand nachts am Rande eines Ozeans. Er war schwarz, wie auch der Himmel. Schaute ich hinaus, konnte ich nicht sehen, wo der Ozean aufhörte und der Himmel begann. Kein Stern, kein Mond, der diese Schwärze durchbrach. Es war unnatürlich ruhig. Das Schiff war knapp hinter dem Punkt, wo die Brecher angefangen hätten, wenn es welche gegeben hätte, und es war erleuchtet wie ein Festplatz. Licht strömte aus jedem Bullauge, funkelnde Lichtseile fielen vom Mast herab. Ich mußte es erreichen.

Dann wechselte die Szene. Ich war auf einem kleinen Floß und jagte dem Vergnügungsdampfer nach, von einer Strömung hinausgetrieben, die schnell, stark und lautlos war. Ich war ein winziger Fleck in dieser unermeßlichen Weite. Meine Brust verengte sich vor Panik. Obwohl ich tiefe, zitternde Atemzüge tat, schwindelte mir vor Sauerstoffmangel. Das Schiff fuhr davon. Mir blieb gerade genug Zeit, seine Bahn zu kreuzen, indem ich mich auf dieser schnellen Strömung bewegte, nur mußte ich den richtigen Kurs finden. Aber ich hatte keine Karten, keine Möglichkeit, zu steuern. Dann kippte das Floß vornüber. Irgendwie wußte ich, daß der Meeresboden hier plötzlich steil abfiel. Tief unterhalb der spiegelglatten Oberfläche stürzte der Meeresboden ein. Die Strömung wurde schneller. Die Wassermassen würden mich hinabziehen in einen riesigen Wasserfall, der irgendwie unter der Oberfläche existierte, ein lautloser Sog in die Tiefe. Starr vor Entsetzen wartete ich auf den Moment.

Ich wachte auf. Es war 4.08 Uhr morgens.

Die Bestie machte ihren ersten längeren Besuch im Frühjahr meines ersten College-Jahres, 1976. Mit ihrer Ankunft setzte eine eigenartige Schlafstörung ein. In meinem Zimmer in einem Studentenwohnheim der Emory-Universität hatte ich damals immer eine Digitaluhr neben meinem Bett stehen. Es war eine altmodische Digitaluhr – nicht mit einer Flüssigkristallanzeige, sondern mit Zahlen, die mit jeder vergangenen Minute umklappten. In diesem Frühjahr wachte ich wochenlang immer genau dann auf, wenn die «7» von 4.07 auf die «8» umklappte. Ich schreckte hoch, war plötzlich hellwach und geistig voll da. Es war die alte Angst aus der Kindheit, die machtvoll zurückgekehrt war. Wieder hatte ich Angst, daß etwas passieren würde, nur wurden meine Ängste jetzt konkreter. Das Problem war, daß die Tatsachen keine Grenzen mehr hatten; sie entfalteten sich wie Papierziehharmoniken in meinem Kopf und boten die Aussicht auf eine katastrophale Zukunft. Meine Eltern wurden alt; das bedeutete, daß sie eines Tages krank werden und sterben würden. Ich hatte im Englischreferat ein «Befriedigend» bekommen; das bedeutete, daß ich dumm war und nach dem College keinen anständigen Job bekommen würde. Ich hatte keine Verabredung für Samstag abend; das bedeutete, daß ich mein Leben lang allein sein würde.

In einem Baum vor meinem Fenster, das auf eine belebte Straße hinausging, lebte eine Spottdrossel. Sie sang die ganze Nacht, aber in den Stunden vor der Dämmerung wurde sie schriller und nachdrücklicher. Die Kaskade aus Vogelstimmen und zunehmendem Verkehrslärm draußen sagte mir, daß mir wieder ein neuer Tag bevorstand, wieder eine deprimierende Ladung Einsamkeit und langweilige Pflichten.

Manchmal wuchs sich die Angst zur Panik aus. Das konzentrierte sich dann meist auf meinen damaligen Freund Sam. Wir waren frühere Klassenkameraden aus der High-School, die beide in Emory gelandet waren, einer angesehenen Südstaaten-Universität auf einem grünen Campus in einer wohlhabenden nordöstlichen Vorstadt von Atlanta.

Sam war ein junger Mann mit ernstem Gesicht, vorstehendem Kinn und einer nervösen Angewohnheit, die rechte Hand hochzunehmen und seinen Scheitel glattzustreichen. Sein Vater war Anwalt, der in seiner Kanzlei hauptsächlich mit Scheidungsfällen, Vertragsstreitigkeiten, jungen Raufbolden in Schwierigkeiten und Verkehrssündern, denen der zweite oder dritte Führerscheinentzug wegen Trunkenheit am Steuer drohte, zu tun hatte. Er war ein netter Mann, aber geistesabwesend und unnahbar. In Sams Leben drehte sich alles um seine beiden Schwestern. Sie waren lebhaft, hübsch und, so fand ich, hoffnungslos mannstoll, wie sie sich gegenseitig mit immer noch winzigeren Bikinis ausstachen. Ich mochte sie nicht, aber ich versuchte, es nicht zu zeigen. Sams Mutter, die mit ihrem zweiten Mann in Florida lebte, war ebenso kokett wie ihre Töchter. Ich mochte sie noch weniger. Sam war der pflichtbewußte Sohn, das bei weitem verantwortungsvollste Mitglied einer flatterhaften Familie. Das war eines der Dinge, die uns zusammenhielten. Sam hatte einen ausgeprägten Helfertrieb. Was mich betraf, so fand ich, daß ich seine Sorge verdiente; für die anderen auf seiner Fürsorgeliste empfand ich nur eine leichte Verachtung. Für die Frauen in Sams Familie war ich ein langweiliger Bücherwurm, den Sam unerklärlicherweise attraktiv fand. Wenn sie mich anschauten, konnte ich ihre Gedanken lesen: *Vielleicht ist es ja nur eine Phase.*

Sam markierte auch den Anfang meiner ersten vorsichtigen sexuellen Versuche – obwohl sich diese, so seltsam es klingen mag, erst im Laufe von Jahren entfalteten. Am Anfang führten wir eine keusche Beziehung. Es war Anfang der Siebziger, und auch wenn ich zum Entsetzen meiner Mutter ohne BH zum Unterricht ging, waren große Bereiche des «Bible Belt», in dem der protestantische Fundamentalismus vorherrschte, von der sexuellen Revolution der sechziger Jahre praktisch unberührt geblieben. In dieser streng religiösen Kultur der Bibeltreue war Sex eine welterschütternde Vorstellung. Innerhalb der Ehe angeblich eine mystische Vereinigung, galt er außerhalb der Ehe als erster Schritt auf dem Weg zum moralischen Verfall, von dem es kein Zurück mehr gab. Niemand sagte mir jemals, daß Sex einfach Spaß machen kann, das fand ich später selbst heraus. Ich glaube heute, daß ich Sams Schwestern unter anderem deswegen so haßte, weil sie mir in dieser Beziehung um Lichtjahre voraus zu sein schienen, und irgendwo kotzte mich das einfach an. Noch mehr kotzte es mich an, daß sie sich selbst ihrem Bruder gegenüber so aufreizend verhielten, daß Sam es sich bereits vor langer Zeit angewöhnt hatte, seine sexuellen Impulse streng unter Verschluß zu halten – ein Zustand, der meine eigenen zaghaften Verführungsversuche in einen Schraubstock zwängte.

In anderer Hinsicht genossen Sam und ich unser Zusammensein sehr. Meine Familie mochte ihn gern, wir hatten viele gemeinsame Freunde aus der High-School und ähnliche intellektuelle Interessen. Insgesamt sollte die Beziehung die nächsten fünf Jahre halten. Ich ging davon aus, daß wir irgendwann über Heirat sprechen würden, aber im Augenblick schien das verfrüht. Sam wollte Medizin studieren, was wahrscheinlich bedeuten würde, daß er aus Atlanta fortmußte, und langfristig wollte er irgendwo auf dem Land eine eigene Praxis aufmachen. Ich war mir nicht sicher, wie das zu meiner beabsichtigten literarischen Karriere passen würde.

Aber wie ernst es mir tatsächlich damit war, wollte ich mir nicht eingestehen. Entschlossenheit in Karrierefragen vertrug sich nicht mit dem Bild der «Frau als Ehefrau», mit dem ich aufgewachsen war. Ich klebte an diesem Bild, für das meine Mutter das Beispiel war. Es schien eine Art von Liebe und Sicherheit darin zu liegen, die man auf keine andere Weise finden kann. Doch ich vermutete – mit einem flauen

Gefühl, das mir allmählich bereits vertraut war –, daß dies ein weiterer Bereich war, in dem etwas mit mir nicht stimmte. Was andere relativ leicht, teilweise sogar fast unvermeidlich fanden, nämlich während der College-Jahre einen Partner zu finden, sollte für mich nicht so einfach sein. Dies deutete sich bei mir erstmals in jener Nacht an, als Sam und ich bei einem Spaziergang über den Rasen vor der medizinischen Fakultät von Emory vage über unsere Zukunftsvorstellungen sprachen, und er bemerkte: «Meine Karriere müßte natürlich vor der meiner Frau vorgehen.» *Müßte* vorgehen? Überhaupt keine Diskussion? Ich drängte ihn, das näher auszuführen, aber er sah sich dazu nicht in der Lage. Was gab es zu einem so offensichtlichen Punkt weiter zu sagen? *O Gott*, dachte ich, und Bestürzung senkte sich über mich wie eine alte, klamme Decke. *O Gott*. Ich sagte nichts.

Doch in dem Maße, wie ich in diesem Frühjahr tiefer hinabstürzte in den Abgrund einer ernst zu nehmenden Depression, wurden meine Bedenken von meinem übersteigerten Sicherheitsbedürfnis hinweggefegt. Ich fühlte mich langsam unter dem Zwang, die Dinge zwischen uns festzunageln, in Stein zu meißeln, daß wir heiraten würden – wenn nicht nächstes Jahr, dann übernächstes, an einem festen Termin jedenfalls. Ich entwickelte die fixe Idee, daß er heimlich eine andere liebte. Ich geriet in Panik, wenn ich nicht wußte, wo er war. Am Wochenende verkroch er sich oft in der Bibliothek, um zu lernen; er hatte Schwierigkeiten mit organischer Chemie und mußte in diesem Kurs gut abschneiden, um an der medizinischen Fakultät eine Chance zu haben. Auf der Suche nach ihm wanderte ich durch das Magazin, und wenn ich ihn gefunden hatte, versuchte ich, ihn von seinen Büchern wegzuzerren, damit er Zeit mit mir verbrachte. Ich lebte von einer Verabredung zur nächsten; ich hatte sonst kaum Freunde. Meine Gedanken drehten sich im Kreis, immer um ein und dieselbe Frage: Würde Sam mich heiraten?

Die Heirat war der gläserne Schuh, der Talisman, der diesen bösen Zauber lösen würde.

Ich verbrachte immer mehr Zeit allein. Wenn ich mit anderen zusammen war, fühlte ich mich wie von Fremden umgeben. Die Welt schien in einer teleskopartigen Bewegung von mir wegzurücken. Ich sah alles durch das falsche Ende eines Fernglases, beobachtete winzige, agile Leute auf der anderen Seite, wie sie Aktivitäten nachgingen, die mir verschlossen blieben. Stundenlang und zu jeder erdenklichen Tageszeit wanderte ich auf dem Campus herum, umgeben von einer Einsamkeit, die so faßbar war wie eine Rüstung, bewaffnet mit einer blinden Feindseligkeit. Wenn mich jemand ansprach, starrte ich ihn zornig an.

Gleichzeitig schienen sich meine Sinne zu schärfen. Ich erlebte meine Umgebung – den nassen Geruch von heißem Asphalt nach einem Frühlingsregen, den Klagelaut von Tauben in der Dämmerung – mit einer lebhaften und intensiven Bekümmerung, als wäre es zum ersten und letzten Mal. Manchmal fühlte es sich an, als sei es wirklich so, als würde ich tatsächlich sterben.

Mit einer Verzweiflung, die aus dem Bewußtsein geboren war, daß ich den Verstand verlor, stürzte ich mich ins Studium. Akademisch zu versagen hätte mein letztes bißchen Selbstbewußtsein zerstört. Aber es war hart: Der Lärm meiner schwatzenden und lachenden Kommilitonen im Studentenwohnheim tat mir in den Ohren weh wie zersplitterndes Porzellan. Ich beteiligte mich kaum an diesen Gesprächen. Ich war im Wohnheim zu einer meist stillen Beobachterin geworden, die nicht am gesellschaftlichen Leben teilhatte. Zornig und gekränkt ob dieser Zumutung verzog ich mich in die Bibliothek auf der anderen Straßenseite. Aber selbst dort war es mir zu laut. Das Atemgeräusch von jemand, der in meiner Nähe saß, das sanfte Rascheln beim Umblättern der Seiten, die gedämpften Gespräche in der Vorhalle, das Geräusch von Türen, die geöffnet und geschlossen wurden – alles lenkte mich ab. Frustriert und immer wütender saß ich dann über mein Buch gebeugt und las ein und denselben Absatz immer wieder, verzweifelt bemüht, den Sinn der Worte zu verstehen und in mich aufzunehmen. Ich weiß noch, daß ich einmal die *Bekenntnisse* des heiligen Augustinus las, aber ich konnte mich danach an praktisch nichts mehr erinnern. *Verflucht*, murmelte ich, wenn jemand an meinem Tisch vorbeiging und meinen Gedankengang unterbrach. Und ich las die Seite noch einmal von vorn. Aber ich gab anderen nicht wirklich die Schuld. Ich gab mir selbst die Schuld. Ich bin so *dumm*, sagte ich mir immer wieder mit wachsender Verzweiflung. Und das war eine echte Katastrophe, denn das einzig Gute an mir, dessen ich mir einigermaßen gewiß war, war meine Intelligenz. Wenn ich die auch noch verlor, wozu wäre ich dann nütze?

Meine Tagebuchaufzeichnungen aus jener Episode, die ein Jahr lang dauerte, zeigen deutlich die Symptome einer affektiven Störung:

Mein Gesicht ist naß. Meine Hände sind eisig – ich registriere diese Dinge eins nach dem anderen, allmählich, wie ein kleines Kind. Im Innern bin ich ein Schlachtfeld – Waterloo nach Napoleon, Vicksburg nach der Belagerung … Ständig ist Krieg, ständig kämpfe ich gegen ein Gefühl nach dem anderen an.

Ich bin so ruhelos – nein, «ruhelos» ist ein zu schwaches Wort, um zu beschreiben, wie ich mich fühle. Ich bin wütend, auf unzählige Weisen, die alle auf einmal losbrechen, aber alle nach innen gerichtet sind. Ich kann keinen Moment stillsitzen, weder körperlich noch geistig, und mein Konzentrationsmangel macht mich schrecklich nervös … Woher kommt dieses blinde Panikgefühl?

Ich kann nichts genießen.

Es ist, als würde ich mit jemandem durch einen Vorhang boxen, und ich habe ihn überhaupt erst bemerkt, als er mir einen solchen Schlag versetzte, daß mir die Luft wegblieb ... Das schlimmste ist, nicht zu wissen, was einen umgehauen hat; und dann, nicht zu wissen, wovor man Angst hat.

Alles, alles hat eine tiefe, quälende Traurigkeit an sich, und an Nachmittagen wie diesem spüre ich sie am meisten. Ich bin leer in mir drin. Da kommt etwas in der Zukunft ... Ich habe Angst, daß es mein Innerstes aussaugen wird und mich vollkommen leer und schmerzerfüllt zurückläßt.

Nachts gehe ich spazieren und denke daran, wie gerne ich betrunken wäre. Stockvoll. Nicht mehr bei mir ... Ich würde gerne vergessen, daß ich jemals existiert habe.

Ich muß Wege finden, da durchzukommen, Menschen, die ich mag und die mir helfen ... Ich muß, denn die Alternative ist, einfach zu existieren, in eine Ecke zu kriechen, um zu sterben. Oder wahnsinnig zu werden.

Ich hatte außergewöhnliche und sehr lebendige Träume.

Gestern nacht wanderte ich den Old National Highway entlang und sammelte Müll auf ... Plötzlich spürte ich einen Schmerz und hob meine Hand. Ein sehr sauberes Loch tat sich in meiner Handfläche auf, genau unterhalb von Mittelfinger und Ringfinger. Innen drin war es blutig und pulsierte. Ich war dabei, durch meine Hand zu gebären. Ich dachte: «Das ist ja unglaublich! Ich hatte keine

Ahnung, daß es so gehen kann.» … Dann wurde der Schmerz stärker, und ich begann, Wattebäusche aus dem Inneren meiner Hand herauszuziehen und dann eine Handvoll Pillen, wie wenn man ein Aspirin-Fläschchen ausleerte (nur waren die Pillen gelb). Ich hatte starke Schmerzen, aber ich wußte, daß das Dinge waren, die ich selbst machen mußte, weil mir niemand anders dabei helfen würde. Schließlich kam der Fötus heraus, blutig und blau glänzend in seinem Sack. Ich wachte auf.

Gestern nacht habe ich geträumt, die Welt wäre voller Vögel – großer, schwarzer Vögel mit häßlichen, glänzenden Körpern, die nicht fliegen konnten. Sie bedeckten den Boden wie Würmer, krochen auf die Fenstersimse und hingen über der Brüstung. Sie bedeckten jede ebene Fläche, bewegten sich kaum und gaben kleine träge Laute von sich. Ich sollte zu Gwen rübergehen. Sam war da, mit anderen Leuten. Es sollte eine Party werden. Ich wollte nicht hinausgehen, aber ich tat es trotzdem. Ich watete durch die Vögel und zwang mich, die Tür zu ihrer Wohnung zu öffnen, obwohl sie mit Vögeln vollhing.

Letzte Nacht habe ich geträumt, ich wäre wütend. Da war ein Mann in meinem Traum, ein häßlicher kleiner Zwerg mit speifarbenen Haaren, der mich irgendwie erniedrigt hatte, mich ausgenutzt hatte. Erst nachdem es passiert war, kam es mir in den Sinn, daß ich wütend werden sollte. Und dann wurde ich wütend. Ich wurde so zornig, daß ich zurück zu dem kleinen Mann ging, auf ihn zuging und ihm einen Tritt versetzte. Ich sagte: «Du hast etwas, das mir gehört. Hol es sofort!» Er ging weg von mir, versuchte, mich zu ignorieren, doch ich folgte ihm durch Räume voller Menschen, wobei ich rief: «Hol es, du Schurke! Schurke!» Ich stieß ihn und kratzte ihn mit mei-

nen Fingernägeln am Arm. Er gab mir zurück, was immer ich verloren hatte. Aber als ich ging, sah ich, daß aus dem Gebüsch ein Gewehr auf mich gerichtet war, und ich hatte Angst. Angst vor der Vergeltung durch die Freunde des kleinen Mannes.

Ich träumte, wie ich jemandem, irgendwem, gestand, daß ich mich immer mehr mit Selbstmordgedanken beschäftigte. Meine Träume waren so detailliert und konkret wie das wirkliche Leben. In einem war ich beim Psychiater – ein dunkler, dünner Typ mit massenhaft Haaren, der einem meiner Französischprofessoren ähnlich sah –, und wir diskutierten über einen Artikel im *Cosmopolitan*, in dem es um Frauen ging, die sich umbringen. «Was hat das mit Ihnen zu tun?» fragte der «Psychiater», und im Traum brach ich in Tränen aus. «Wie kommt es, daß ich dauernd daran denken muß?» schluchzte ich.

Im wirklichen Leben war es dagegen undenkbar, das zu gestehen. Es drohte das gesellschaftliche Stigma, als hysterisch, neurotisch, durchgedreht abgestempelt zu werden. In der weißen Kultur des amerikanischen Südens hielt die Frau ihre Gefühle im Zaum. Intensive Gefühle konnten einem einbringen, daß man für verrückt erklärt wurde wie die arme Blanche DuBois – obwohl der ständige Versuch, die Emotionen zu unterdrücken, vielen Südstaatlerinnen jene schrille, hysterische Note verlieh, von der die Karikatur der hochmütigen «südlichen Schönen» lebte.

Meine eigene Mutter lebte jedoch weniger nach diesem Kodex als nach dem, den sie in einer Kindheit der Entbehrungen und der Verlassenheit gelernt hatte: Vertraue niemandem. Sie behielt ihre Probleme für sich – und im Lauf der Jahre kam ich zu dem Schluß, daß sich ihre mutlosen Phasen grundsätzlich vom wechselhaften Naturell meines Vaters unterschieden. Wie ich navigierte er ständig durch die

Höhen und Tiefen eines extremen und unkartierten Gefühlslebens, was er allerdings, als ein Mann seiner Generation, niemals gezeigt hätte. Ich schloß es viele Jahre später aus der Art, wie er manchmal beharrlich schwieg, und aus seinen Phasen bissiger Gereiztheit, die ohne erkennbaren Grund kamen und gingen. Die depressiven Phasen meiner Mutter waren wohl weniger das Produkt einer erblichen Veranlagung als des psychischen Traumas einer rastlosen Kindheit. Ihr Mißtrauen dagegen, sich bei einem anderen Menschen anzulehnen, zwang sie, sich immer stärker nach innen zu orientieren, und das wiederum nährte ihre religiöse Leidenschaft. Von meinem Vater holte ich mir die – wie auch immer geartete – erbliche Veranlagung zur Depression; von meiner Mutter lernte ich bestimmte Verhaltensweisen, wenn diese Phasen kamen. Im Laufe der Jahre hatte ich gelernt, die Signale solcher Zeiten zu erkennen, wenn sie über irgendein Problem, das sie nicht benannte, in Verzweiflung versank: die unbewegliche Miene, ihr Schweigen, der steinerne Blick in ihren Augen, das leicht defensive Vornüberneigen ihrer Schultern. Dann waren da ihre ständigen Alpträume, die Art, wie sie bei plötzlichen lauten Geräuschen erschreckt hochfuhr, die chronischen Kopfschmerzen, die, so schien es mir, fast meine ganze Kindheit über dazusein schienen. Für mich waren alle diese Signale leicht zu erkennen, aber wenn ich sie fragte, was los sei, sagte sie immer nur: «Nichts.» Wenn ich nachbohrte, sagte sie: «Es geht niemanden außer mir etwas an, Tace» – in einem Ton, der keine weitere Diskussion erlaubte. Kein Mensch durfte die Last erforschen, die sie trug, außer vielleicht mein Vater. Sie trug ihre Probleme im Gebet zum Herrn, und sie riet mir, das gleiche zu tun. Sie reagierte ganz im Sinne der religiösen Kultur der Südstaaten, in der eine Krise des Geistes definitionsgemäß eine Krise der Seele war. Eine Heilung war daher nur auf spirituellem Wege möglich.

Ich war eine wiedergeborene Christin, denn ich war mit elf Jahren in der Kirche nach vorn gegangen, um mein öffentliches Bekenntnis abzulegen und in das Taufbecken eingetaucht zu werden. Das war ein riesiger, hinter einem Samtvorhang versteckter Chlorwassertank, der rund um die Uhr gefüllt und einsatzbereit war, denn der Theorie nach sollte die Taufe sofort erfolgen, wenn sich jemand entschloß, sein Leben Christus zu übergeben, damit ausgeschlossen war, daß die Wiederkunft Christi geschah, bevor sozusagen das Geschäft besiegelt war. Zu dieser Zeit, und in dieser Familie, konnte man gar nichts anderes sein als ein wiedergeborener Christ – obwohl ich schon früh einen bedauerlichen Mangel an Begeisterung dafür zeigte, errettet zu werden. Meine Gründe dafür waren nicht philosophischer, sondern emotionaler und bis zu einem gewissen Grade auch sozialer Natur. Ich war so überzeugt von meiner eigenen Sündhaftigkeit und so sicher, daß ich niemals etwas anderes sein würde als eine Sünderin, daß mir ein öffentliches Sündenbekenntnis qualvoll und sinnlos erschien. Auch hatte ich einen pubertären Horror davor, vor fünfhundert Fremden meine Haare naß zu machen, weil sie beim Trocknen kraus wurden. Doch ich näherte mich rasch dem, was die Kirche das «Alter der Vernunft» nannte – einem undefinierbaren Punkt, irgendwann um die zwölf Jahre herum, bei einem intelligenten Kind auch früher, ab dem man anfängt, eine eigene moralische Verantwortung für seine Entscheidungen zu übernehmen. Jeden Sonntag wartete meine Mutter darauf, daß ich zu dem wartenden Prediger nach vorn ginge; jeden Sonntag spürte ich, wie ihr trauriger Blick mir ein Loch in den Hinterkopf bohrte, als ich hartnäckig sitzen blieb. Die Spannung war gräßlich. Schließlich meldete sie mich zu einem Samstagsunterricht in der Kirche an, der die Lektionen verfestigen sollte, die wir seit Jahren auf den «Stufen der Erlösung» gelehrt bekamen. Am Ende dieses Stützkurses ging ich vor und schenkte Jesus mein Leben. Meine Mutter war hoch erfreut. Ich fühlte mich erleichtert.

In diesem Akt mit inbegriffen war die Versicherung, daß Gott mir von nun an durch alle Probleme und Krisen hindurchhelfen würde; wenn nicht, so bedeutete das, daß ich doch nicht richtig «errettet» worden war. Jetzt kam mir der Verdacht, daß das tatsächlich stimmte – daß Gott mich irgendwie nicht annehmbar fand oder daß meine Hingabe im Kern unvollkommen war. Ich betete. Aber ich hatte immer stärker das Gefühl, daß ich nur mit mir selber sprach.

Die Sache, die in meinem Gehirn falsch lief, war ein biochemischer Prozeß, der seinen Abdruck auf einer existierenden, individuellen Persönlichkeit hinterließ. Ich kann heute noch nicht sagen, wo die Persönlichkeit endete und wo die Krankheit anfing, so eng waren sie miteinander verwoben. Aber manches von dem zugrundeliegenden Persönlichkeitsmuster – dem Teil von mir, der unabhängig von irgendeiner Krankheit existiert hätte – läßt sich zurückverfolgen.

Der rote Faden war meine Rolle in der Familie.

Wer uns damals besuchte, dem fiel auf, wie sehr ich die Rolle des Stars spielte, wie sehr der Vater, den ich bewunderte, auch in mich vernarrt war. Meine Schwester, zwei Jahre älter als ich, war ernst und eigenbrötlerisch, lähmend schüchtern, und fühlte sich mit Tieren wohler als mit Menschen. Als Kinder waren wir Freunde gewesen, hatten unsere Phantasien ausgelebt, uns im Garten nach China durchgebuddelt oder Steinsuppe gekocht. Doch als wir älter wurden, zeigten sich die Unterschiede in unseren Persönlichkeiten immer deutlicher. Sie lebte in ihrem Kopf, wo die Grenzen zwischen Wirklichkeit und Fiktion oft verschwammen. Eine spannende Autojagdszene konnte ihr ebensolche Angst einjagen wie Aufnahmen vom Krieg in Vietnam. Sie saß dann zusammengerollt auf dem Sofa, mit angstverzerrtem Gesicht, und einmal, bei einem Bericht über hungernde Kinder in Biafra, flüchtete sie in Tränen aus dem Wohnzimmer. Ich wußte nicht, was ich von ihr halten sollte.

Sie war unordentlich, wo ich ordentlich war, in der Schule eine Träumerin, wo ich der Liebling aller Lehrer war. Sie war ein leichtes Opfer für meine Frotzeleien. Einmal blieb ich vor ihrem Zimmer stehen und bemerkte das ungemachte Bett und den Haufen dreckiger Kleider in einer Ecke. Ich hatte sie schon den ganzen Tag damit aufgezogen, wie sie ihre häuslichen Pflichten erledigte. «Wofür hebst du die auf?» fragte ich und zeigte auf die dreckigen Kleider. «Fürs Ethnologiemuseum?» Sie stürzte über das Bett auf mich zu, und ich floh in echter Panik. Ich hatte ihre Hände gesehen, sie wollten mir an den Hals.

Meine Schwester war die Helferin meines Vaters, sein treuer Kumpan. Gemeinsam reparierten sie stundenlang den Rasenmäher oder besserten den Weidezaun aus. Meine Beziehung zu ihm war sprunghafter – aber wenn ich ihn nicht gerade wütend machte, konnte ich ihn zum Lachen bringen. «Er hat dich gründlich verzogen», sagte mein High-School-Freund Jim Jahre später. «Es zeigt sich an so vielen Dingen.» An einem Freitag abend, als ich vom Emory-Campus, der auf der anderen Seite der Stadt lag, übers Wochenende nach Hause kam, begegnete ich ihm im Flur. «Lockenköpfchen, das ganze Haus wird heller, wenn du da bist», sagte er. Natürlich, dachte ich; es wurde auch für mich heller, wenn er da war. Waren wir nicht aus dem gleichen Holz?

In diesem Frühjahr begann Sam, sich Sorgen um mich zu machen. Wir waren an einem Samstag abend zusammen aus gewesen, als er mir eröffnete, daß er den nächsten Tag nicht, wie geplant, mit mir verbringen konnte. Seine ältere Schwester, die etwa fünf Meilen entfernt wohnte, hatte ein spontanes Familientreffen organisiert, und es würden ein paar Verwandte dasein, die er lange nicht gesehen hatte. Diese Änderung meiner Wochenendpläne katapultierte mich in eine Hysterie. Hier war der Beweis, daß Sam mich nicht liebte. Ich heulte stundenlang. Er gab nicht nach, und seine unbeholfenen Tröstungsversuche machten mein Elend nur noch schlimmer. Ein paar Tage später sagte er mir, wie übertrieben ihm meine Reaktion vorgekommen sei und wie sehr ihn mein hysterisches Verhalten erschreckt habe.

«Ich glaube, du solltest mal zum Arzt gehen», meinte er.

Das letzte, was ich wollte, war zugeben, daß ich Hilfe brauchte. Das war gleichbedeutend mit Schwäche. Intellektuell überlegene Menschen brauchten keine «Beratung» bei «emotionalen Problemen». Andererseits war Sams Besorgnis wenigstens eine Form der Aufmerksamkeit. Und der Gedanke an Rettung hatte dunkel etwas Verlockendes.

Hin und her gerissen zwischen Hilfsbedürftigkeit und Schamgefühlen, schlich ich mich eines Tages aus dem Wohnheim, ging in eine Telefonzelle weiter unten in der Straße und rief meinen Internisten an. Nein, sagte ich der Sprechstundenhilfe durch zusammengepreßte Zähne, ich könne ihr nicht sagen, was das Problem sei; ich müsse *den Doktor sprechen*. Ja, ich würde dranbleiben.

Nach einer langen Wartezeit kam er an den Apparat. «Was ist los, Tracy?» fragte er.

Ich erinnere mich nicht mehr, was ich ihm erzählte, aber meine Verzweiflung muß selbst am Telefon zu hören gewesen sein. «Ich möchte, daß du zu mir in die Praxis kommst», sagte er. «Komm diesen Donnerstag, gegen Abend. Dann haben wir Zeit zu reden.»

Er war ein freundlicher Mann, ein Allgemeinarzt in den Fünfzigern mit Töchtern in meinem Alter, und er war sich sicher, mir helfen zu können. Zunächst verschrieb er mir Triavil, ein Medikament mit einer antidepressiven und einer antipsychotischen Komponente. (Später entdeckte ich, daß er mir eine Dosis verschrieb, die zu gering war, um irgendeine

Wirkung zu haben.) An diesem ersten Donnerstag nachmittag saß ich in seiner Praxis, starrte auf den Boden und vermied jeden Blickkontakt, die ganze Zeit den Tränen nah. Am Ende des Besuchs schlug er vor, daß ich nächste Woche wiederkommen solle.

Die Besuche wurden zu wöchentlichen Ereignissen. Wir saßen eine Dreiviertelstunde oder Stunde in seinem getäfelten Sprechzimmer, meist an Donnerstagnachmittagen, während Nita, seine Sprechstundenhilfe, draußen den Papierkram des Tages aufarbeitete. Es war meine erste Erfahrung damit, die Existenz der Bestie zuzugeben – dieser seltsamen Verzweiflung, die unerklärlicherweise beschlossen hatte, mich zu beschleichen. Das war eine große Erleichterung, und seine Aufmerksamkeit heiterte mich auf. Aber die Wirkung war vorübergehend. Nach einer Weile ertönte Nitas fröhliche Stimme durch die Tür: «Gute Nacht!» Dann war es Zeit, zu gehen, und ich fuhr mit dem Bus quer durch die Stadt zum Campus zurück.

Es war eine düstere Zeit. Und dennoch gelang es mir in diesem Frühjahr, mir einen Ferienjob als Praktikantin bei dem *Atlanta Journal* zu sichern. Wie nötig ich es hatte, mich hervorzutun, kann man daran sehen, daß ich einen Ordner mit meinen Ausschnitten aus der Studentenzeitung zusammenstellte und mich als Jobkandidatin verkaufte, als ich es sonst kaum schaffte, einen ganzen Absatz am Stück zu lesen. Als Ende April die Zusage für das Praktikum kam, ging ich zum Kalender an meiner Zimmertür und zählte die Wochen bis Juni: sechs. So lange hatte ich Zeit, dieser geistigen Wolke zu entkommen, ein normaler Mensch zu werden.

Es war der Sommer, in dem ich volljährig wurde, ein Sommer der Stripperinnen und hartgesottenen Zeitungsreporter, voller Sex, Crime und Drogen, der Sommer, in dem ich trinken lernte. Der «White House»-Korrespondent der Zeitung war ein Reporter, der beinahe zu jeder erdenklichen Tageszeit in einer nahe gelegenen Bar mit Namen «The White House» anzutreffen war. Dorthin begaben wir uns nach der Arbeit und tranken ein Gebräu, das sich «B-52» nannte. Wer eine zähe Leber hatte, trank die Doppelversion – «B-104». Ich hatte keine Ahnung, was drin war, abgesehen von Wodka. Meine Zunge wurde schon nach zweimal Nippen taub; diese Drinks hätten ein hervorragendes dentales Narkotikum abgegeben. Ich kostete sie behutsam, bis mein Kopf sich leicht anfühlte. Das war meine erste Erfahrung mit der befreienden Wirkung von Alkohol, doch ich sollte erst Jahre später den Mut aufbringen, mich richtig zu betrinken.

Meine Mutter spürte, daß jetzt das eintrat, was sie immer am meisten gefürchtet hatte: Ihr kleines Mädchen entglitt ihr. Nicht nur, daß ich sonntags arbeitete und deswegen den Gottesdienst versäumte; noch mehr Sorgen bereitete ihr die Tatsache, daß ich offensichtlich erleichtert war, eine Ausrede zu haben. Sie war entsetzt über mein Interesse für die lumpigen Überreste der Hippiekultur in Atlanta, für die Geschehnisse in billigen Absteigen und Stripteaseschuppen in der Stadt. Ebendieser Welt der Armut und Erniedrigung war sie entronnen, und meine Fasziniertheit davon muß ihr wie eine Art perverser Entartung vorgekommen sein – vielleicht ein Zeichen dafür, daß ich in die Welt ihrer Kindheit, die Welt des «poor white trash», wie man arme Weiße in den Südstaaten nennt, zurückrutschte. Sie sorgte sich um meine Moral, blätterte die Bücher durch, die ich im Haus herumliegen ließ, und versuchte herauszubekommen, was ich darin so unwiderstehlich fand. ich spottete darüber, daß sie schmutzige Passagen in *Anna Karenina* vermutete, schäumte vor innerem Überlegenheitsgefühl, als sie sich darüber beklagte, daß eine Fernsehproduktion von *Eines langen Tages Reise in die Nacht* «nur bedrückend und düster» gewesen sei und daß ich mir nie etwas «Erbauliches» anschauen wollte. Der Kampf zwischen uns eskalierte, bis sie sich irgendwann nur noch über meine «Einstellung» beschwerte – eine absolut passende Umschreibung für das, was vor sich ging, aber ein Vorwurf, den sie weder konkretisieren noch erhärten konnte.

Ich mußte morgens um sieben bei der Arbeit sein und brauchte mindestens eine halbe Stunde Anfahrtszeit, selbst ohne einen von Atlantas beachtlichen Verkehrsstaus. Wenn ich frühstücken und mein Make-up auflegen wollte (ohne Make-up zu gehen kam natürlich gar nicht in Frage), mußte ich um halb sechs aufstehen. Doch zu diesem Zeitpunkt hatte die Depression mein Gehirn schon erobert, und der Schlaf war das erste, was ihr zum Opfer fiel. Nachts konnte ich nicht schlafen, war gereizt und regte mich über das geringste Geräusch auf, tagsüber war ich ein wütend brodelnder Dampfkessel. Nach Jahren der unterdrückten Wut fühlte ich mich jetzt wie ein Vulkan, der ständig ausbrach. Ein beliebiges Ärgernis konnte mich in die Luft gehen lassen – wenn ich eine Bluse verlegt hatte, mich irgendwo verlaufen hatte, einen Anruf von Sam verpaßt hatte oder im Stau steckte. Ich hatte das Gefühl, daß ich außer Kontrolle geriet. Meine Angst davor kämpfte gegen mein überwältigendes Bedürfnis, diese ständige, namenlose Wut irgendwie körperlich auszudrücken. Ich warf mit Sachen um mich, schlug hilflos mit meiner Haarbürste auf den Fußboden, zerkratzte und zerrupfte meine eigene Haut. Die Anlässe waren stets so geringfügig, daß ich sie in der Regel schon am nächsten Tag vergessen hatte. Es kam vor, daß ich einen blauen Fleck an meinem Arm betrachtete und überlegte: Wofür war der?

Irgendwie behielt ich noch ein Fünkchen Kontrolle. Meine Wutanfälle spielten sich meist hinter verschlossenen Türen ab. Ich zerschmetterte nur Gegenstände, die mir gehörten; ich zerkratzte mich nur an Stellen, die man später nicht sehen würde. Wenn ich diese Ausbrüche ganz unterdrücken würde, würde ich verrückt werden, buchstäblich den Verstand verlieren, so kam es mir vor. Und doch schämte ich mich hinterher jedesmal unendlich. Wenn mich die Leute sehen könnten, dachte ich, wüßten sie, daß ich bereits spinne.

Das Jahr 1976 war ein Präsidentenwahljahr. Bei der Arbeit beobachtete ich tagsüber die Lokalwahlen in den Bezirken südlich von Atlanta und das Labyrinth politischer Intrigen zwischen den Kandidaten für das Amt des Friedensrichters – wovon jeder Bezirk in Georgia mindestens einen hatte und die mein Redakteur kollektiv als «Maisbrotbuddhas» bezeichnete. Diesen ganzen Sommer über schrieb ich Tagebuch.

Es ist kein Mitleid, was ich für mich empfinde ... sondern eine Art verächtliche Nachsicht. «Nun, sie ist wirklich krank», scheine ich von mir zu denken. «Wer hätte gedacht, daß sie es in sich trägt?»

Als die Wochen vergingen, begann ich, über das bevorstehende Jahr nachzudenken – mein letztes Hochschuljahr.

Der Gedanke ans Studium erfüllt mich mit panischer Angst – Angst vor einer Aufgabe, die ich nicht bewältigen kann (normal und glücklich zu wirken und gute Noten zu schreiben, damit sich keiner Sorgen macht), und davor, niemals irgendwo allein sein zu können ... Ich trage ein Bleigewicht im Bauch, und es tut weh ... Ich würde gern einfach dasitzen, meine Augen schließen und mich von der Welt zurückziehen, aber dazu bin ich zu unruhig.

Und doch: Ich wußte, daß ich mehr war als diese Krankheit – obwohl mir diese Einsicht nur sporadisch kam. Manchmal kam sie in Form von Musik, der ich lauschte, als sei ich aphasisch: Mit offenem Mund suchte ich in meinen Hirnwindungen verzweifelt nach einem Wort, fand aber stattdessen nur eine Art Klagelaut. Andere hatten diesen Klagelaut auch gefunden und ihn umgesetzt. Das «Lacrimosa» aus Berlioz' *Requiem* war mein wilder Schmerz, die Arie aus Händels *Messias* konnte den Klumpen, der mein Herz war, zeitweise lösen. «Tröstet, tröstet mein Volk», sang der Tenor, eine schmerzliche und süße Melodie. Aber mehr als alles andere gab mir der zweite Satz von Beethovens Siebter Symphonie – das mysteriöse und getragene Thema und die kontrapunktischen Violinen, so voller Sehnsucht.

> *Ich beneide Beethoven, weil er Leid in Kunst umsetzen konnte. Er wurde befreit im vollen Wortsinne. Er war taub, er war dick und häßlich, er war einsam und lebte die meiste Zeit seines Lebens allein – doch die Musik dieses Mannes, der allen Grund hatte, unglücklich zu sein, kann ein solches Gefühl der Freude vermitteln, daß es den Raum erfüllt ... Ich fühle mich, als säße ich im Gefängnis. Doch seine Musik ist, als würde man durch ein Fenster der Gefängniszelle nach draußen blicken ... Es ist eine Hoffnung, daß ich es eines Tages schaffen werde, aus mir selbst auszubrechen, daß ich frei sein werde.*

Tatsächlich geschah genau das Gegenteil. Meine Gefühle – mein Leben – schienen sich meiner Kontrolle zu entziehen. Langsam, auf für mich damals unsichtbare Weise, veränderte die Depression meine Persönlichkeit, so als würde eine leichte Deformation meines Rückgrats mich dauerhaft humpeln lassen. Die Veränderungen waren nicht die Symptome der Depression, sondern Bewältigungsmechanismen, die auf vorhandenen Charakterzügen aufbauten. Ich war schon immer bestrebt gewesen, die Anerkennung anderer zu gewinnen, aber jetzt wurde dies zu einem unstillbaren Bedürfnis; ich konnte schon immer charmant sein, aber jetzt setzte ich meinen Charme unverhohlen ein, um andere zu manipulieren, damit ich bekam, was ich wollte.

Ich kultivierte Mentoren und Vaterfiguren – Menschen, die mir stärker zu sein schienen als ich selbst. Mein eigener Vater war einnehmend und jovial, aber irgendwie unerreichbar. Es war mir unmöglich, mich ihm anzuvertrauen, und so wollte ich ihm nur Leistung präsentieren – ihm zeigen, was für eine gute Studentin ich war, wie viele Freunde ich hatte. Doch er duldete keine Schwächen und war ein Experte darin, den einen kleinen Fehler in einer sonst perfekten Leistung zu entdecken. Als meine makellosen Zeugnisse im Laufe der Jahre immer öfter nur ein «Gut» in Mathematik und in den Naturwissenschaften aufwiesen, lautete sein Kommentar immer: «Was ist mit dieser Zwei?» Wenn er sich über eine Zwei in Mathe aufregte, wie konnte ich ihm da sagen, daß ich den Verstand verlor?

Aber es dürstete mich nach männlicher Aufmerksamkeit, also holte ich sie mir bei anderen – bei meinem Freund, meinen Professoren, meinen Redakteuren. Ich forderte Aufmerksamkeit. Wenn ich nicht genug davon bekam, richtete ich meinen Zorn auf seine Schwestern und seine Mutter, die in einer anderen Stadt lebten. Sie verlangten zuviel, sagte ich; sie wollten zuviel von seiner Zeit. Meine Eifersucht führte oft zu Streit zwischen uns, aber ich konnte nicht sehen, wie sehr ich selbst an dem Problem schuld war. Wie auch? Ich brauchte, was ich brauchte. Zu sagen, ich sollte nicht soviel brauchen, war so, als würde mir einer sagen, ich sollte nicht soviel atmen. Doch in Wahrheit schämte ich mich. Auf irgendeiner Ebene war mir klar, daß meine Forderungen etwas Extravagantes an sich hatten.

Die Möglichkeit, daß Sam zum Medizinstudium aus Atlanta fortgehen könnte, war eine meiner ständigen, immer konkreter werdenden Ängste. Ich sah, wie andere Freunde mit dem Problem der Trennung umgingen, wenn der Freund oder die Freundin womöglich sogar in einen anderen Bundesstaat wechselte – und ich konnte mir das für mich nicht vorstellen. Wenn ich sah, wie andere damit fertig wurden, fühlte ich mich kindisch und schwach. Heimlich und unentwegt arbeitete ich dagegen, indem ich immer wieder Andeutungen fallenließ, was für eine gute medizinische Fakultät Emory doch hätte, direkt hier in Atlanta. Niemals kam ich auf die Idee, Sam bei seinen auswärtigen Bewerbungen zu unterstützen.

Mein Selbstwertgefühl war vollkommen von anderen abhängig, aber das wußten sie nicht. Das bedeutete, daß ich ihre Anerkennung herausfordern mußte, ohne sie merken zu lassen, was für eine Macht sie über mich hatten. Im Umgang mit meinen Professoren, die fast alle Männer waren, jauchzte ich himmelhoch über jedes Lob und war über die geringste Kritik zu Tode betrübt. Ich ging aus ihrem Büro und wiederholte im stillen ein Kompliment, das ich später wörtlich aufschrieb. Die Worte starrte ich an, als könnte ich dadurch die Realität besitzen, für die sie standen. Ich war demütig abhängig davon, was sie von mir dachten. «Bei Ihnen mache ich mir keine Sorgen – Sie können schreiben», kritzelte mein Professor für Kreatives Schreiben unter eine meiner Kurzgeschichten, und ich betete diesen Satz noch jahrelang wie ein Mantra nach. Meine eigene Meinung von mir – die Meinung dieser fehlerhaften und möglicherweise geistesgestörten Person, die meinen Körper bewohnte – zählte nicht.

In diesem Sommer konzentrierte ich meine Energie darauf, die Aufmerksamkeit meiner Redakteure zu gewinnen. Der Lokalchef, Bob, war ein rundlicher Mann mit beginnender Glatze, den der ewige Redaktionsschlußdruck chronisch bissig gemacht hatte. Es schien ihm einen perversen Genuß zu bereiten, uns Praktikanten zu erzählen, was für elende Stümper wir wären und daß wir unfähig seien, einen einzigen anständigen Satz zu konstruieren, geschweige denn einen Zeitungsartikel pünktlich zum Redaktionsschluß fertigzustellen. In unserer ersten Sitzung wollte er Vorschläge für eine Story von uns hören. Worüber würden wir diesen Sommer gerne schreiben? Es war ein abgekartetes Spiel. Erst war es ungemütlich still, dann räusperte sich ein anderer Praktikant – ein sympathisch aussehender junger Mann aus einer wohlhabenden Familie aus dem Nordosten von Atlanta, zurückhaltend und unendlich höflich – und begann zu sprechen. Er erzählte eine ganze Weile, durch unser Schweigen ermuntert. Als er eine Pause machte, sah Bob ihn mit unbeweglicher Miene an. «Das», sagte er bedächtig, «ist vermutlich die dümmste Idee, die ich jemals von einem Praktikanten gehört habe.»

Ich machte Bob zu meinem besonderen Projekt. Die Anerkennung des griesgrämigsten Mannes in der Redaktion zu gewinnen wurde mein Klassenziel – die Leistung, die ich zu vollbringen hatte, um ein «Erfolg» zu sein. Offenkundiges Buhlen um Bobs Gunst, so viel hatte ich kapiert, konnte nur in einer Katastrophe enden, also tat ich erst mal so, als würde ich ihn ignorieren. Ich fing Gespräche mit Redakteuren an, die mit ihm in der Lokalredaktion saßen, machte Witze und war gespannt, ob sein Mund zuckte. Wenn ich einen Beitrag kurz vor Redaktionsschluß einreichte, ging ich selbst zum Schreibtisch des Lokalchefs und legte meinen Text ganz lässig dort ab, als hätte ich alle Zeit der Welt. (Das war noch im Zwielicht des Schreibmaschinenzeitalters, als man, wenn man einen Artikel auf Termin schrieb, «TEXT!» bellte, woraufhin ein Angestellter die Seiten einzeln vom Schreibtisch schnappte und zum Lokalchef trug.) Ich beschwerte mich nie über Aufträge, und ich achtete darauf, Fragen, wenn überhaupt, diskret zu stellen. Meistens vermied ich es. Am Abend der Vorwahlen wurde ich beauftragt, die Stimmenauszählungen nach Wahlbezirken im De Kalb County zu besorgen. Da ich nicht begriff, daß es nur auf die Summe der Stimmen am Ende des Abends ankam und darauf, was sich aus ihrer demographischen Verteilung schließen ließ, aktualisierte ich atemlos jede Hochrechnung, indem ich stündliche Wahlergebnistabellen für jeden einzelnen Wahlkreis führte. Bob fand das nie heraus; niemand erfuhr davon. Als mir klar wurde, daß ich den ganzen Abend nutzlose Informationen gesammelt hatte, vernichtete ich alle meine sorgfältigen Diagramme und gab vor, mit etwas anderem schwer beschäftigt gewesen zu sein.

Nach ein paar Wochen machten sich meine Anstrengungen bezahlt. Bob rief mich zu einem Gespräch in sein Büro.

«Von allen, die wir diesen Sommer engagiert haben», sagte er, «sind Sie die einzige, bei der wir eine Festanstellung überhaupt *erwägen* würden.» Das war, für ihn, das höchste Lob. Meinen Mitpraktikanten erzählte ich später, Bob hätte sich entmutigend geäußert. «Mach dir nichts draus», sagten sie. «Er hat uns allen gesagt, daß wir zu nichts taugen.» Innerlich frohlockte ich. Noch ein Stempel der Anerkennung. Jawohl!

Zu Hause benahm ich mich theatralisch, lief schweigend und mit finsterer Miene umher, neigte zu Weinkrämpfen und dramatischen Erklärungen bei der kleinsten Krise. Meine Mutter bat mich, mit ihr zu beten; mehr fiel ihr nicht ein. Manchmal fügte ich mich mit Zähneknirschen, ein andermal erteilte ich ihr eine kalte Abfuhr. Meine Schwester und ich waren Fremde, obgleich ihr Zimmer neben meinem war und sie hören konnte, wie ich nachts vor Frust weinte, wenn ich nicht schlafen konnte.

«Ich sehe, daß irgend etwas mit dir nicht stimmt», sagte sie eines Tages zu mir. «Aber ich weiß nicht, was es ist.»

«Ich auch nicht», antwortete ich. Und dann wandten wir uns beide verwirrt ab.

Im Herbst 1976, als ich zu meinem Abschlußjahr an die Uni zurückkehrte, ging ich immer noch jede Woche zu meinem

Arzt. Ich hatte eine starke Jungmädchenschwärmerei für diesen älteren Mann mit der dicken Nase entwickelt, der mich so ernst nahm. Doch ihm wurde langsam klar, daß dieses Problem außerhalb seiner Kompetenz lag. Er war sicher gewesen, daß ein paar väterliche Gespräche helfen würden, doch sie hatten ihn nur zum neuen Mittelpunkt meiner Bedürftigkeit gemacht. Er wollte es nicht zugeben, aber er war mit seinem Latein am Ende.

In diesem Winter eröffnete er mir, daß unsere Sitzungen aufhören mußten. Und dann fügte er diesem schmerzlichen Schlag auch noch eine Beleidigung hinzu, indem er sagte, daß ich einen Spezialisten aufsuchen sollte. Er wüßte da jemanden. Es war eine Frau, die mir bestimmt helfen könnte, mich wohler zu fühlen. Wütend, verletzt und widerwillig ging ich zu ihr.

Sie war eine Psychotherapeutin. Ich werde sie Amanda Mayhew nennen. Wir sollten in den nächsten zehn Jahren viel Zeit miteinander verbringen.

Amanda war eine große Frau mittleren Alters, geschmackvoll gekleidet und selbstsicher. Sie hatte eine leise, schleppende Sprechweise, die meinem geschulten Ohr verriet, daß sie aus der Oberschicht oder zumindest aus ehemaligem Südstaatenadel stammte. Ihre Praxis war in Buckhead, einem schicken Teil von Atlanta. Bei meinem ersten Besuch erklärte sie die Regeln: Sie hatte einmal wöchentlich eine Stunde Zeit für mich, bei einem Stundenhonorar von fünfundsiebzig Dollar. Bevor wir aber anfangen könnten, müßte sie eine Reihe von Tests mit mir durchführen, unter anderem auch einen allgemeinen IQ-Test. Dann würden wir sehen, woran wir wären.

Als sie in der nächsten Woche die Testergebnisse vor sich hatte, war ihre tröstende, mütterliche Art von einer Spur Besorgnis gefärbt: Sie hätte noch nie erlebt, daß bei einem Patienten die Testergebnisse im Verbalteil und im Handlungsteil derart auseinanderklafften, außer vielleicht bei Lernbehinderten. Mein Verbal-IQ war außergewöhnlich hoch, aber mein Handlungs-IQ paßte überhaupt nicht dazu, er lag im unteren Bereich. Ich erinnerte mich an diesen Teil des Tests; man sollte neun farbige Würfel so anordnen, daß ihre Oberseiten verschiedene viereckige Muster auf einem Blatt Papier duplizierten. Ich hatte an diesem Tag unter akuten Angstzuständen gelitten, und ich wußte noch, wie ich, wenn ich nicht sofort gesehen hatte, wie das Problem zu lösen war, einfach dagesessen und die Würfel angestarrt hatte, bis die Aufsicht sagte: «Zeit ist um.» Amanda interpretierte die Diskrepanz bei den Ergebnissen richtig als Beweis für akute Angst. «Im Moment sind Sie wie ein Flugzeug, das nur noch mit einem Triebwerk fliegt», sagte sie. Ich empfand Angst und Erleichterung: Angst, daß etwas mit meinem Gehirn nicht stimmte, und Erleichterung, weil endlich jemand auf meinen Zustand aufmerksam geworden war. Angesichts des Ausmaßes meiner Angst und meiner Konzentrationsschwierigkeiten an der Uni, meinte Amanda, sollte ich mir überlegen, ob ich ins Krankenhaus gehen wollte. Sie selbst sei kein Arzt und könne keine Medikamente verschreiben. Wenn ich glaubte, ein Krankenhaus zu brauchen, könnte sie mich an jemand anderen verweisen.

Ich versicherte ihr, daß das nicht nötig sein würde. Der Gedanke an ein Krankenhaus entsetzte mich; allein die Tatsache, daß sie es erwähnte, ließ mich daran denken, Reißaus zu nehmen. Ich konnte mir nicht vorstellen, wie ich meine Abwesenheit vom Unterricht erklären sollte. Und meine Erfahrung mit Triavil – das ich letztlich nur ein paar Monate lang eingenommen hatte – hatte mich davon überzeugt, daß Medikamente sowieso nichts helfen würden. Amanda erschien mir, trotz meiner anfänglichen Vorbehalte, klug, kompetent und fähig zu sein, mich zu retten. Aber eine Therapie bei ihr würde nicht leicht sein, warnte sie: Sie rechnete mit zwei bis fünf Jahren intensiver Arbeit, wenn es mir bessergehen sollte. Zwei bis fünf *Jahre*? Es kam mir vor wie eine Gefängnisstrafe.

Meine Mutter und Amanda lernten sich nie kennen, aber zwischen ihnen entstand sofort eine tiefe Feindschaft. Meine Mutter sah Amanda als eine Rivalin, die ihr meine Liebe rauben würde, und die Psychotherapie als ein Mittel, jeglichen religiösen Impuls zu zerstören, den sie so mühevoll in mir geweckt hatte. Amanda hielt meine Mutter für krankhaft eifersüchtig. Ich selbst sah Amanda mit einer Zuneigung, die sich schon bald mit Feindseligkeit vermischte. Sie war ein mütterliches Symbol der Rettung, aber sie hatte auch etwas Unerbittliches an sich. Sie schien niemals jene bedingungslose Akzeptanz zu offerieren, nach der ich mich sehnte.

Am Anfang, im Winter 1977, bildeten meine wöchentlichen Sitzungen mit ihr einen Fixpunkt in meinem Leben, eine Zeit, in der ich wußte, daß meine chaotischen Gefühle angehört und ernst genommen wurden. Langsam begann die depressive Episode, die im Frühjahr zuvor angefangen hatte, nachzulassen. Als der Frühling kam und der Studienabschluß näher rückte, fühlte ich mich besser – ich war nicht gerade glücklich, aber wenigstens nicht mehr dauernd mit Selbstmordgedanken beschäftigt. Jetzt, dachte ich, konnte die echte Therapiearbeit beginnen.

Aber kaum war diese akute Krise vorüber, da erinnerten unsere Sitzungen zunehmend an einen einzigen langen Mutter-Tochter-Konflikt. Bei Amanda konnte ich die rebellischen Gefühle ausleben, die ich gegenüber meiner eigenen Mutter empfand. Ich hatte zu Hause nie zu rebellieren gewagt; das Sicherheitsbedürfnis meiner Mutter war so tief, daß die üblichen Formen jugendlicher Rebellion – rüpelhafte Freunde, heimliches Kiffen, profane Musik – sie kaputtgemacht hätten. Amanda wurde zu ihrer Stellvertreterin.

Mit meinem hartnäckigen Festhalten an der Therapie bei Amanda stellte ich die Autorität meiner Mutter aufs heftigste in Frage, ohne diesen Kampf persönlich austragen zu müssen. Statt dessen konnte ich am anderen Ende der Stadt in Amandas Praxis sitzen und so unverschämt, fordernd und gehässig sein, wie ich wollte. Amanda wurde dafür *bezahlt*, daß sie mich ertrug – von meiner Mutter, die bei uns die Schecks ausschrieb. Es war auf seine Art ein schönes System – eine Art passiv-aktiver Revolte.

Amanda versuchte, die angemessene Distanz zwischen uns zu wahren, aber es gelang ihr nicht. Irgendwie brauchte sie diesen Mutter-Tochter-Konflikt auch, und unser Arzt-Patienten-Verhältnis war von Anfang an von einem deutlich persönlichen Element gefärbt. Manche unserer Schlachten waren gewaltige Szenen – mit Zornestränen, knallenden Türen, wütenden Aufkündigungen meinerseits und strenger Mißbilligung ihrerseits. «Du warst nur ein verkorkstes kleines Mädchen, als ich dich kennenlernte», sagte sie mir gegen Ende unserer Beziehung, mit einer vernichtenden Betonung auf «kleines Mädchen». Ihr Ton machte deutlich, daß ich mich nicht groß verändert hatte.

Sie hatte recht. Mein Ego mußte ständig gestreichelt werden; meine Selbstachtung war so bröckelig, daß sich die geringste Kritik von Amanda anfühlte wie eine Todesdrohung. Doch zeitweise war es wieder so, daß ich sagen oder tun konnte, was ich wollte, ohne jemals ihre unerträgliche Gelassenheit zu erschüttern.

Am Mittwoch, als ich gerade im Aufbruch war, sah Amanda meine zerkratzte Hand und fragte: «Was ist passiert?» Ich blickte auf meine Hand hinunter. Sichtbar waren nur die harmlosesten Kratzwunden; die meisten waren von meinem Ärmel verdeckt.

«Ich habe sie zerkratzt», sagte ich.

«Das muß eine sehr schmerzhafte Art zu leben sein.»

«Ich wußte nicht, was ich sonst tun sollte», erwiderte ich. «Ich saß einfach da und sah mir dabei zu. Es war sehr leicht. Es hätte viel schlimmer sein können.»

«Du hast Probleme, mit deiner Wut umzugehen», kommentierte sie – eine dieser überheblichen professionellen Feststellungen des Offenkundigen, die mich ganz besonders nerven.

«Nun, falls jemandem etwas Besseres einfällt, wäre ich dankbar für einen Tip.»

«Bis nächste Woche dann», sagte sie, und ich dachte: Du Miststück!

Mir war absolut nicht klar, was Amanda für mein Problem hielt. «Depression» schien der geringste Aspekt davon zu sein – ein reines Symptom, keine eigenständige Krankheit. Amanda änderte ihre Diagnosen im Laufe der Jahre mehrmals, aber ein paar haben sich mir eingeprägt. «Hysterische Persönlichkeitsstörung» war eine der ersten – ein ehemals sehr beliebtes Etikett, das aber inzwischen aus der Mode gekommen war. «Narzißtische Persönlichkeitsstörung» lautete eine andere. Noch eine andere lautete «Borderline-Schizophrenie», die Amanda vermutlich nur benutzte, damit ich Anspruch auf ein kurzlebiges staatliches Unterstützungsprogramm hatte, als meine Mutter die sich häufenden Rechnungen nicht mehr bezahlen wollte.

Aber verursacht eine Persönlichkeitsstörung Depressionen, oder verursachen Depressionen eine Persönlichkeitsstörung? Amanda und ich arbeiteten mit der ersten Annahme. Wenn ich mein gestörtes Verhältnis zu anderen verstehen und meine schwindende Selbstachtung reparieren könnte, würde sich die Depression, die mich wie ein ständiger Sog erfaßte, auflösen.

Mein Mutter beschuldigte mich tränenreich, ich würde

meine Religion durch den falschen Gott der Psychotherapie ersetzen. Sie hatte recht. Ich hatte die Kirche meiner Kindheit verlassen, nur um mich in einer anderen wiederzufinden, die keine Kirchenbänke und Altäre, aber nicht weniger Glaubensartikel hatte. Pillen aller Art galten als Umgehung dieses Prozesses – im Reich der Psychoanalyse ein ebensolcher Schwindel wie glanzbefrackte TV-Evangelisten für die Hauptkirchen. «Schaffet, daß ihr selig werdet mit Furcht und Zittern», ermahnte Paulus im ersten Jahrhundert die Christen in Philippi. Genauso war die Therapie – eine Form der persönlichen Erlösung, die man sich in einem langwährenden Prozeß schmerzvoll verdienen mußte. Wenn es nicht weh tat, funktionierte die Therapie nicht.

Nach dem Studienabschluß zog ich wieder zu meinen Eltern und nahm den einzigen journalistischen Job an, den ich in der Gegend finden konnte. Ich arbeitete für eine kleine Wochenzeitung im Süden der Stadt. Die nächsten zwei Jahre wartete ich darauf, daß das Leben anfing.

Es weigerte sich hartnäckig, das zu tun. Sam wich der Heiratsfrage weiter aus. Er hatte es im ersten Anlauf nicht geschafft, einen Studienplatz in Medizin zu bekommen, und besuchte jetzt Extrakurse, um seinen Notendurchschnitt zu heben. Aus Atlanta wegzugehen kam für mich nicht in Betracht, denn das hätte bedeutet, ihn, meine Familie und meine Freunde zu verlassen, und sie waren das einzige, was mir emotionale Sicherheit geben konnte. Trotz Bobs mißmutiger Billigung wurden meine Stellenanfragen bei der *Atlanta Journal-Constitution* beharrlich abgewiesen. Ich ging einmal in der Woche zu Amanda. Aber auch die Therapie schien nirgendwohin zu führen. Es kam vor, daß ich in diesen Sitzungen schluchzte, enthemmt von der Wucht irgendeiner schmerzlichen Erkenntnis – nur um dann nach Hause zu fahren und zu stutzen, die Klinke in der Hand, weil ich mich nicht mehr erinnern konnte, welche glühende Einsicht es genau gewesen war, die mein Leben verändern sollte.

1979, zwei Jahre nach unserem Abschluß in Emory, bekam Sam seinen Studienplatz. Während er Emory nicht davon überzeugen konnte, daß er einen guten Arzt abgeben würde, ergatterte er einen Platz in Morehouse, dem traditionell schwarzen College am anderen Ende der Stadt. Morehouse baute seine medizinische Fakultät gerade auf und legte den Schwerpunkt auf die Ausbildung von Ärzten der Primärversorgung für arme und ländliche Gebiete. Das paßte Sam, denn genau das war es, was er sich von Anfang an vorgestellt hatte und was ihn auch von den meisten seiner Senkrechtstarter-Studienkollegen unterschied, die jetzt in ihr drittes Studienjahr kamen und überlegten, auf welches einträgliche Fachgebiet sie sich spezialisieren sollten. Ich bewunderte Sams Ausdauer und sein Engagement und hatte keine Zweifel, daß er ein hervorragender Arzt werden würde. Auch war ich zunehmend davon überzeugt, daß ich nicht seine Frau werden würde.

Im selben Jahr mietete ich meine erste eigene Wohnung zusammen mit Necie, der Freundin aus Kindertagen, deren Worte – «Sei lieb» – beim Aussteigen aus dem Schulbus an jenem Tag vor vielen Jahren beinahe die letzten gewesen wären, die ich je gehört hatte. Eine Zeitlang verbrachte ich die Wochenenden mit Sam in seinem gemieteten Häuschen am anderen Ende der Stadt. Aber ich konnte nur eine begrenzte Anzahl von Samstagabenden ertragen, an denen ich im Wohnzimmer fernsah, während er in der Küche lernte und das Licht am Ende des Ganges immer noch brannte, wenn ich nachts um zwei aufwachte. Im Laufe der Zeit wurde ganz klar, daß er sich mehr zu seinen Kommilitonen hin orientierte als zu mir hin. Das intensive Abhängigkeitsgefühl, das ich Jahre zuvor in diesem scheußlichen Frühjahr gehabt hatte, hatte zwar nachgelassen, war aber immer noch stark.

Ich verbrachte die meiste Zeit damit, nach Möglichkeiten zu suchen, wie wir zusammensein konnten. Ich war zunehmend frustriert über den Trott, in dem ich steckte, sowohl beruflich als auch mit Sam. Und doch schien die Ehe immer noch der einzige Ausweg zu sein.

Dann, 1980, bekam die Wochenzeitung, für die ich arbeitete, unerwartet einen neuen Redakteur. Er hieß Charlie Smith und war der älteste Sohn einer aristokratischen Familie aus dem Süden von Georgia, deren Mitglieder die Charaktere in einem Stück von Tennessee Williams hätten abgeben können. Mit dreiunddreißig hatte Charlie eine gescheiterte Ehe und diverse unglückliche Abenteuer mit Autos, Alkohol und Frauen hinter sich. Ich war fasziniert von seiner schläfrigen, für Südgeorgia typischen schleppenden Sprechweise, seiner lässigen Art, an seiner Zigarette zu ziehen, seiner sorgfältig kultivierten Aura eines «James Dean goes to Memphis». Es dauerte nicht lange, da schrieb er mir Gedichte während der Arbeitszeit, und wir tauschten glühende Blicke über unsere Schreibmaschinen hinweg aus. Jene flauen Wochenenden mit Sam konnten den heißen Fummeleien mit Charlie im Konferenzraum nach Feierabend nicht das Wasser reichen.

Es vergingen mehrere Wochen, in denen ich mir den Kopf zermarterte und die Entscheidung hinauszögerte, mich mit Charlie verabredete, aber mir Sam noch warmhielt. Schließlich faßte ich den Mut, Sam zu sagen, daß ich mit einem anderen Mann ausgehen wollte. Das bedeute natürlich nicht, beeilte ich mich hinzuzufügen, daß wir uns nicht mehr sehen könnten.

«Ich bin nicht daran interessiert, einer deiner vielen Bewunderer zu sein», sagte Sam kurz. Wir saßen an seinem Küchentisch. Es folgte ein langes Schweigen. Dann stand ich auf und ging. Ich hatte die Beziehung schon länger beenden wollen, aber es war undenkbar für mich, den einen Freund zu verlassen, ohne schon den nächsten in petto zu haben. Jetzt hatte ich endlich die Gelegenheit dazu. Ich war zwar traurig, aber auch nüchtern und immens erleichtert. Kein Betrug mehr, keine Ungewißheit mehr.

Ich ging sofort zu Charlie und erzählte ihm die Neuigkeit. Er war nicht übermäßig erfreut. Einer meiner größten Reize für ihn war gewesen, daß ich die Freundin eines anderen war. Er jagte hinter Frauen her wie Hunde hinter Autos – nur wegen des Nervenkitzels. Hatte er eine gefangen, wußte er nicht, was er tun sollte. Ich auch nicht. Also taten wir das Nächstliegende: Wir machten Schluß – nur um bereits in der nächsten Woche wieder zusammenzusein. Das war der Anfang einer halbjährigen Phase unserer Affäre, in der wir in ständigem Wechsel mal auseinander, mal wieder zusammen waren. Aber ich sollte andere Ablenkungen haben.

Im Juli 1981, nach vier Jahren Wochenzeitung, wo ich Hochzeitsanzeigen redigierte und über örtliche Stadtratsversammlungen berichtete, machten sich meine beharrlichen Versuche, die große Zeitung in der Stadt auf mich aufmerksam zu machen, endlich bezahlt. Die *Atlanta Constitution* bot mir eine Stelle als Reporterin an. Ich fing im August 1981 dort an.

Zu dieser Zeit war mein Vater schon seit zwei Jahren unheilbar an Krebs erkrankt. Die Ärzte hatten einen bösartigen Blasentumor bei ihm gefunden, der vermutlich aufs Rauchen zurückzuführen war – eine Gewohnheit, die noch aus seiner Zeit beim Army Air Corps stammte. An meinem ersten Arbeitstag bei der *Constitution* lag er etwa eine Meile entfernt in einem Krankenhaus, ausgezehrt und geschwächt durch die Chemotherapie, ohne Haare und die Haut mit Leberflekken gesprenkelt. Er war erst neunundfünfzig, aber er sah aus wie ein alter Mann.

An den Abenden löste ich meine Mutter im Krankenhaus

ab, während sie sich etwas zu essen holte. Meine Schwester hatte die Aufgabe, zu Hause zu bleiben und sich um die Mutter meines Vaters zu kümmern, die damals bei uns lebte, und nach dem Haus und den Pferden zu sehen, die sie auf der Nachbarkoppel hielt. Als die Wochen verrannen und der Sommer zu Ende ging, war irgendwann klar, daß er bald sterben würde. Aber der Tod ließ sich Zeit, der Tod war ein Bürokrat. Das Sterben im Krankenhaus hatte genauen Regeln zu folgen. Als der Krebs ihm das Essen unmöglich machte, ernährte man ihn über eine Magensonde, um ihn am Leben zu erhalten. Selbst als die bösartigen Zellen schon in seine Lunge vordrangen, hielten sie die Chemotherapie aufrecht. Ich fragte mich oft, was ihn schneller töten würde – der Krebs oder die moderne Medizin. Die Gifte, die sie in seine Adern tröpfelten, machten ihn fiebrig und wahnhaft. Er halluzinierte, griff nach imaginären Objekten und zitierte ausgerechnet aus Robert Brownings Gedicht «Caliban upon Setebos». Eines Nachmittags standen meine Mutter und ich auf beiden Seiten seines Bettes, und jede von uns hielt eine seiner Hände. Plötzlich kehrte er für einen Augenblick zu uns zurück. Er schlug die Augen auf und sah uns mit einer Spur seiner alten trockenen Verschmitztheit an.

«Sagt mal», meinte er in einem Ton lässiger Neugier, «macht ihr Süßen hier Maniküre?»

Anfang Oktober fiel er dann in ein leichtes Koma. Ich begrüßte es, um seinetwillen. Die Schmerzen waren inzwischen unerträglich geworden. *Geh*, drängte ich ihn im stillen, aber selbst da kämpfte er noch weiter. Manchmal hatte er auch im Koma die Augen offen. Aber wenn ich in sie hineinblickte, fand ich darin keine Spur dieses hellen Geistes mehr; es war, als blickte man in ein bodenloses Loch. Er reagierte nur noch, wenn seine Krankenschwester, Madie, ihm die Füße rieb und leise dabei sang, ihre volle, tiefe Stimme ein Strom des Trostes in dem freudlosen Zimmer. Dann lächelte er – ein langsames, schüchternes Lächeln wie ein kleines Kind, ein Lächeln, in dem ich nicht mehr den Vater erkannte, den ich liebte.

Er hat uns schon verlassen, dachte ich. Aber eines Tages waren meine Mutter und ich hinausgegangen, um ein paar Anrufe vom Münzapparat am Ende des Ganges zu erledigen. Nach einigen Minuten schickte sie mich zurück, um aus ihrem Geldbeutel etwas Kleingeld zu holen. Ich fischte in ihrer Brieftasche herum, dem Fenster zugekehrt, als mich auf einmal irgend etwas veranlaßte, mich umzudrehen. Es war mein Vater, der mich anschaute.

Er hatte ein leises Lächeln auf dem Gesicht. Es war nicht jenes leere Lächeln, das ich schon kannte. Es war *sein* Lächeln; hinter diesen Augen war mein Vater für einen kurzen Augenblick zurückgekehrt. Er konnte nicht sprechen, und irgendwie verstand ich das. Und er brauchte auch nicht zu sprechen. Sein Blick sagte alles. Es war nur ein Moment, gerade lang genug, um Abschied zu nehmen.

«O Daddy», sagte ich, «ich bin so stolz, deine Tochter zu sein.» Einen Moment lang sahen wir uns an, und die Liebe zwischen uns war wie etwas Greifbares, Lebendiges. Ich konnte seinem Blick nicht standhalten; er war so intensiv, daß er meine Haut zu verbrennen schien. Ich vergrub mein Gesicht an seiner Brust. Als ich wieder aufschaute, waren seine Augen ausdruckslos; mein Vater war fort. Er starb zwei Wochen später, an einem grauen Oktobernachmittag, der nach Regen aussah.

Meine Mutter war untröstlich, ihr Schmerz so tief, daß es beängstigend war. Meine Schwester zog sich in ihre eigene steinerne Einsamkeit zurück. Ich selbst reagierte mit Verwunderung. Ich konnte es zuerst einfach nicht fassen, daß er tot war und daß das Leben trotzdem weiterging. Nachts im Traum hörte ich das leise Schluchzen einer Frau am Ende eines langen Korridors, hinter einer verschlossenen Tür. Als der Dezember in den Januar überging, kam mein Vater in meinen Träumen zu mir – gesund und voller Energie und deswegen erschreckend, denn, so ermahnte ich mich immer wieder, er war doch tot, seine Gegenwart etwas Fremdes im Universum. Doch in diesen Träumen war die Liebe zwischen uns genauso lebendig wie an jenem trostlosen Oktobernachmittag. Ich wußte, daß er mich liebte; ich wußte, daß er mich irgendwie gehört hatte. Aber dann wachte ich auf, und es war mitten in der Nacht, und er war tot.

Es war der bitterste Winter, den Atlanta seit mindestens einem halben Jahrhundert erlebt hatte. «20 GRAD MINUS», schrie eine Schlagzeile in jenem Januar. Es erschien wie ein böses Omen, wie das erste Anzeichen einer neuen Eiszeit. Der Himmel hatte die gleiche Farbe wie das Innere meines Kopfes: einheitlich grau, nicht einmal ein schwacher Schein, der die Sonne hätte sein können. Es war Emily Dickinsons «bleierne Stunde», ein trauervolles Paradigma für jede depressive Episode, die ich in den nächsten sieben Jahren erleben sollte: kurze Tage, kein Sonnenlicht, ein alles durchdringendes Gefühl der Verlassenheit. Im Januar ging Charlie für immer von Atlanta fort, um beim Iowa Writer's Workshop eine Zusatzqualifikation zu erwerben, und so war auch das vorbei.

Innerhalb eines halben Jahres hatte ich drei Männer verloren, darunter den wichtigsten in meinem Leben. Dies war die absolute Katastrophe, die ich in jenen wachen Stunden vor Jahren, in jenem Frühling der Spottdrossel, so düster vorhergesehen hatte. Dies war der pure Verlust, trostlos und total. Der Schmerz, den ich empfand – den jeder empfunden hätte –, wurde noch dadurch vergrößert, daß ich mein Selbstwertgefühl so sehr von diesen Männern abhängig gemacht hatte. Es fühlte sich an, als hätte jemand die Ausstiegsluke in meinem Raumschiff geöffnet: Draußen lag bedrohlich das Universum – kalt, luftleer und unbegreiflich.

Ich war nur ein Staubkorn. Ich hatte kaum eine eigene Existenzberechtigung. In diesen Winternächten saß ich wach da, alle Lichter an, und dachte an die Schmerzen, die mein Vater erlitten hatte. Sinnlos, sagte ich immer wieder, vollkommen sinnlos. Er war tot, und Gott schwieg.

In diesem Winter machte die Trauer Bekanntschaft mit der Depression, ihrer nächsten Nachbarin. Als die Monate vergingen, wurde die Realität des Todes meines Vaters zu einem körperlichen Schmerz, einer Schwere in meinen Knochen, einer alles erfassenden Lethargie. Ich schlief sehr viel; wenn ich wach war, tröstete ich mich mit Essen. Nichts davon alarmierte mich; ich hatte vergessen, wie es sich anfühlte, wenn es anders war. Die Depression ergriff Besitz von mir, auch wenn ich das nicht wußte. Es war die Bestie in neuer Gestalt, die sich in mein tägliches Leben einschlich und die Trauer ablöste.

Das Gehirn macht jedesmal, wenn es etwas lernt, winzige anatomische Veränderungen durch – ein Neuron findet ein anderes, schaltet auf neue Weise. So war es mit der Trauer und der Depression: In diesem Winter schnitten sich die Wege dieser beiden Zustände in mein Gehirn ein wie ausgetretene Pfade, die im Schnee zusammenlaufen.

1984 bewarb ich mich für ein einjähriges Forschungsstipendium für Rechtsjournalisten an der Yale Law School. Ich war inzwischen seit drei Jahren bei der *Constitution*, wobei ich in den letzten beiden Jahren über das Bundesgericht berichtet hatte. Die Arbeit machte mir Spaß; es war eines der besten Berichtsgebiete der Zeitung. Doch die 1982 erfolgte Verschmelzung der Reporterstäbe von *Atlanta Journal* und *Atlanta Constitution* hatte einen Redaktionsschlußdruck erzeugt, der praktisch rund um die Uhr ging. Man kam sich vor wie beim Nachrichtendienst, wenn man dauernd aus dem Gerichtssaal eilte, um über Münztelefon Aktualisierungen durchzugeben, oder ständig neue Vorspanne für die nächste Ausgabe einarbeitete. Nach zwei Jahren war ich ausgebrannt. Mein Redakteur, Jim Stewart, machte den Vorschlag, daß ich mich für das Yale-Programm bewerben sollte, und deichselte es dann auf wunderbare Weise, daß ich in dem Jahr, in dem ich fort sein würde, auf der Gehaltsliste blieb. Die Nachricht, daß ich angenommen war, erreichte mich telefonisch an meinem Arbeitsplatz an einem Spätnachmittag im April 1984. Als ich die Worte vernahm, stieß ich einen Freudenschrei aus. *Mein Leben*, dachte ich, *mein Leben fängt an.*

Mein Yale-Abenteuer schien eine gute Gelegenheit, mit der Therapie aufzuhören. Sie brachte mir ganz offensichtlich nicht das, was ich vor allem wollte, nämlich mich in eine attraktive Heiratskandidatin zu verwandeln. Gegen Ende dieser Phase, die Yale vorausging, hatte ich sogar daran zu zweifeln begonnen, ob meine Erinnerungen an dieses schreckliche Frühjahr im College überhaupt wahr waren. Vielleicht, so dachte ich, war ich ja nur ein psychischer Hypochonder. *Du hast dich genug verhätschelt*, dachte ich. *Zeit, erwachsen zu werden.* New Haven würde mein Neuanfang sein. Und so nahmen Amanda und ich offiziell Abschied voneinander, bevor ich nach New Haven ging.

Im Rahmen des Forschungsstipendiums, das jedes Jahr an fünf bis sechs Journalisten vergeben wurde, besuchten wir dieselben Veranstaltungen wie alle anderen Jurastudenten im ersten Studienjahr, wobei wir allerdings im zweiten Semester mehr Freiheit in der Kurswahl hatten als die regulären Studenten. Yale rühmte sich, eine Schule der Rechtstheorie und Sozialpolitik zu sein, nicht ein Ort, an dem man die stupiden Details des Rechts lernt. Hier wurden künftige Richter, Professoren und Spitzenpolitiker ausgebildet. Scherzhaft hieß es, wenn einer tatsächlich *Recht* praktizieren wolle, müsse er nach Harvard gehen. Aber das machte es zu einem idealen Ort für einen Journalisten, der über Recht schrieb. Zum erstenmal bekam ich eine Ahnung von den Umrissen des Waldes, in dem ich gearbeitet hatte.

Ich schwor mir, die akademischen Belange nicht zu ernst zu nehmen, sondern meine Zeit in New Haven zu nutzen, um Neues zu erkunden, Ausflüge nach New York zu machen, mehr zu tun, als nur meine Nase in Bücher zu stekken. Und bis zu einem gewissen Grad tat ich das auch. Aber ich fand das Studium des Rechts faszinierend. Es war für mich keine Qual, bis nachts um zwei in der Bibliothek zu sitzen, es gefiel mir sogar. Dieses intellektuelle Vergnügen half mir, mich vor der Tatsache zu verstecken, daß ich extrem einsam war. Ich hatte es vorgezogen, nicht auf dem Campus zu wohnen; ich hatte keine guten Erinnerungen an das Leben im Studentenwohnheim. Aber das isolierte mich vom Leben der juristischen Fakultät, und ich tat mich schwer, Freunde zu finden. So war es ein Geschenk des Himmels, als ich nach etwa einem Drittel meines Jahres das Graduiertenwohnheim entdeckte, das sich weiter oben in meiner Straße befand. Dort lebten etwa ein Dutzend ausländische Anwälte mit ihren Familien, die in Yale ein Aufbaustudium absolvierten. Die meisten wollten danach in ihr Heimatland zurückkehren und dort lehren. Es war eine lebendige, internationale Gruppe, die ihr inoffizielles Hauptquartier in der Wohnung eines australischen Paares hatte, die gute Freunde von mir wurden. Ich verbrachte Stunden dort, wir tranken Espresso – «flat black» nannten ihn meine australischen Freunde –, diskutierten über die amerikanische Kultur und über Dinge wie etwa, ob man «Vegemite» auf Toast essen oder lieber in das Kurbelgehäuse eines Autos füllen sollte.

Ich kehrte im Juni 1985 nach Atlanta zurück und gab dem Justizressort der *Constitution* eine neue Prägung. Die Besetzung dort hatte sich etwas geändert, aber es fühlte sich immer noch vertraut und wohlig an; ich fand leicht in meine alte Welt zurück. Ich hatte meine alte Wohnung aufgegeben, bevor ich nach New Haven gegangen war, und so mietete ich den zweiten Stock eines großen, alten Hauses im Candler Park. Die Wohnung war riesig: zwei Schlafzimmer, zwei Bäder, zwei Veranden, ein Wohn- und Eßzimmer, das sich über die gesamte Länge des Hauses erstreckte – mehr Platz, als ich mir leisten konnte. Aber ich fand es toll. Also suchte ich per Aushang im Emory-Ehemaligentreff nach einer Mitbewohnerin. Es meldete sich eine Frau namens Patti Van Tuyl, die in Emory in Philosophie promovierte.

Sie war eine kleine Frau mit lockigen Haaren, ein paar Jahre älter als ich und vollkommen vertieft in ihre Dissertation über Hegel. Wir wurden sofort die besten Freundinnen. Patti nannte meine Suche nach dem richtigen Mann «die Suche nach dem transzendentalen Objekt X». Sie kaufte mir sogar einen hölzernen Blockbuchstaben X, der mich daran erinnern sollte, daß das, wonach ich suchte – ein Mensch, der mir mein Glück garantieren könnte –, nicht existierte. Diesen Verdacht hatte ich zwar selbst oft, aber ich war noch nicht bereit aufzugeben.

Inzwischen war da meine Karriere bei der *Constitution*. Da die Zeitung in Atlanta war, bildete sie einen Anziehungspunkt für Journalisten aus dem gesamten Süden. Auch hatte sie noch aus der Bürgerrechtsära einen liberalen Ruf, der sie für Ivy-League-Absolventen auf der Suche nach Abenteuern südlich der Mason-Dixon-Linie attraktiv machte. Was uns verband, war unser relativ junges Alter und unser Haß gegen die knauserigen Eigentümerinnen der Zeitung und den Chefredakteur, einen frühereren Sportjournalisten mit scharfgeschnittenem Gesicht, der kaum jemals seine Lippen bewegte, außer um jemanden zu feuern. Außerhalb des kleinen Kreises seiner Kumpane war er sehr gefürchtet, und seine gemurmelten Äußerungen wurden aufgenommen wie die Heilige Schrift, egal, ob man verstand, was er sagte, oder nicht. Wir nannten ihn den «Prince of Fucking Darkness». Als in den stürmischen Sechzigern der Chefredakteur der *Constitution*, Reg Murphy, von irgendeinem Verrückten mit einem wirren politischen Programm entführt wurde, entsandten die Zeitungseigentümerinnen, zwei sagenhaft reiche alte Damen, den Prinzen mit mehreren hunderttausend Dollar Lösegeld in einem Koffer und erteilten ihm den Auftrag, ihren Chefredakteur zurückzuholen. In der Redaktion erzählte man sich, die alten Damen hätten sich gedacht, der Prinz würde dem Entführer mehr Angst einjagen als ein paar Anzüge mit FBI-Dienstmarken, was durchaus wahrscheinlich erschien – und wenn etwas schiefging, nun ja, der Prinz war ohnehin nicht allzu beliebt.

Wir hörten diese Geschichte von den Altgedienten der Zeitung. Von denen gab es einige – Veteranen aus einer Zeit, als Journalisten noch nicht auf die Universitäten der Ivy League gingen und Frauen in der Redaktion allenfalls für Todesanzeigen oder rührselige Geschichten zuständig waren. Harte Nachrichten – definiert als Kriminalgeschichten und Politik – waren Männersache. Die Männer, die diese Arbeit taten, waren reizbar, respektlos und engstirnig. Wer mit ihnen auskommen wollte, mußte sich auf einige verbale Schlammschlachten gefaßt machen. Nur selten bewegten sie sich von ihren Schreibtischen weg. Sie waren seit vielen Jahren im Geschäft und hatten ihre Kontakte, und sie konnten mehr über einen Skandal im Kapitol herausbekommen, indem sie zum Hörer griffen und den guten alten Tom hinter den Kulissen anriefen, als wir es in zwei Tagen Detektivspielen und Interviewen auf Korridoren konnten. Zwischen den Aufträgen erzählten sie sich Geschichten und rauchten. Wer sich beschwerte, erhielt den Rat, sich eine andere Arbeit zu suchen – irgendwas im Wald oder an der frischen Luft, wie wär's mit Telefonleitungen reparieren? Der Rauch hing schwer in der Luft, stach mir in den Augen und ließ mich in den Wintermonaten unter einem trockenen Dauerhusten leiden. Die Schlimmsten waren die Zigarrenraucher, und der schlimmste von ihnen war ein Reporter namens Monty. Eines Tages blieb ich neben seinem Schreibtisch stehen und zeigte auf die brennende Zigarre in seinem Aschenbecher. Ein träges Rauchband kräuselte sich von ihr nach oben. Es stank, wie wenn ein Reifen brennt.

«Monty», sagte ich. «Hat da vielleicht ein Ziegenbock auf das Stück Seil gepißt, das du dir in den Mund steckst?»

Einige Leute schauten auf, und es gab ein allgemeines Gegluckse. Ich hatte einen Punkt gemacht. Monty richtete sich zu seiner vollen Größe auf und starrte mich durch seine dikken Brillengläser zornig an. Er hatte schulterlanges graues Haar und einen Bart, und wenn er zornig war, wie jetzt, sah er aus wie der Prophet Jeremia an einem seiner schlechten Tage.

«Nein!» bellte er. *«Aber ich!»* Schallendes Gelächter. Spiel, Satz und Match. Ich lernte, mit Zigarrenrauch zu leben.

Die Arbeit war meine Berufung, mein Gesellschaftsleben, mein Vergnügen, meine Rüstung gegen die Welt. Ich war Tracy Thompson, Reporterin bei der *Atlanta Constitution* – eine Tatsache, die ich in die ersten fünf Minuten fast jeder Unterhaltung einzubauen wußte. Meine unmittelbaren Ziele waren recht bescheiden: ein so reges gesellschaftliches Leben zu führen, daß ich nie einsam war und keine Gelegenheit zum Nachdenken hatte. Ich kochte tolle Abendessen, verbrachte viele Abende in «Manuel's Tavern», feierte lange und deftige Partys – fast immer mit meinen Kollegen. Seit Charlie hatte sich keine ernsthafte Beziehung mehr ergeben, eine Tatsache, die mich quälte, über die ich aber nach außen hin scherzte. Wenn ich, so erzählte ich Patti, ein Formular ausfüllte und zu dem Punkt «sex», Geschlecht, kam, schrieb ich: «Einmal im Jahr. Meistens im Frühling.» Mein

Liebesleben war gekennzeichnet von langen Abschnitten der Langeweile, unterbrochen von unglücklichen Abenteuern. Meine Annäherungsversuche waren fast immer unbesonnen, bis hin ins Komische. Da war der Redakteur, mit dem ich am Ende einen Riesenkrach in einem Großraumbüro hatte, so daß die ganze Redaktion zuschauen konnte. Da war der süße jüdische Junge, der mir erzählte, daß seine Mutter jeden Monat nach ihrer Periode rituelle Bäder nahm. Er war ernsthaft an mir interessiert, unter der Voraussetzung, daß ich daran interessiert wäre, ebenso orthodox zu werden wie er. (Danke, ich passe.) Da war der Angestellte im Bundesgericht, der nett zu sein schien, bis er anfing, sich über die Frauen in seinem Büro zu beschweren. «Sie wollen mir einfach nicht *gehorchen*!» war sein Spruch, und sein Mund hatte etwas Gestrenges, bei dem es mir ganz anders wurde. Und so weiter. Ich war nervös, lebte ständig in dem Bewußtsein, daß mir die Bestie im Nacken saß. Wenn gelegentlich am Sonntagnachmittag meine Freunde beschäftigt waren und meine Wohnung leer war, stach die Einsamkeit wie ein Messer in der Magengrube.

Ich hatte schon lange die Vorstellung aufgegeben, daß irgend jemand dazu etwas sagen könnte. Entweder war es normal, und andere Leute kamen besser damit klar, oder ich war einfach irgendwie defekt, wie jemand, der mit einem fehlenden Glied geboren wird. In beiden Fällen schien es keine andere Alternative zu geben, als es gleichmütig hinzunehmen. Ich dachte, ich hätte diesen Gleichmut erlangt, doch eines Tages verblüffte mich ein Freund durch seine Unverblümtheit.

«Seit du aus Yale zurück bist», sagte Jerry, «hängt ein Schleier von Traurigkeit über dir.»

Wir saßen im Foyer der Symphony Hall, während der Pause. Ich protestierte. Nein, sagte ich, ich *war* nicht deprimiert; welchen Grund sollte ich haben, deprimiert zu sein?

Es ging mir gut. Doch später, während der zweiten Konzerthälfte, grübelte ich über das nach, was er gesagt hatte. Es stimmte. So beängstigend es war, das zuzugeben, aber ich hatte wirklich das Gefühl, leise zu verzweifeln. Ich wußte nicht, wie ich diesen Kummer definieren sollte, außer daß ich mich danach sehnte, verheiratet zu sein – aber selbst damals wußte ich nicht, wo bei mir die normale menschliche Sehnsucht nach Nähe endete und etwas Bedrohlicheres begann. Ich wußte nur, daß ich seit langem nicht mehr über längere Zeit glücklich oder zufrieden gewesen war – seit Jahren nicht. Ich konnte mich an viele glückliche Augenblicke erinnern, aber das war etwas anderes. Mein *Leben* war nicht glücklich. Ich lebte unter einem Schatten. Und je mehr ich darüber nachdachte, desto mehr erschien es mir, als hätte sich dieser Schatten erstmals in jenem gräßlichen Frühjahr 1976 ausgebreitet.

Einmal anerkannt, kroch die Traurigkeit in mir hoch wie rasch ansteigendes Hochwasser. Einige Abende später begann ich im Gespräch mit Patti plötzlich zu schluchzen – ein fürchterlicher, unkontrollierbarer Weinkrampf, der einige Stunden lang andauerte. Patti war erschrocken. Am nächsten Morgen ging ich nicht zur Arbeit, sondern lag auf dem Sofa, bar jeglichen Interesses daran, was der Tag bringen könnte. Nebenan hörte ich Patti leise telefonieren.

«Sie ist im Moment hier», erzählte sie jemandem. «Ich mache mir wirklich Sorgen.»

Ich nicht. Das war wieder nur eine der Episoden in einem Leben, das von solchen Runden sinnloser Verzweiflung immer wieder unterbrochen zu werden schien. Es zeugte nicht von einer Krankheit; es zeugte von der Tatsache, daß ich irgendwie durchdrehte. Ich wußte nur nicht genau, wo das Problem lag, geschweige denn, wie ich es lösen sollte. Das war qualvoll, aber die Qualen waren erträglich, solange ich mich auf andere Dinge konzentrieren konnte. Die einzige dauerhafte Lösung – und selbst da war ich mir allmählich nicht mehr sicher – wäre der richtige Mann, eine glückliche Ehe. Mir fehlte nichts, was das transzendentale Objekt X nicht heilen könnte.

Und dann geschah etwas, das mir brutal die Gefahr klarmachte, in der ich mich befand.

Ich hatte Fay Joyce nur einmal getroffen, bei einem Mordprozeß am Berufungsgericht in Atlanta irgendwann im Frühjahr 1984, kurz vor meinem Forschungsaufenthalt in Yale. Ich habe nur eine vage Erinnerung an sie – eine kleine Frau mit zarten, hübschen Zügen und dunklen, lockigen Haaren. Sie trug ein Diane-von-Fürstenberg-Kleid mit Spitzenkragen, sehr in Mode in jenem Jahr. Sie grüßte mich; wir sprachen über gemeinsame Freunde. Dann ging die Verhandlung los, und wir setzen uns beide und taten unsere Arbeit.

Ich hatte schon seit Jahren von ihr gehört. Sie war eine Journalistin aus Atlanta, die an eine größere Bühne gewechselt hatte – in ihrem Fall zur *New York Times*. Das, oder eine Stelle bei der *Washington Post* oder beim *Wall Street Journal*, war der Karriereschritt, den die meisten von uns anstrebten. Fay war der Prototyp derer, die es schafften: klug, motiviert, politisch clever. Ihr Karriereweg war noch aus einem anderen Grunde interessant für mich: Wir hatten beide bei demselben Unternehmen angefangen, einer Kette gratis verteilter Vorstadt-Wochenzeitungen mit Sitz in Decatur. Dieser unbedeutende Start hatte sie nicht zurückgehalten.

Im Spätherbst 1985, über ein Jahr nach dieser Begegnung, hörte ich, daß Fay erwog, aus New York nach Atlanta zurückzukehren und bei der *Constitution* Chefkorrespondentin für Politik zu werden. Der Wechsel wurde als triumphale Rückkehr gehandelt, aber er war merkwürdig. Fay war zu jung, um daran zu denken, zu ihren Wurzeln zurückzukehren, und es war seltsam, daß eine aufstrebende Journalistin Mitte Dreißig, besonders da sie keine Familie hatte, den Mittelpunkt des Medienuniversums verließ, um zu dem grünen Rasen der Vorstädte von Atlanta zurückzukehren. Ich hörte Gerüchte, daß es bei der *Times* nicht so gut gelaufen war, und das schien plausibel. Wir alle sagten uns, um damit fertig zu werden, nicht bei der *New York Times* zu sein, daß es dort schlicht die Hölle sei.

An dem Tag im Dezember 1985, als sie ihre neue Stelle bei der *Constitution* antreten sollte, kam ich in die Redaktion, verstaute meine Tasche unter dem Schreibtisch und begann, mir den Mantel auszuziehen. Meine Schreibtischnachbarin, Jane Hansen, drehte sich zu mir um.

«Hast du das von Fay Joyce gehört?» fragte Jane. «Sie ist tot. Hat sich erschossen.»

Mir war eiskalt. Ich starrte Jane an, den Mantel nur halb ausgezogen, während sie mir erzählte, was sie wußte: daß Fay den Flieger nach Atlanta nicht genommen hatte, nicht in dem für sie reservierten Hotelzimmer aufgetaucht und in ihrer Wohnung in New York nicht ans Telefon gegangen war. An diesem Morgen hatte ein Hausverwalter, der mit einem Hauptschlüssel in ihre Wohnung ging, um sie einem Nachmieter zu zeigen, ihre Leiche im Bad gefunden, mit einer Kugel im Kopf. Sie hatte die Pistole auf ihrer letzten Reise nach Atlanta in einem Pfandhaus drei Straßen vom Zeitungshaus entfernt gekauft, und zwar nach einem freundschaftlichen Essen mit Frederick Allen, dem Politik-Kolumnisten der Zeitung. Sie hatten über Fays neuen Job und über mögliche gemeinsame Projekte gesprochen. Ich schaute zu Rick Allen hinüber, der ein paar Reihen weiter saß. Er sah grimmig aus und war aschfahl im Gesicht. Mir war am ganzen Körper kalt – kalt in meinem Herzen, kalt in meinen Knochen.

Später bekam ich weitere Einzelheiten heraus – genug, um zu wissen, daß Fay seit mindestens einem Jahr in eine schwere Depression hineingeschlittert war. Die Bestie hatte sich während des Präsidentschaftswahlkampfs 1984, in dem sie über Jesse Jackson berichtete, an sie herangepirscht. Sie hatte dagegen angekämpft, war zeitweise vor ihr geflohen, war einmal sogar mehrere Tage unentschuldigt vom Wahlkampf-Troß ferngeblieben. Etwa um die gleiche Zeit hatte sie eine Liebesaffäre angefangen, die unglücklich endete. Freunde, die unheilvolle Veränderungen in ihrem Verhalten sahen, taten es entweder als Launenhaftigkeit ab, oder es gelang ihnen nicht, ihre eiserne Entschlossenheit, «normal» zu erscheinen, zu durchbrechen. Die *Times* hatte ihr eine weniger anstrengende Tätigkeit für die Immobilienseite zugewiesen. Die Versetzung war vermutlich gut gemeint, aber Fay hatte es als demütigendes Exil aufgefaßt. Das vernünftigste wäre gewesen, sich freistellen zu lassen, ins Krankenhaus zu gehen und gesund zu werden. Statt dessen tat sie, was ich auch getan hätte: Sie versuchte zu fliehen. Sie suchte sich einen anderen Job. Und dann, an dem Abend, an dem sie New York verlassen sollte, muß sie erkannt haben, daß es kein Entkommen gab; daß diese Düsterkeit in ihrem Innern ihr überallhin folgen würde, wohin sie auch ging.

Ich wußte, hinter dieser Badezimmertür oder in irgendeinem anderen trostlosen Raum konnte auch ich einmal der Bestie gegenüberstehen. *Das*, dachte ich, *erwartet dich, wenn du nicht aufpaßt.* Ich fühlte mich wie ein Soldat im Schützengraben, der gerade gesehen hat, wie es seinen Nebenmann in Stücke reißt. Es machte mir angst, daß ich es den Leuten nicht sagen konnte. Noch beängstigender war, wie leicht Fay über den Rand gerutscht war. Umgeben von Kollegen im Nachrichtengeschäft, die ihr Geld damit verdienten, sich über die neuesten Entwicklungen auf jedem

Gebiet zu informieren, die nichts anderes taten, als Informationen zu sammeln und zu verbreiten, hatte sie es irgendwie geschafft, sich dem prüfenden Blick der anderen zu entziehen – oder zumindest hatte sie gedacht, sie könne es sich nicht erlauben, ihre Krankheit einzugestehen. Ich wußte, warum. Hinter dem Schock und der Traurigkeit, die ich in den Gesichtern meiner Kollegen sah, unter dem Schuldbewußtsein, entdeckte ich noch etwas anderes: Verlegenheit. *Zu dumm*, dachten die Leute in meiner Vorstellung. *Wußte nicht, daß mit ihr etwas nicht stimmte. Sie schien immer so normal.* An welcher «Abnormalität» Fay auch immer gelitten hatte, ich wußte, daß ich sie auch hatte. Aber das zu sagen kam nicht in Frage. Zu viele Jahre hatte ich in die Therapie investiert, um zuzugeben, wie sehr ich mich trotzdem mit dieser Frau identifizierte.

Ich versuchte, die eisige Angst abzuschütteln, aber ich konnte es nicht. Ich fühlte mich wie jemand, der eine ernste, beunruhigende Nachricht über seinen Gesundheitszustand erhalten hat – was ich in gewisser Weise tatsächlich hatte. Aber wie konnte ich das jemandem sagen? *Ich habe auch schon daran gedacht, mich umzubringen. Ich habe oft daran gedacht, jahrelang.* Schon diese Worte im Kopf zu formulieren kam mir seltsam melodramatisch vor. Trotzdem versuchte ich, meinen Mund dazu zu bringen, sie auszusprechen. Eines Abends, ein paar Wochen später, rief ich meine Freundin Susan an, die ebenfalls bei der Zeitung arbeitete und in meiner Nähe wohnte. Ich sagte, ich müßte mit jemandem sprechen; ob ich vorbeikommen könnte? Susan räumte gerade den Tisch ab, als ich kam. Ich setzte mich in ihr Eßzimmer, an ihren prunkvollen viktorianischen Tisch.

«Was ist los?» fragte Susan.

«Es ist wegen Fay», sagte ich und begann zu schluchzen. Susan sah mich besorgt und erstaunt an.

«Tracy, was ist los?» fragte sie. «Was beschäftigt dich wirklich? Du hast Fay nicht einmal gut gekannt.»

Ich sah sie an und konnte nicht antworten. Und mit diesem Schweigen stieß ich auf die schlimmste aller Ängste.

Kapitel 3

Widerstrebend suchte ich Amanda wieder auf.

Ich hatte nicht erwartet, sie wiederzusehen, obwohl ich ihr ab und zu Postkarten schickte. Sie sollte wissen, wie es mir ging. Daß ich jetzt zu ihr zurückkam, war ein Eingeständnis des Versagens. Wenn es so weit gekommen war, dachte ich, dann war es Zeit, mich geschlagen zu geben, zuzugeben, daß ich krank war. Doch dieses widerwillige Eingeständnis war kein Schritt in Richtung Verständnis; nein, es war Symbol meiner Scham. Wenn ich krank im Kopf war, so war das sicher nicht die Art von Krankheit, die man gerne zugibt.

Es war Anfang Frühjahr 1986, und Amanda hatte neue Praxisräume bezogen, zusammen mit mehreren anderen Ärzten in einer Gemeinschaftspraxis. Doch obwohl der Ort neu war, schien sich in ihrem Sprechzimmer niemals etwas zu verändern. Immer noch die gleiche geschmackvolle Sitzgruppe, die gleichen pastellfarbenen Impressionistendrucke an den Wänden. Sie saß mir gegenüber und wartete gelassen darauf, daß ich etwas sagte. Ihr Gesichtsausdruck schien zu sagen: *Das habe ich erwartet.*

«Ich bin reif für Medikamente», sagte ich zu ihr, und das war ein Zeichen meiner Verzweiflung. Ich hatte das immer als letzten Ausweg angesehen. «Wenn du sie nicht verschreiben kannst, überweise mich bitte an jemanden, der es kann.» Sie ging hinaus und kam mit einem Psychiater zurück, der sein Sprechzimmer weiter den Gang entlang hatte. Er hörte sich meinen Vortrag an und fragte mich, welche Medikamente mir mein Internist vor Jahren verschrieben hatte und in welcher Dosis. Triavil, antwortete ich. An die genaue Dosis konnte ich mich nicht erinnern, aber ich wußte noch, wie die Pillen ausgesehen hatten und wie viele ich jeden Tag genommen hatte.

«Kein Wunder!» schnaubte er. «Sie haben nicht einmal genug Antidepressiva bekommen, um einen Cockerspaniel zu kurieren, wenn er den Moralischen hat.» Er verschrieb mir Imipramin, ungefähr in der üblichen therapeutischen Dosis – etwa 125 Milligramm am Tag. An diesem Tag verließ ich Amandas Praxis mit einem Rezept, einem Termin für eine weitere Einzeltherapiesitzung und einem Zeitplan für eine Gruppentherapie, die Amanda mir nahelegte. *Jetzt bin ich wieder da, wo ich angefangen habe, nur ist es noch schlimmer geworden*, dachte ich.

Nach einigen Wochen schien das Imipramin zu helfen. Meine Stimmungen wurden stabiler; der ständige mentale Schmerz ließ nach. Das Leben schien leichter zu laufen – Enttäuschungen schienen nicht mehr so entsetzlich, die Einsamkeit nicht mehr so schrecklich. Auf Amandas Drängen hin begann ich zur gleichen Zeit, einmal wöchentlich in die Gruppentherapie zu gehen, in Kombination mit meinen Einzelsitzungen.

Die Gruppe veränderte sich in den rund drei Jahren, die ich daran teilnahm, aber es waren im Schnitt immer zehn bis zwölf Leute. Mit ein oder zwei Ausnahmen, die nicht lange dabeiblieben, waren die Teilnehmer durchweg Frauen aus der Mittelschicht im Alter von Anfang Zwanzig bis in die Fünfziger. Unsere Aufgabe war es, miteinander zu interagieren, eine Art funktionierende Familieneinheit zu schaffen, in der wir unser Verhalten dem prüfenden Blick anderer aussetzen konnten. Die Sitzungen sollten als Übung dienen, um jene Verhaltensweisen zu ergründen und zu ändern, die uns Probleme bereiteten. Die meisten davon – Passivität, Beeinflußbarkeit in Beziehungen, eine tiefe Sehnsucht nach Anerkennung – waren reichlich vertreten. Da sich die meisten von uns in erster Linie mit dem Ziel in die Therapie begeben hatten, mit ihren Depressionen klarzukommen, erscheint es mir im nachhinein wahrscheinlich, daß diese Eigenschaften in vielen Fällen Gewohnheiten waren, die der jahrelange Kampf mit der chronischen Depression hinterlassen hatte.

Doch auch hier lautete die therapeutische Grundannahme, daß diese Verhaltensweisen nicht Symptome eines Problems waren – sie *waren* das Problem. Die Depression andererseits war ein Symptom, keine Krankheit. Nie habe ich jemanden erwähnen hören, daß eine chronische Depression das Gedächtnis beeinträchtigen kann oder daß es bestimmte Techniken gibt, die einem dabei helfen können, sich schlechte Angewohnheiten abzutrainieren. Und wenn mir das jemand gesagt hätte, hätte ich es vermutlich als Geschwätz abgetan. Nach all diesen Jahren versuchte ich immer noch, etwas Irrationales zu analysieren, ein Gefühlsleben intellektuell zu verstehen, das ständig die Grenzen des Rationalen durchbrach. Es war wie Sandburgenbauen. Jede Woche machte ich in Amandas Praxis langsame, mühselige Fortschritte; jede Woche wurden diese zarten Verstehensansätze außerhalb ihrer Praxis durch das wirkliche Leben untergraben und erschüttert.

Was dabei herauskam, war die lebensnahe Illustration des alten Scherzes: Wir hatten aus unseren Fehlern gelernt und konnten sie deshalb exakt wiederholen. Ganze Sitzungen über beschäftigten wir uns mit der Frage, welche der anwesenden Frauen sich bei dem männlichen Therapeuten Don einschmeichelte und was sie in einer Vaterfigur suchte. In anderen Sitzungen, in denen Amanda und ich häufig führende Rollen übernahmen, imitierten wir die Spannungen in Mutter-Tochter-Beziehungen. Es wurde viel Wind gemacht. Manchmal kam es mir vor, als wären wir alle Teil einer großen menschlichen Orgel und bliesen dieselben Noten, wenn uns jemand an der richtigen Stelle anschlug. Am Ende lernten wir viel über unsere Marotten, aber wenig darüber, wie wir uns tatsächlich besser fühlen konnten.

Manchmal fühlte ich mich wie ein Tier im Netz, das herumzappelt, aber sich nicht befreien kann. Ich wußte nicht, was das Netz war, aber ich wußte, daß es da war. Ich wußte nicht, was da zwischen mir und einer tiefen Verbindung zu anderen Menschen stand, aber auf jeden Fall stand da etwas. Ich spürte es deutlich. Es war eine Mauer – dieselbe Mauer, von der ich meiner Mutter erzählt hatte, als ich noch ein Kind war. Ich kam nicht um sie herum, auch nicht über sie weg. Sie war einfach da.

Jahre später erzählte mir Ray Fuller, besagter Wissenschaftler bei Eli Lilly, von einem Experiment zur Messung von Neurotransmittern bei Demoisellefischen. Die Fische wurden in Becken gehalten, die sie nur durch eine Glaswand von ihrem natürlichen Feind trennten. Sie dachten, sie würden jeden Moment gefressen. Nach einer Weile nahm die Konzentration bestimmter Neurotransmitter – vor allem von Serotonin – in ihrem Gehirn deutlich ab. Das, so Fuller, veranschaulichte auf primitive Weise einen Schluß, zu dem er und andere Hirnforscher gelangt waren: daß wiederholte Verluste, Ängste und Zurückweisungen neurochemische Veränderungen im Gehirn verursachen. Mit der Zeit hinterlassen diese Veränderungen ihre Spuren und werden dauerhaft, so wie Wellen eine Küste langsam formen.

Wenn ich heute zurückblicke, sehe ich mich als einen dieser Demoisellefische. Mein Selbstbild leitete sich daraus ab, wie ich über mich dachte, wenn ich deprimiert war. Ich hatte viele Freunde, aber ich war trotzdem einsam. Ich wollte, daß die Psychotherapie half; ich wollte so gut darin sein, wie ich in meiner Arbeit in der Schule und im Studium gewesen war. Aber ich war es nicht. Hier war ich, zehn Jahre nach dem College und immer noch im Stützkurs fürs Leben. In meinem Freundeskreis hatte einer nach dem anderen geheiratet,

Häuser gekauft, Kinder bekommen. Hätte nicht jeder normale Mensch die Therapie inzwischen abgeschlossen? Selbst in guten Zeiten sah ich mich als irgendwie defekt – also suchte ich nach dem, was mich ganz machen würde: beruflicher Erfolg, ein Mann, der klüger und stärker war als ich. Normale, anständige Typen, die nicht auf eine beengende Klammerbeziehung aus waren, tat ich meistens als langweilig ab. Ein- oder zweimal lief ich Männern nach, die meiner Vorstellung entsprachen, mußte aber feststellen, daß sie keine romantischen Abenteuer mit mir wollten. Dies nahm ich als weiteren Beweis für meine Unzulänglichkeit.

Und doch begann sich insgesamt etwas zu verändern. Die Veränderungen vollzogen sich langsam und wurden erst im Rückblick sichtbar. Begonnen hatten sie zwei Jahre zuvor mit meinem Entschluß, mich für das Stipendium in Yale zu bewerben. Doch jetzt, 1986, begannen sie, in kürzeren Abständen aufzutreten – obwohl es mir unmöglich ist, dies auf einen einzelnen Faktor zurückzuführen. Das Alter spielte eine Rolle. Ich war jetzt einunddreißig; allein die Tatsache, daß ich schon eine Weile allein lebte, hatte mir ein gewisses Maß an emotionaler Reife beschert, die mir früher fehlte und die mich jetzt vermutlich mehr von der Therapie profitieren ließ als vor neun Jahren. Dann war da noch das Imipramin. Ich nahm es von Anfang 1986 bis Juni 1987, als ich einfach beschloß, daß ich es nicht mehr brauchte. Die Dosis, die ich einnahm, war nicht so hoch wie jene, die mir ein anderer Arzt später verschreiben sollte, aber sie war hoch genug, und ich nahm das Medikament lange genug, damit es eine Wirkung zeigen konnte.

Eines Tages beschloß ich – warum, könnte ich nicht sagen –, schwimmen zu lernen. Davor hatte ich schon immer entsetzliche Angst gehabt. Mein Dad hatte versucht, es mir beizubringen, aber es war ihm nicht gelungen. Seine Methode war, mich am Hosenboden meines Badeanzugs hochzuhalten, mit dem Gesicht im Wasser, und zu schreien: «Okay, jetzt strampeln.» Etliche Liter Wasser waren in meine Nebenhöhlen aufgestiegen, bis ich ihn davon überzeugen konnte, es aufzugeben, und diese Erfahrung hatte eine bleibende Phobie hinterlassen, mein Gesicht ins Wasser zu tauchen. Ein paar Jahre später hatte meine Mutter mich und meine Schwester ins örtliche Schwimmbad mitgenommen, wo der Schwimmlehrer eine andere pädagogische Technik anwandte. Seine Methode bestand darin, uns etwa zehn Minuten lang am flachen Ende Blasen blubbern zu lassen und uns dann ans tiefe Ende zu nehmen und hineinspringen zu lassen. Wenn wir es bis zum Beckenrand schafften, ohne gerettet werden zu müssen, galt die Lektion als erfolgreich. Von ihm lernte ich zu hyperventilieren, wenn ich mit dem Kopf unter Wasser kam.

Daß ich mich zum Schwimmunterricht anmeldete, hatte daher etwas zu bedeuten. Ich hatte Yale überlebt, trotz meiner Einsamkeit. Ich hatte dort sogar entdeckt, daß ich keine Schwindlerin war. Jetzt fühlte ich mich bereit, neue schreckliche Aufgaben anzugehen. Und auch wenn es für andere unbedeutend klingen mag, daß ich schwimmen lernen wollte, für mich war es eine tiefreichende Erfahrung. Zum erstenmal setzte ich mich mit einer tief verwurzelten Verhaltensweise auseinander, der ein starkes Gefühl zugrunde lag, und lernte, sie durch eine gezielte, bewußte Willensanstrengung Schritt für Schritt zu ändern. Diese Erfahrung lehrte mich, daß man primitive Gefühle unter Kontrolle bringen kann, daß man nicht vollständig verstehen muß, warum man ein bestimmtes Verhalten zeigt, um es zu ändern. Später, in einem anderen Zusammenhang, sollte diese Lehre mir das Leben retten.

Der erste Schritt war elementar: Ich mußte mein Gesicht ins Wasser tauchen. Jedesmal, wenn ich es versuchte, glaubte ich zu ersticken. Sobald mein Kopf unter die Oberfläche kam, verspürte ich den starken Drang, einzuatmen und meine Lungen mit Luft zu füllen. Der Gedanke, auszuatmen und das bißchen Luft, das ich hatte, herzugeben, war entsetzlich. Jeder Versuch endete damit, daß ich hustend, prustend und die Nase voller Wasser wieder hochkam. Es half weder Vernunft noch Anspornen; das einzige, was funktionierte, war, es einfach zu tun. Danach mußte ich minutenlang den Impuls zu hyperventilieren unterdrücken, aber wenn der nachgelassen hatte, versuchte ich es wieder, diesmal gleich zweimal hintereinander. Dann viermal. Es dauerte lange, bis die Panik nachließ. Während der Rest des Kurses weitermachte, blieb ich für mich und tunkte – zwanzigmal, vierzigmal, fünfundsiebzigmal. Als ich bei hundertfünfzig war, fühlte ich mich schließlich wohl genug dabei, um weiterzumachen.

Nun galt es, die Atmung mit dem Beinschlag zu koordinieren, was wir taten, indem wir uns an ein Schwimmbrett hängten. Dann entledigten wir uns der Schwimmbretter und versuchten, unsere Armbewegungen zu koordinieren. Ganz langsam wurde mir klar, daß ich schwamm.

Der nächste Schritt war Wassertreten, was sich als relativ einfach erwies. Dann, es war in unserer fünften oder sechsten Stunde, nahm uns der YMCA-Schwimmlehrer zum erstenmal ins Tiefe. Wir würden lernen, wie man ins Wasser springt. Der erste Schritt war, mit den Füßen zuerst hineinzuspringen, hochzukommen und dann Wasser zu treten. Als ich mir das Becken anschaute, meine Mitschüler vorsichtig an den Rand treten sah, war mir zum Heulen zumute. Meine Brust zog sich zusammen. Die Angst stieg in mir hoch, kalt wie die Wasserpfütze, in der ich stand. Dies war keine Fertigkeit, die man stückchenweise erlernen konnte; entweder man tat den Schritt über den Rand oder nicht. *Tu's einfach*, sagte ich mir verbissen und zwang mich, entgegen jedem Selbsterhaltungstrieb, ins Leere zu schreiten. In dem kurzen

Moment, bis meine Füße auf dem Wasser aufkamen, dachte ich, mir würde das Herz explodieren. Dann kam ein Wasserschwall und dann Luft, und ich trat Wasser. Ich ertrank nicht, es ging mir gut. «Sind Sie okay?» rief der Schwimmlehrer. O ja, ja, ich bin okay, *mehr* als okay.

Die Schwimmstunden beim YMCA brachten mich auch zum erstenmal mit anderen Menschen zusammen, die mit der gleichen Art von Angst zu tun hatten, jeder auf seine Weise. Das zeigte mir, daß ich weder etwas Besonderes noch allein war. Die meisten kämpften mit Phobien, deren Ursprünge bis in die Kindheit zurückreichten. Einer meiner Mitschüler, ein junger Mann, hatte sich zur Küstenwacht gemeldet. *Das*, dachte ich, war ein mutiger Mensch.

Ich beendete den Anfängerkurs und meldete mich zum Aufbaukurs an. Zwischen den Unterrichtsstunden begann ich, Bahnen zu schwimmen. Nach einem halben Jahr sprang ich kopfüber ins tiefe Ende und schwamm eine komplette Bahn, bevor ich innehalten und Atem schöpfen mußte. Ich hatte das Wasser erobert. Von hier an war es nur noch eine Frage der Fitneß. Es war, wie wenn man in einem muffigen Haus die Fenster öffnete und die Zimmer ausfegte. Es war berauschend.

Und dann, im November 1986, schlug wieder ein Blitz ein: Der Prinz ging in Ruhestand.

Noch sensationeller war die Nachricht, wem die reichen alten Eigentümerinnen den Posten des Chefredakteurs angeboten hatten: Bill Kovach, damals Chef des Washingtoner Büros der *New York Times*. Bill wer? Ich rief sofort meine Freundin Robin an, die im Jahr zuvor aus Atlanta fortgegangen war, um für die *Times* in Washington zu arbeiten.

«Wir haben gerade davon erfahren», seufzte sie. «Er ist ein toller Chefredakteur. Wir sind ganz geknickt, daß wir ihn verlieren.»

Wir waren nicht geknickt; wir waren im Freudentaumel.

«Mein ganzes Leben wollte ich zur *New York Times*», sagte einer meiner Kollegen, «und jetzt kommt die *New York Times* zu mir.»

Tage vergingen, an denen die Gerüchteküche im Büro heftig brodelte. Der Handel sei perfekt. Nun ja, fast perfekt. Sie verhandelten noch um Geld. Nein, Geld sei kein Thema. Dann hörten wir, daß die Sache geplatzt sei. Kovach wollte auch das Washingtoner Büro unserer Zeitung leiten, was die Eigentümerinnen abgelehnt hatten, und aus war's. Kovach würde nicht kommen.

Ich erfuhr diese Neuigkeit, als ich am Kaffeeautomaten stand, und einen Moment lang fühlte ich lebhaft, was Robin vor ein paar Tagen empfunden haben mußte, als sie sagte, sie sei «geknickt». Dann, angetrieben von einem dieser Impulse, die man nicht erklären kann und die am Ende das ganze Leben verändern, zog ich meinen Mantel an und ging.

Es war ein grauer, kalter Novembertag. Ich ging bis zum Ende der Straße, ohne jemandem zu begegnen, den ich kannte, bog um die Ecke und schlich mich in das schmuddelige Western-Union-Büro, das hauptsächlich von Arbeitern frequentiert wurde, die Bargeld überweisen mußten. Was ich vorhatte, war unmöglich und albern. Es war sogar ein bißchen riskant, denn der Prinz mochte keine aufsässigen oder kritischen Untergebenen. Aber irgendwie konnte ich nicht anders. Ich hatte die Adresse der *New York Times* in Washington in meinem Portemonnaie, weil ich dahin auch meine Briefe an Robin schickte. Ich schickte Kovach ein Telegramm. Die Nachricht war kurz, und ich schrieb meinen Namen nicht darunter. Noch mehr als diesen neuen Boß zu bekommen, wollte ich meinen Job behalten.

«Hier sind viele talentierte Leute, die für einen guten Chefredakteur arbeiten wollen», schrieb ich. «Bitte kommen Sie.»

Zwei Tage später war es offiziell: Kovach hatte den Posten

angenommen. Für einen Moment schäumte ich innerlich über vor Freude. Dann riß ich mich zusammen. Amanda sagte mir oft, daß ich narzißtisch sei, unsensibel für die Gefühle anderer, daß ich dachte, jedes Ereignis habe direkt mit mir zu tun. Nun schalt ich mich: *Hör auf, so narzißtisch zu sein. Er hat es vermutlich nie gelesen.*

Kovach kam nach Atlanta und leitete die Zeitung zwei Jahre lang. Sein Kommen wurde nicht überall mit Begeisterung aufgenommen. Atlanta ist eine Stadt der Geschäftsleute, vom Einfluß der Handelskammer geprägt, die jener Art von respekt- und gnadenlosem Journalismus, wie er in Städten wie Boston, Chicago oder New York praktiziert wird, nicht gewogen ist. Dies wiederum war natürlich genau die Sorte Journalismus, die Kovach interessierte. Atlanta sieht sich weniger als Teil einer größeren Welt denn als regionale Hauptstadt – «Hauptstadt des neuen Südens» ist ihr Slogan –, und Auslandsnachrichten oder übergreifende Artikel über nationale Trends erinnerten die Stadtväter nur daran, daß sie auch nur ein paar große Fische in einem mittelgroßen Teich waren. Manche Leute bezeichneten uns schon als die Südstaatenausgabe der *New York Times*, und das war nicht als Kompliment gedacht. *Lang*-weilig, sagten sie beim Anblick von Sonntagsbeiträgen, die doppelt so ausführlich waren wie früher. *Lang*-weilig, sagten sie, wenn sie detaillierte Beiträge über Orte in Afrika überflogen, von denen sie noch nie gehört hatten. Die Altgedienten murmelten düster etwas von «Yankee-Ämterjägern», wie nach dem Sezessionskrieg. Der bekannte Kolumnist Lewis Grizzard, ein Protegé des Prinzen noch aus ihrer gemeinsamen Zeit als Sportreporter, feierte eines Abends mit Pauken und Trompeten in einer Bar seinen Abschied, kaufte mehrere Kisten «Dom Perignon» auf eigene Rechnung, überlegte es sich dann doch anders, kam zurück und versuchte, den Sekt über sein Spesenkonto abzurechnen. So nicht, sagte Kovach, und Grizzard mußte selbst zahlen. Er war erbost; das war nicht die Vetternwirtschaft, die er kannte. Schließlich erschien Grizzard nicht mehr im Büro und schrieb seine Kolumnen zu Hause, um nichts mit Kovach und dem Corps von *Times*-Leuten, die er mitgebracht hatte, zu tun zu haben. Die *Journal-Constitution*, jene ehrwürdige Institution des Südens, wurde nach dem Vorbild der Grauen Dame der Forty-second Street umgestaltet.

Das Unternehmen mußte scheitern. Jemanden wie Kovach mit der Leitung einer Zeitung zu beauftragen, deren Eigentümer und Verleger derart erzkonservative Handelskammergönner waren, war so, als würde man einen scharfzüngigen Spötter wie H. L. Mencken einladen, für George F. Babbitt, den typischen amerikanischen Spießer, zu arbeiten. Doch eine Zeitlang war es sehr anregend. Anders als der Prinz war Kovach gerne in der Redaktion und sprach gerne mit uns. «Gute Story», sagte er im Vorübergehen, und sein Lob war etwas Bemerkenswertes in einer Unternehmenskultur, die seit Jahren jede Initiative ignoriert hatte. Anders als der Prinz blickte Kovach einem in die Augen, wenn er sprach. Er machte Witze und lachte über die der anderen. Er war, kurz gesagt, menschlich. Er war ein Mann mit kantigem Gesicht und früh weiß gewordenen Haaren, dessen näselnder Ost-Tennessee-Akzent einen oft vergessen ließ, daß er eigentlich der Sohn albanischer Immigranten war. Man sagte ihm ein heftiges Temperament nach, was vermutlich stimmte. Mit meinem Vater aufzuwachsen hatte mir reichlich Erfahrung mit Leuten beschert, die ihre grimmigen Tiefen hinter einer Maske des Charmes verbargen. Ich mochte ihn, aber ich hätte ihn ungern verärgert.

Seine Ankunft und die personellen Veränderungen, die er im Management durchzuführen begann, wirkten sich bald sichtbar auf die Arbeitsmoral aus. Die Leute hörten auf, zweistündige Mittagspausen zu machen und große Teile des Tages darauf zu verwenden, E-Mails an Freunde zu schikken. Die Zahl derer, die sich flüsternd um einen Vorstellungstermin bei anderen Zeitungen bemühten, ging drastisch zurück. Plötzlich gab es Arbeit zu tun; wir hatten eine Zeitung herauszubringen.

Früher hatten die Reporter bestimmte Themen gemieden, da sie fürchteten, so darüber zu schreiben, daß der Prinz Anstoß nehmen könnte. Das hing weniger damit zusammen, daß es für ihn heilige Kühe gab, als vielmehr damit, daß er so rätselhaft und gelegentlich so schonungslos war, daß keiner etwas riskieren wollte. Einmal hatte irgendein Reporter das verspätete Bemühen der Zeitung, über einen kleinen Skandal bei Georgia Power zu berichten – ein Skandal, den so mancher lieber ignoriert hätte –, mit «unseren Arsch retten» kommentiert. Daß dem Prinzen das mißfiel, erfuhr er, als er angerufen wurde und gesagt bekam, er solle ins Büro kommen und seinen Schreibtisch räumen. Der Prinz war ein großer Fan der University of Georgia und ein begeisterter Anhänger der Bulldogs. Es kam nicht selten vor, daß sich Leser bei ihm direkt über einen Artikel beschwerten und eine Entschuldigung als Antwort bekamen, von der der Autor des anstößigen Artikels erst irgendwann später erfuhr. Als meine Freundin Jane den Namen eines Bezirks im Süden von Georgia falsch geschrieben hatte, hatte der Prinz eine Richtigstellung abdrucken lassen, in der von der «Ignoranz» mancher seiner Mitarbeiter die Rede war. Jane erfuhr davon, als sie an diesem Morgen die Zeitung aufschlug. Hintergrundreportagen waren zwar möglich, wurden aber nur von besonders Entschlossenen und Einfallsreichen gemacht. Wir hatten unsere Chance vertan, als erste Zeitung über Aids zu berichten. Man erzählte sich, daß der Reporter, der über die in Atlanta angesiedelten Centers for Disease Control berichtete, zu hören bekam, der Prinz sei nicht an einer Krankheit interessiert, die nur ein paar Schwule betraf. Das mochte stimmen oder nicht, doch niemand hatte den Mut, tatsächlich zum Prinzen zu gehen und ihn zu fragen.

Jetzt liefen überall die interessantesten Dinge: eine Serie über die Diskriminierung von Schwarzen, die sich bei Atlantas Banken um Wohnungsbaudarlehen bemühten; Berichte aus erster Hand über die Hungersnot im Sudan; einige scharfe Karikaturen von Doug Marlette, einem Zeichner, den Kovach eingestellt hatte; eine Untersuchung über das staatliche Betreuungssystem für Pflegekinder; eine Serie darüber, wie jämmerlich es schwarzen Angeklagten in einem ländlichen Gerichtsbezirk im Osten von Georgia erging.

Dieses letzte Projekt war überwiegend meines, obwohl ein Kollege, Larry Copeland, mir bei einer der fünf Storys half. Ich hatte das Projekt im Sommer 1987 in Angriff genommen und vier Monate lang dafür recherchiert. Die Artikel erschienen im Dezember 1987, und einer davon erzählte die Geschichte eines verarmten jungen Schwarzen, dessen weißer Pflichtverteidiger auf Totschlag plädiert hatte, ohne sich die Mühe zu machen, in dem Fall zu recherchieren oder auch nur einen einzigen Augenzeugen zu vernehmen. Hätte er das getan, so hätte er entdeckt, daß die Frau des Opfers auszusagen bereit war, daß der Angeklagte ihren Mann in Notwehr erschossen hatte. Als der Fall an die Öffentlichkeit kam, ordnete der Begnadigungs- und Bewährungsausschuß von Georgia die Freilassung des jungen Mannes an.

Im März 1988 gab es wieder etwas Neues: Die Gerüchteküche sagte, daß meine Artikelserie in die engere Wahl für einen Pulitzerpreis kam.

Ich hatte den Pulitzerpreis-Verleihungen nie große Aufmerksamkeit geschenkt. Sie waren wie der Friedensnobelpreis – interessant, berichtenswert, aber ebenso weit davon entfernt, jemals für mich persönlich von Bedeutung zu sein wie ein Nobelpreis. Doch an diesem Tag im März 1988 war die Redaktion wie elektrisiert. Keiner arbeitete, alle klebten vor einem Computerterminal und warteten darauf, daß die Associated Press die Namen der Gewinner weitergab. Kurz nach zwölf kam Kovach in den Redaktionsraum, mit Marlette im Schlepptau. Da war es offiziell: Marlette hatte gewonnen, für seine Karikaturen. Für die Zeitung war es der erste Pulitzer seit 1961. Es gab noch vier Zweitplazierte aus Atlanta in anderen Kategorien, darunter auch meine Serie in der Kategorie Hintergrundreportage.

«Du bist um deinen Preis betrogen worden», knurrte mein Boß, Sonny Rawls, doch ich war überglücklich. Vor sieben Jahren, als die *Constitution* mich eingestellt hatte, hatte ich im Geiste meine Karriereziele skizziert. Eines war, ein Neimann-Stipendium für Journalisten nach Harvard zu bekommen, und ich hatte mit Yale etwas Vergleichbares erreicht. Das andere war, einen Pulitzer zu gewinnen, obwohl das so unwahrscheinlich schien, daß ich es nie jemandem erzählt hatte. Jetzt hatte ich es fast geschafft – und in Wahrheit war es mir damals sogar lieber, fast zu gewinnen als zu gewinnen. Erfolg war beängstigend, unkalkulierbar; er könnte mich aus dem behaglichen Hafen fortreißen, den ich mir in Atlanta geschaffen hatte. Auf diese Weise konnte ich mir wenigstens sagen, daß ich das Zeug dazu hatte zu gewinnen, ohne das mit einem solchen Erfolg verbundene Risiko einzugehen. In der Enge meiner bescheidenen Ambitionen verspürte ich einen süßen und schwindelerregenden Jubel.

Die Ära Kovach endete genau zwei Jahre nach seinem Antritt – im November 1988. Ich saß an meinem Schreibtisch, als auf meinem Bildschirm eine E-Mail-Nachricht aufleuchtete. Sie war von meinem Redakteur: «Schlechte Nachrichten: Kovach hat gerade gekündigt.»

Noch verblüffender war der Grund: eine alte interne Querele, der alte Streit um die Kontrolle über das Washingtoner

Büro der Zeitung. Kovach wollte es leiten; er behauptete, es sei schlecht geführt, und er könne es besser machen. An diesem Morgen war das Thema aus irgendeinem Grund zwischen Kovach und dem Verleger wieder zur Sprache gekommen. Der Verleger hatte den langjährigen Leiter des Büros in Schutz genommen, und Kovach, erneut gescheitert, hatte in einem seiner berüchtigten Wutanfälle gekündigt und war aus dem Büro des Verlegers marschiert, ohne daß er eine andere Stelle gehabt hätte. Als ich diese Worte auf meinem Bildschirm betrachtete, wußte ich sofort: *Das bedeutet, daß du Atlanta verlassen mußt.*

Einige von uns bildeten eine Delegation und fuhren zu ihm nach Hause, um zu versuchen, ihn von seiner Kündigung abzubringen. Als wir dort ankamen, saß er mit seiner Frau Lynne im Wohnzimmer, und es wurde rasch deutlich, daß er fest entschlossen und auf seine Weise ebenso unflexibel war wie die Zeitungseigentümer. «Entweder ich mache diese Arbeit, oder ich setze die Kiste in den Sand», hatte er der *Washington Post* zwei Jahre zuvor gesagt, als bekannt wurde, daß er zu uns wechselte. Jetzt fühlte ich mich wie ein Passagier, der aus dem abgestürzten Flugzeug taumelt.

Nach einer Weile standen die Leute auf, um zu gehen.

«Wißt ihr», fing Kovach unerwartet an, «ich hätte diesen Job beinahe nicht angenommen. Aber ein Faktor, der mich damals umgestimmt hat, war, daß ich mehrere anonyme Telegramme von euch bekam, als ich noch in Washington war.» Ich merkte, wie mein Gesicht anfing zu glühen.

«Eins davon war von mir», sagte ich ihm im allgemeinen Aufbruchsgemurmel.

Er grinste. «Ja», sagte er. «Das habe ich mir gedacht.»

Ich ließ ein paar Wochen vergehen, bevor ich ihn wieder anrief. Wir trafen uns zum Essen in einem Café in der Innenstadt. «Ich habe mich entschlossen, nicht zu bleiben», erklärte ich.

«Es freut mich, das zu hören», entgegnete Kovach. «Ich werde mit ein paar Leuten reden.»

Einige Tage später klingelte das Telefon. Eine unbekannte Frauenstimme gab sich als Einstellungsleiterin für die *Washington Post* zu erkennen.

«Wir würden uns gerne mit Ihnen unterhalten.»

Kovachs Anruf bei Ben Bradlee war genau zur richtigen Zeit gekommen: Die *Post* suchte jemanden, der über das Bundesgericht berichtete, denselben Bereich also, in dem ich schon in Atlanta arbeitete. Ich schickte ihnen meine Ausschnitte und durchlief den qualvollen Bewerbungsprozeß der *Post* – zwei Reisen nach Washington, jeweils zu ganztägigen Treffen. Bei meinem ersten Besuch wurde ich in Bradlees Büro geführt, einen verglasten Raum mit Panoramablick auf den Redaktionsraum der *Post* auf der einen Seite und auf den Parkplatz der *Post* auf der anderen. Bradlee war genau so, wie man ihn von Fotos kannte, nur alles noch ausgeprägter – grauhaarig, mit einer dröhnenden Stimme und einer entsprechend breiten Brust. Er hatte die aristokratische Angewohnheit, immer genau das zu sagen, was ihm in den Kopf kam. Er gehörte eindeutig nicht zu den Menschen, die es kümmert, ob sie andere beleidigen oder nicht. Er fragte mich, warum ich bei einem Teil meiner Serie über das ländliche Rechtssystem einen Koautor gehabt hatte. Ich erläuterte ihm, daß ich für diesen Teil Hilfe bei den Interviews brauchte, weil manche der Leute, mit denen ich sprechen mußte, ältere männliche Schwarze waren, die aus bitterer Erfahrung gelernt hatten, besser nicht mit weißen Frauen zu sprechen.

«Ja», sagte Bradlee und grinste mich an. «Und Sie *sind* ziemlich weiß.»

«Richtig, richtig weiß», stimmte ich zu und grinste zurück. «Käsig sogar.» Beim Anblick von Bradlees großartiger Winterbräune mußte ich kurz daran denken, was wir doch für ein seltsames Kastensystem in Amerika haben, in dem schokoladenfarbene Haut einen Menschen zum «Schwarzen» macht, während allzu blasse Haut einen anderen zum «tumben Prolo» macht. Len Downie, Bradlees Chef vom Dienst, saß während dieser Unterhaltung dabei und machte ein etwas bestürztes Gesicht ob dieser Demonstration schlechten Geschmacks. In diesem Augenblick erinnerte mich Bradlee an Tigger aus *Pooh, der Bär* – die pure Dreistigkeit. «Hi!» schien er zu sagen. «Ich bin ein Boston-Brahmane! Wer bist du?» Er gefiel mir.

Ein weiterer langer Gesprächstag folgte, an dessen Ende ich mir fast sicher war, daß sie mich nicht wollten – aber nein: Ein paar Wochen später bekam ich den Posten einer Gerichtsreporterin für das Bundesgericht bei der *Post* angeboten. Es bestand niemals auch nur der geringste Zweifel, daß ich das Angebot annehmen würde, aber der Abschied tat weh. Es war, als wenn man über den Rand einer Klippe ginge, ein weitaus schlimmeres Gefühl, als am tiefen Ende ins Wasser springen zu lernen. Ich fragte mich, ob es bei Fay Joyce genauso gewesen war. Hatte sie sich von der Aussicht auf mehr Prestige und mehr Geld ködern lassen? Ich hatte oft gehört, daß die *Washington Post* und die *New York Times* Schlangengruben waren, wo nur die Starken und Schlauen überlebten. Konnte ich dort überleben? Konnte ich in eine vollkommen neue Stadt ziehen und mich dort zurechtfinden? In Atlanta hatte ich wenigstens mein Auffangnetz. Meine Freunde waren da, Amanda war da. Ich war jetzt seit etwas mehr als zwei Jahren wieder in Therapie, ging einmal wöchentlich in die Gruppe und etwa einmal im Monat zu Einzelsitzungen mit Amanda. Ich nahm kein Imipramin mehr – ich hatte es nach weniger als einem Jahr abgesetzt, nachdem ich im Sommer 1987 willkürlich beschlossen hatte, daß ich es nicht mehr brauchte –, aber seither fühlte ich mich mehr oder weniger stabil. Dennoch war es eine rein theoretische Stabilität; ich hatte sie nie auf die Probe gestellt, und ich wollte es auch nicht. Und doch: Da war diese Gelegenheit, die vermutlich nie wiederkehren würde. Ich quälte mich so lange mit der Entscheidung, daß Patti – damals schon nicht mehr meine Mitbewohnerin, aber immer noch eine enge Freundin – schließlich die Geduld verlor.

«Du bist der einzige Mensch, den ich kenne», sagte sie, «der ein Stellenangebot von der *Washington Post* zu einer persönlichen Tragödie machen kann.»

Und so kam im April 1989 ein Umzugswagen und leerte meine Wohnung. Ein paar Tage später packte ich mein Auto. Auf dem Rücksitz stand ein großer Katzenkorb mit Ralph und Alice Kramden, meinen getigerten Katzen. Auf dem Vordersitz saß meine Schwester, die ich überredet hatte, mich bei der Fahrt zu entlasten. Ich hatte mir vorgestellt, daß wir die Ostküste hochtuckern und dabei einen einzigen langen Tratsch unter Schwestern genießen würden, doch in Wirklichkeit haßte sie Städte und Stadtverkehr – haßte eigentlich alles, was sie dazu zwang, sich mit Fremden abzugeben. Sie war nach dem College wieder zu unseren Eltern gezogen und nie wieder von dort weggegangen. Jetzt war sie fünfunddreißig und arbeitete als Laborassistentin im Krankenhaus. Irgendwie hatte ich die Befürchtung, daß ich sie im Stich ließ, daß sie sich vielleicht niemals aus diesem engen kleinen Kreis herauswagen würde, den sie sich geschaffen hatte – einem Kreis, der noch begrenzter war als der, den ich mir geschaffen hatte und den ich jetzt mit so zwiespältigen Gefühlen verließ. Meine Sorgen um sie sollten sich als ungerechtfertigt erweisen: Innerhalb der nächsten zwei Jahre zog sie in eine eigene Wohnung, verbesserte sich beruflich und heiratete einen wunderbaren Mann. Zu dem Zeitpunkt aber hatte ich Angst um sie und fühlte mich schuldig für das, was ich ihr antat. Auch sie hatte Angst und fühlte sich schuldig –

Angst vor der Stadt, in die wir fuhren, schuldig, weil sie mir die Hilfe nicht gewähren wollte, um die ich sie gebeten hatte.

Wir verbrachten fast die ganze Fahrt in bissigem Schweigen, das immer wieder vom Protestgejaule der Katzen auf dem Rücksitz unterbrochen wurde, wenn sie aus ihrer medikamentösen Schläfrigkeit erwachten. Wir fuhren an einem späten Sonntag nachmittag nach Washington hinein, über die Memorial Bridge. Vor mir tauchten das Lincoln-, das Jefferson- und das Washington-Denkmal auf, weiß und erhaben. Es gab kaum Verkehr, und die Stadt schien in einem leichten goldenen Licht zu dösen. Ich hatte einen Meilenstein erreicht. Dies war entweder der große Anfang oder der große Absturz. Doch ich hatte keine Ahnung, welches von beidem.

Kapitel 4

Pierre L'Enfant plante Washington, D. C., als eine europäische Hauptstadt mit prächtigen Boulevards und monumentalen Gebäuden – und irgendwie ist es auch so. Zu Füßen dieser Monumentalbauten im Zentrum schwärmen Armeen von Workaholics – intelligente, ehrgeizige ehemalige High-School-Streber, deren Strebertum sich endlich bezahlt gemacht hat. Anders als New York legt das offizielle Washington keinen Wert auf künstlerische Einsichten oder Stil – Dinge, die gewisse kreative Launen zulassen könnten. Es legt Wert auf Macht, und für die Legionen von Akteuren, die seine Korridore bevölkern – Rechtsanwälte, Lobbyisten, Mitarbeiter im Kapitol und Journalisten –, entsteht Macht aus dem gewissenhaften täglichen Einsatz von Köpfchen. Für psychische Schwächen hat Washington wenig Interesse oder Verständnis.

Das Bundesgericht hatte seinen Sitz in einem unscheinbaren beigefarbenen Gebäude in Sichtweite des Obersten Gerichts der Vereinigten Staaten, im direkten wie im übertragenen Sinne. An meinem ersten Arbeitstag am Gericht wurde Oliver North von einem Geschworenengericht verurteilt. Das wäre ganz entsetzlich gewesen, hätte nicht die Landesredaktion der *Post* die Exklusivrechte an dieser Story gehabt, während ich offiziell zur Lokalredaktion gehörte. Ich würde diese Story nicht nur nicht schreiben, ich würde nicht einmal in ihre Nähe kommen. Ich verbrachte meinen ersten Arbeitstag damit, die Hauptautoren mit Leckerbissen und Zitaten zu füttern.

Aber das würde nicht wieder vorkommen, schwor ich mir. Meine neue Chefin, Mary Jo Meisner, sagte mir, eine meiner

Aufgaben sei es, die großen Storys aus dem Bundesgericht für unser Ressort zurückzuerobern. Nationale Storys würden natürlich im überregionalen Teil laufen, aber *ich* würde die meisten davon schreiben, nicht jemand aus der Landesredaktion. Ich war mitten in einen der legendären Bereichskriege der *Post* geraten. Das war eine neue Spieldimension. Um an eine Story zu kommen, mußte man nicht nur einen Wettlauf mit der Zeit machen, um schneller zu sein als andere Presseorgane; jetzt mußte ich auch noch schauen, daß meine eigenen Kollegen sie mir nicht klauten.

Also rannte ich. Wie ein Hase flitzte ich durch die Gänge des Gerichts, kaum daß ich innehielt, um mit Leuten zu reden, die ich kennenlernen mußte, stets in der Furcht, ich könnte etwas auf einem anderen Stockwerk verpassen. Ich rannte nach Taxis in fremden Straßen. Ich sauste zur U-Bahn, rannte Rolltreppen hinunter, die Füße wund von den neuen Schuhen, die ich mir zur Feier des neuen Jobs gekauft hatte. Der Gedanke, ich könnte versagen, machte mir panische Angst. In Atlanta hatte man mich groß, laut und wohlmeinend verabschiedet. «Hier ist immer ein Platz für dich frei», hatten meine Kollegen gesagt, als ich ging. Was natürlich undenkbar war, aus einem Grund: Das war das Szenario, das Fay Joyce umgebracht hatte.

Die meiste Zeit über dachte ich nicht an sie. Ich konzentrierte mich darauf, mir mögliche Katastrophen auszumalen, die mit meiner Arbeit zu tun hatten. Doch um vier Uhr morgens, wenn ich mit Visionen meines beruflichen Versagens aufwachte, dachte ich an sie und fragte mich, ob ich mich auf demselben Kurs befand wie sie. Erfüllt von einer vagen Angst, lag ich stundenlang wach. Tagsüber rannte ich.

Es war ein außergewöhnlich heißer Sommer, selbst für Washingtoner Verhältnisse. Ich verbrachte die meiste Zeit im Pressezimmer des Gerichts, gefangen von der irrationalen Vorstellung, mir könnte eine Story entgehen, wenn ich das

Gebäude auch nur zum Mittagessen verließ. Der Ostflügel der National Gallery of Art mit ihren wunderbaren Kunstschätzen lag gerade gegenüber, doch ich ging nie dorthin. Am Ende des Tages, wenn die Hitze ein wenig nachgelassen hatte, kollabierte ich vor dem Fernseher in meiner stickigen kleinen Parterrewohnung in einem Reihenhaus in einer schattigen Straße von Woodley Park.

Ich hatte sie überstürzt gemietet, hatte nur auf die Terrakottafliesen in der Küche und den winzigen Kamin im Wohnzimmer geachtet und ganz übesehen, daß sie fast nie Sonne hatte. Sie war klein, hatte ein Badezimmer, das kaum größer war als eine Flugzeugtoilette, und einen «Wintergarten», der auf die Hintereingänge mehrerer Restaurants auf der Connecticut Avenue blickte. Der Weg dazwischen wurde von Ratten frequentiert, die sich von den Restaurantabfällen ernährten. Ich hatte auch den Schließkasten übersehen, den mein Vermieter über dem Thermostat montiert hatte, um zu verhindern, daß jemand den Temperaturregler unter 25 Grad drehte. Das sollte die Klimaanlage aus den Fünfzigern vor Überlastung schützen. Es funktionierte nicht. Die Innentemperatur bewegte sich zwischen 26 und 27 Grad, außer wenn der Kondensator ausging – dann stieg sie auf 32 Grad. Ich fand heraus, daß ich die Wohnung an guten Tagen, wenn die Anlage funktionierte, kühler bekam, indem ich meinen Fön anmachte und die heiße Luft durch die Stäbe des Kastens direkt auf den Thermostat richtete. Zweifellos beschleunigte das den Kollaps des Systems, aber das war mir egal. Das ganze Ding mußte sowieso erneuert werden, und bis dahin sollte es den Geizkragen wenigstens ein kleines Vermögen kosten.

Es war eine unglückliche Zeit, aber ich hatte es auch nicht anders erwartet. So war es eben, wenn man in eine neue Stadt zog, dachte ich. Und obwohl ich Freunde in der Nähe hatte, stellte sich schon bald heraus, daß es in Washington nicht so formlos zuging wie in Atlanta. In Atlanta hätte ich auf dem Heimweg von der Arbeit bei Freunden vorbeigeschaut und erwartet, zum Abendessen eingeladen zu werden. In dieser Stadt der Workaholics waren Abendgesellschaften eine Form der außerdienstlichen Kontaktpflege und wurden Wochen im voraus geplant. Hier gab es kaum spontane Zusammenkünfte von der Art, wie ich sie stets zum Trost und zur Entspannung genutzt hatte. Verabredungen mit Männern gab es nur in meiner Phantasie. Ich hatte keine ernsthafte Beziehung in Atlanta zurückgelassen, und alle Männer, die ich in Washington traf, schienen nur hinter dem Schreibtisch zu leben.

Und so begann sich die Bestie heimlich anzuschleichen.

Nur ist «heimlich» eigentlich nicht das richtige Wort. Die Bestie war in meiner Vorstellung nie ein gefühlsbegabtes Wesen, mit einer gegen mich persönlich gerichteten Böswilligkeit und einer Methode, Jagd auf mich zu machen. Sie war eher wie ein außer Kontrolle geratener Zug – eine jener Horrorvisionen aus meiner Kindheit, als ich dachte, diese große, stählerne Lokomotive würde entgleisen und auf mich zurasen. Sie war hirnlos und unnatürlich. Sie war verrückt. Jetzt hatte ich Angst, so als würde wieder dieses Pfeifen in der Ferne ertönen.

Vor Jahren hatte ich einmal an einem Aerobic-Kurs teilgenommen, mitten im Sommer, in einem Gymnastikraum ohne Klimaanlage. Wild entschlossen, den Schritten zu folgen und mit den anderen mitzuhalten, hatte ich mich eines Abends an den Rand eines Hitzschlags gebracht. Ich merkte erst, daß ich meine Grenzen überschritten hatte, als ich aufsah und bemerkte, daß der Kurs für den nächsten Tanz bereit war und ich immer noch ziellos umherwanderte. «Tracy?» fragten die anderen und schauten mich merkwürdig an. «Tracy, bist du okay?»

Diesmal konnten mich nicht einmal merkwürdige Blicke

wachrütteln. Das erste Anzeichen war meine nachlassende Konzentration, was mir allerdings erst im nachhinein klar wurde.

Zwei Wochen nach meinem Antritt bei der *Post* erließ ein Voruntersuchungsgericht die Anklageschrift zu einem großen Drogenprozeß. Darin wurden 26 Personen beschuldigt, am Import von Kokain aus Kolumbien über Panama in den District of Columbia beteiligt zu sein. Das ergab eine sensationelle Story für drei Tage, und an dem Tag, als die Anklageschriften herauskamen, war es sogar Thema des Leitartikels der *Post*. Spät an diesem Nachmittag, nachdem ich über die Pressekonferenz berichtet hatte, saß ich über einer dikken Anklageschrift, den Redaktionsschluß im Nacken. Eine Anklageschrift ist wie ein Puzzlespiel oder wie Geschichten, die in der falschen Reihenfolge erzählt werden. In Absatz A begeht Person B an einem bestimmten Datum Tat C. Dasselbe Datum und Ereignis können zwanzig Seiten später wieder erwähnt sein, diesmal in Verbindung mit Person X. Es ist schwer, daraus schlau zu werden, aber ich hatte es schon oft gemacht. Manchmal machte es sogar Spaß, die wahre Geschichte hinter dem Juristenlatein zu dechiffrieren. Aber aus dieser Anklageschrift wurde ich nicht schlau.

Als es auf 17 Uhr zuging, witterte meine Chefin, Mary Jo, Probleme und schickte mir eine zweite Reporterin zu Hilfe. Sie hieß Elsa Walsh, und sie schaute mich erstaunt an. «Sehen Sie», erklärte sie, «wenn ich so was lese, klebe ich gelbe Haftnotizen an Stellen, auf die ich später vielleicht zurückkommen will.» *Sie hält mich für blöd*, dachte ich. Ich machte ihr keinen Vorwurf. Wenn ich einen Absatz gelesen hatte und zum nächsten kam, hatte ich schon wieder vergessen, was drinstand. Was nützten mir da gelbe Haftnotizen? Ein paar Meter entfernt saß Mary Jo an ihrem Schreibtisch und wartete auf meinen Text, sichtlich beunruhigt über die Verzögerung. Ich wühlte mich durch ein paar Seiten, schrieb einen Absatz, wühlte mich weiter, änderte, was ich geschrieben hatte. Schließlich sagte Elsa: «Ich werde mir das schnell kopieren.» Ein paar Minuten später war sie mit ihrer eigenen Kopie der Anklageschrift zurück und kämmte sie durch, wobei sie wichtige Daten markierte und Namen unterstrich. Irgendwie haben wir den Artikel zu zweit dann hinbekommen – kein Meisterstück aktueller Berichterstattung, aber wenigstens exakt und einigermaßen rechtzeitig. Als die *Washington Post* am nächsten Tag vor meiner Tür landete, zum erstenmal mit meinem Namen auf der Titelseite, hatte ich nicht das Gefühl, etwas geleistet zu haben. Ich wußte, daß ich die Story nicht allein geschrieben hatte, und mir kam der Verdacht, daß ich es auch nicht gekonnt hätte. Und doch kam es mir nicht in den Sinn, das jemandem zu sagen oder jemanden um Hilfe zu bitten. Ich war sicher, daß alles besser würde, wenn ich nur meine fünf Sinne beisammenhaben könnte, wenn ich nur meine verdammten Autoschlüssel finden könnte.

Ein paar Wochen später interviewte ich bei irgendeiner Verhandlung in der Pause einen Rechtsanwalt, der mit dem Fall zu tun hatte. Mit dem Notizblock in der linken Hand und dem Stift in der rechten fragte ich ihn nach seinem Namen. Er nannte ihn mir. Ich blickte auf die Seite, fing an zu schreiben, merkte, daß ich ihn vergessen hatte. Ich tat so, als hätte ich ihn nicht gehört, und bat ihn, sich zu wiederholen. Er nannte mir seinen Namen noch einmal. Nichts. Ich fragte zum drittenmal. Endlich brachte ich ihn zu Papier, Buchstabe für Buchstabe.

«Schlechter Tag, was?»

«Ja», sagte ich. Wieder ein peinlicher Beweis meiner Dummheit. Es war, als hätte ich mein Gehirn in Atlanta gelassen. Wegen Patzern wie diesem verbrachte ich meine Tage immer mehr in einem Zustand ängstlicher Anspannung. Ich verschwendete unendlich viel Zeit damit, zwischen dem Gerichtsgebäude und der *Post* hin- und herzurennen, weil ich wieder irgendeine wichtige Akte vergessen hatte; ich ließ meine Autoschlüssel im Büro liegen; ich ging ohne Geldbeutel zum Einkaufen. Es war zum Verrücktwerden. Oft wurde ich von meiner eigenen Unfähigkeit überrascht. Ich fragte mich, was Amanda wohl dazu sagen würde, aber die jahrelange Therapieerfahrung ließ es mich vermuten. Dies war ein geheimer Versagenswunsch, würde sie sagen – Ausdruck irgendeiner verdrängten Feindseligkeit, ein Mittel, das ich mir ausgedacht hatte, damit ich wieder nach Atlanta zurückmußte und in der Nähe meiner Mutter sein konnte. Vermutlich stimmte das. Andererseits schien meine Feindseligkeit ganz und gar nicht verdrängt zu sein; nein, die Wut schien kurz davor, aus jeder Pore meiner Haut herauszudampfen.

Ich war ein psychischer Schlafwandler, war scheinbar wach, aber ohne die Bewußtheit, die mit normalem Wachsein einhergeht. Ich hatte nur ein vages Gefühl, daß etwas nicht stimmte. Es handelt sich hier nicht um ein Leugnen; ein Betrunkener mag protestieren, er sei nüchtern, aber er weiß zumindest auf irgendeiner Ebene, daß er getrunken hat. Jemand, der in eine Depression hineinrutscht, kann die Veränderungen in seinem Gehirn nicht erkennen. Es ist unmöglich zu begreifen, daß man krank wird, wenn das kennzeichnende Symptom dieser Krankheit Gefühlsverlust ist.

Das heißt, Verlust aller Gefühle außer Angst. Die war ständig da. Um das Bibbern unter Kontrolle zu halten, hatte ich nachts immer ein Glas Weißwein neben dem Bett stehen. Nach zwei Gläsern schlief ich ein; dann, etwa um vier, wachte ich auf, starr vor Anspannung. Diesmal war es keine Spottdrossel draußen vor meinem Fenster, nur das Getöse der antiquierten Klimaanlage im Einbauschrank meines Schlafzimmers. Ansonsten war es eine schaurige Wiederholung jenes gräßlichen Frühjahrs 1976, meines ersten Jahres in Emory: Stunden der heißen, leeren Dunkelheit, in denen ich im Bett lag und an die Decke starrte, auf den Morgen wartend. Die Wochenenden waren leere Zeitabschnitte, die ich mit Einkaufstouren füllte, wenn ich eine Begleitung fand, sonst putzte ich wie eine Besessene. Manchmal ging ich ins Büro und suchte mir irgendeine Arbeit. Es fiel mir auf, daß viele das taten. In Atlanta wäre es ein Zeichen dafür gewesen, daß man keine gesellschaftlichen Kontakte hatte; innerhalb der Kultur Washingtons, wo es ein Statussymbol ist, am Wochenende arbeiten zu müssen, war es eine perfekte Tarnung persönlichen Elends.

Ich verlor allmählich an Gewicht. Die Frauen in meiner Familie waren schon immer birnenförmig, und seit der Pubertät kämpfe ich gegen den «Fluch der Alta Mae» an. (Dieser Ausdruck ging auf ein besonders unglückliches Bild aus dem Familienalbum zurück, das eine weibliche Verwandte in einem modischen Kleid im Stil der zwanziger Jahre mit einer riesigen Rosette an ihren üppigen Hüften zeigt.) Als ich in Washington ankam, hatte ich Größe 12. Schon bald war es nur noch Größe 10, und selbst diese Kleider fingen an zu schlottern. Mir war das recht. Wenn ich schlank bin, dachte ich, bin ich vielleicht attraktiver. Mit annehmbaren Maßen würde mich vielleicht endlich jemand liebenswert finden.

Und dann geschah etwas höchst Erstaunliches. Eines Tages sagte eine Freundin aus der Redaktion zu mir: «Ich kenne jemanden, der dich gerne kennenlernen würde.»

Die Förmlichkeit, der altmodische Anstand seiner Annäherung machten einen Großteil seines Charmes aus. Er war gebürtiger Brite, in Kanada aufgewachsen, zwölf Jahre älter als ich. Ein Universitätsprofessor mit zwei Kindern, dessen Frau zwei Jahre zuvor bei einem Autounfall ums Leben gekommen war. Er war ein Nachbar meiner Kollegin. Wir hatten uns kurz kennengelernt, als ich auf einen Drink bei ihr vorbeischaute und er ihr einen Rechen zurückbrachte. Meine Freundin hatte mitbekommen, wie bewundernswert er mit dem Tod seiner Frau fertig geworden war. Sie beschrieb, wie glücklich die Ehe gewesen war, wieviel Würde er unter diesem schrecklichen Schock an den Tag gelegt, wie mutig er sich mit seiner Trauer auseinandergesetzt hatte und wie stark er als Tröster der Kinder gewesen war. Er hatte nach ihrem Tod einen Forschungsurlaub beantragt, das Haus vermietet und war mit seinen Kindern für ein halbes Jahr nach Montreal gezogen, wo er einen befristeten Lehrauftrag annahm, während seine Eltern, die dort lebten, ihm halfen, sich um die Kinder zu kümmern. Dann war er nach Washington zurückgekehrt, um seine Lehr- und Beratungstätigkeit wiederaufzunehmen. Ich nenne ihn Thomas McCrary.

Alle ihre glühenden Schilderungen stimmten. Doch wovon meine Freundin nichts wissen konnte, war, wie intensiv bei Thomas das Bedürfnis war, eine neue Frau zu finden. Einmal, ein oder zwei Jahre nachdem wir uns kennengelernt hatten, half ich ihm beim Aufräumen seines Arbeitszimmers und stieß dabei in dem Chaos auf seinem Schreibtisch auf ein Stück Papier. Es war eine Liste mit Namen von Frauen, manche davon durchgestrichen. Ich kannte sie alle oder hatte zumindest von ihnen gehört. Es war eine Liste aus den Tagen seiner Partnersuche, alles alleinstehende und ungebundene Frauen. So wie es aussah, war er die Liste methodisch durchgegangen, Name für Name. Es überraschte mich nicht, daß die meisten durchgestrichen waren; Thomas war sehr anspruchsvoll. Er suchte nicht nach einer schönen Frau, erzählte er mir einmal – und es war typisch für ihn, daß es ihn nicht kümmerte, wie ich das aufnehmen könnte –, andererseits hätte eine unattraktive oder dicke Frau offensichtlich gar nicht erst seine Beachtung gefunden. Der wichtigste Reiz sei geistiger Natur: «Ein gewisses Maß an intellektueller Gemeinsamkeit halte ich für absolut essentiell.»

Unsere erste Verabredung war im August 1989. Er erschien an meiner Tür – ein gutangezogener mittelgroßer Mann Mitte Vierzig in einem dunklen Geschäftsanzug, dessen streng konservativer Schnitt einen Kontrast zu der farblich und designerisch gewagten Seidenkrawatte bildete, was auch so gedacht war. Im ersten Augenblick wirkte er verlegen, aber dann machte einer von uns irgendeine trockene Bemerkung, und ich hörte ein leises Lachen und dachte sofort: *Dieser Typ ist sich seiner selbst ganz schön sicher* – was natürlich aufregend war. Wir spazierten über die Duke-Ellington-Brücke nach Adams Morgan. Ich trug ein geblümtes Baumwollkleid mit einem tiefen Ausschnitt. Es war ein milder Abend. Ich fühlte mich kribbelig und lebendig. In diesem Augenblick erschienen die Einsamkeit und die Ängste der vergangenen Monate wie ein Traum. Wir setzten uns in einem Restaurant nach draußen und bestellten Wein.

«Erzählen Sie mir von Ihrem Leben», und irgendwie erschien diese winzige Variante der banalen Phrase – «Erzählen Sie mir etwas von sich» – unendlich vielversprechend.

«Was möchten Sie wissen?» konterte ich.

«Mir fällt nichts ein, was ich *nicht* wissen wollte», murmelte er und schaute mich an. Wenn Thomas seine Konzentration sammelte, war sie fast greifbar, und in diesem Augenblick dachte ich fast, ich könnte die Luft zwischen uns summen hören. Das gab mir eine Energie, wie ich sie seit Wochen nicht gespürt hatte. Ich erzählte von mir – meiner Familie aus dem Süden, witzige Geschichten über meine Verwandten aus Tennessee. Das Essen kam. Dann besann ich mich der gesellschaftlichen Konventionen und sagte: «Erzählen Sie mir von Ihren Kindern.»

Das tat er, mit Wärme und Ausführlichkeit. Er sprach auch von seiner Frau und von dem Schock ihres Todes. Sein jüngstes Kind, Peter, war damals erst drei Jahre alt. Einmal hatte er Peter gefragt, woran er sich von seiner Mutter erinnern könnte. Peter hatte gesagt: «Eine Dame in einem roten Mantel.»

Wir saßen eine Weile schweigend da. Meine Augen fühlten sich heiß an.

«Das treibt mir die Tränen in die Augen», sagte ich.

«Sie können sich nicht vorstellen, wie ich mich gefühlt habe», sagte er. Und dann blickte er mich direkt an und setzte schlicht hinzu: «Es ist sehr einsam.»

Der Killer Einsamkeit: Den kannte ich gut – aber ich sagte es nicht. Das war das alte Ich, das so verdammt genau wußte, was Einsamkeit war. Das alte, bedürftige Ich war nicht die Person, die ich Thomas zeigen wollte – nicht bei der ersten Verabredung, niemals. Sie war ein Jammerlappen, eine Klette, verzweifelt; ich haßte sie. Ich wollte die Person sein, die er vor sich sah – und die ich in dem Moment auch *war*: beherrscht, selbstsicher, attraktiv, warm, eine Frau, die an ihrem Wein nippte und witzige Geschichten gut erzählte. Ein Vogel, der in einem dunklen Raum gefangen ist, fliegt auf den ersten Lichtfleck zu, den er sieht. Ich war lange in einem dunklen Raum gewesen; mein Herz war dieser Vogel. Am Ende dieses Abends nahm er meine Hand und sagte eindringlich: «Ich möchte Sie wiedersehen.»

«Ich denke, das läßt sich einrichten», gab ich kokett zurück. In Wahrheit konnte ich mir nicht vorstellen, wie ich die Zeit bis zum Wochenende aushalten sollte.

Wir verbrachten es gemeinsam, mit seinen Kindern. Binnen eines Monats hatte er mich gefragt, ob ich nicht zu ihm ziehen wollte. Ich war sofort einverstanden. «Ich möchte dich heiraten», sagte er. Damals hörte ich noch nicht die Spur von Mehrdeutigkeit in seinen Worten: *Ich möchte dich heiraten* bedeutete *Wirst du mich heiraten?* «Ich werde dich heiraten», sagte ich.

Er liebe mich, sagte er mir. Es sei fast beängstigend, diese Gefühlsintensität – so anders als alle Liebe, die er bisher gekannt hatte. Er fühle sich darin verloren, berauscht, verwirrt. Mir ging es genauso. Denn ungeachtet dessen, was später kommen sollte, war ich am Anfang wirklich sehr verliebt. Die Welt schien eine andere zu sein. Die Stadt, der meine Gegenwart gleichgültig gewesen war, schien mir plötzlich wie verzaubert, weil er darin lebte. Die Vorfahren seiner Mutter stammten aus Cork, und für mich war Thomas durch und durch Ire – die blasse Haut, die sich der Sonne widersetzte, die zu große Nase, die scharfen blaugrauen Augen, die amüsiert aufblitzen konnten. Er liebte Geschichten über die menschliche Dummheit – je dümmer, um so besser. Er sammelte Zeitungsausschnitte über verpfuschte Raubüberfälle, über Einbrecher, die ihren Autoschlüssel verloren, über Betrunkene, die die Gegensprechanlage der Polizei für das Sprachmikro eines Drive-in-Hamburger-Restaurants hielten, und archivierte sie in einem Ordner mit der Aufschrift «Der kriminelle Geist». Er war leidenschaftlich und ab und zu ein bißchen sentimental, eine Eigenschaft, die er zu verbergen versuchte. Er konnte streitsüchtig sein, aber er konnte das Leben auch so richtig genießen. Er erklärte mir den Text von «Finnegan's Wake», machte mir mit allen Finessen den Hof und zeigte mir eine Stadt, die ich nicht gekannt hatte: Shakespeare auf der Arena Stage, Jazz in der Blues Alley, dionysische Bier- und Bluesnächte im Wolf Trap.

Wir sprachen von einer Hochzeit im nächsten April, danach Flitterwochen in Paris. Arbeit, Freunde, meine alten Gewohnheiten – alles verschwand. Ich fühlte mich wie elektrisiert, in einer berauschenden Hochstimmung. Er schien viel älter als ich, ein etablierter Mann: ein Haus in einer reichen Gegend in McLean, zwei Kinder, eine solide Karriere. Er war auf zwanglose Art kultiviert. Auf Partys trafen wir mächtige Leute, die ihn als Gleichgestellten behandelten. In seiner Gegenwart fühlte ich mich selbst mächtiger. Seine

Selbstsicherheit war keine Prahlerei, sondern eine schlichte Aussage: *Ich bin klüger als fast alle Menschen, die ich kenne.* Wenn jemand so Kluges etwas an mir fand, mußte ich auch klug sein. Ich hatte es mir ja gedacht, aber da war stets ein Element des Zweifels gewesen. Jetzt, da ich mich an Thomas' Ego weidete, fühlte ich mich frei.

Seine Kinder waren damals sechs und neun. Peter, ein schmächtiges Kerlchen, hatte seinen ersten Kurzhaarschnitt beim Friseur verpaßt bekommen, da sein erster Schultag bevorstand. Melissa war dunkelhaarig und pummelig; anhand von Fotos sah ich, daß sie ihrer Mutter ähnelte. Die beiden betrachteten mich mit freundlicher Skepsis. Sie hatten schon einige Freundinnen kommen und gehen sehen. Doch wenn sie Zweifel hatten, Thomas hatte keine. Er bezog mich in ihre Schlafenszeitrituale ein; gemeinsam lasen wir ihnen Gutenachtgeschichten vor, und auf sein Drängen gab ich ihnen einen Gutenachtkuß. Thomas wollte mich in seinem Leben haben, daran bestand kein Zweifel. Wir trieben auf einer hormonellen Flut, der sexuellen Chemie der Liebe, die ebenso berauschend ist wie Champagner.

Und uns ebensoviel gab. Ein Monat verging, sechs Wochen. Dann begann das Hoch leise abzuklingen. Es dauerte eine Weile, bis ich es bemerkte, aber Thomas war allmählich auf Anzeichen aufmerksam geworden, daß mit mir nicht alles in Ordnung war. Mir selbst war nie bewußt gewesen, wie gestört mein Schlafverhalten war, doch Thomas, der einen leichten Schlaf hatte, sagte mir, daß ich jede Nacht drei- bis viermal aufstand. Er fand es ermüdend, wie ich mich nachts hin- und herwarf und auf Wanderschaft ging. Wenn er es ansprach, tat ich es mit einem Schulterzucken ab. Dann, an einem Morgen Ende Oktober, als wir gemeinsam zur Arbeit fuhren, bemerkte ich, daß mich dieses ganze Verliebtsein im Moment irgendwie streßte.

«Ich weiß auch nicht, warum, aber mir ist einfach zum

Heulen zumute», sagte ich. Wir fuhren um den Dupont Circle; er saß am Steuer. Irgendwie, fuhr ich fort, fühlte ich mich nicht traurig, nur nicht mehr so euphorisch wie in den letzten Wochen. Und da war diese Mauer von Tränen direkt hinter meinen Augen. Ich kam nicht auf den Gedanken, daß das eigenartig oder bedeutsam sein könnte.

«Das ist das klassische Anzeichen einer Depression», sagte Thomas. «Das und deine Schlafstörungen sind besorgniserregend.»

«Welche Schlafstörungen?» protestierte ich. Das sei doch nichts, nur «Streß», weiter nichts – dieses praktische Wort, das man heute verwendet, wenn man nicht weiß, was einem wirklich fehlt. Und es stimmte ja auch: der Umzug in eine neue Stadt, ein neuer Job, eine neue Beziehung – das war sicherlich genug Streß für jeden. Ich sagte Thomas, er würde überreagieren.

Mir war allmählich klargeworden, daß das Wort «Depression» zwei Bedeutungen hatte – eine medizinische und eine umgangssprachliche. Im medizinischen Sinne bezeichnete es eine ernsthafte psychische Krankheit, und es war deutlich, daß Thomas es so verwendete. Mein eigener Gebrauch des Wortes, bezogen auf mich selbst, lag irgendwo dazwischen. Möglich, daß Depression eine Krankheit war, aber in meinem Fall war sie sporadisch und gutartig. Was immer mit mir nicht stimmte, mochte mehr sein als nur gelegentliche Enttäuschung oder Frustration über das Leben, aber was es auch war, ich war *nicht* psychisch krank.

Doch die Bemerkung von Thomas weckte eine neue Furcht in mir: Vielleicht markierte diese Affäre ja doch keine neue Phase in meinem Leben. Vielleicht war ich immer noch defekt. Und vielleicht war Thomas dabei, das zu bemerken.

Aber es gab noch ein anderes Problem: das Thema Herrschaft.

Thomas wollte mich in seinem Leben. Aber er wollte *nur*

mich – nicht meine Möbel, nicht irgendwelche Überbleibsel aus meiner Vergangenheit und schon gar nicht meine Freunde, die er provinziell und langweilig fand. Daß ich mich ihnen noch verbunden fühlte, sei so, wie wenn man sich an die alte High-School-Clique klammerte. «Laß dein altes Leben hinter dir», drängte er, und trotz meiner wachsenden Angst versuchte ich es. Doch als wir darüber sprachen, welche Möbel ich zu ihm mitnehmen würde, erschien mir der Inhalt meiner dunklen kleinen Wohnung auf einmal wieder wertvoll. Der Kaffeetisch, den ich für zehn Dollar auf dem Flohmarkt für meine erste Wohnung erstanden hatte, der Eßzimmertisch, den ich mir vom Honorar für meinen ersten freiberuflichen Zeitschriftenartikel gekauft hatte – sie schienen jetzt ein Teil von mir. Für ihn waren sie nur unbedeutend und häßlich. Noch schlimmer war es mit Erinnerungsstücken an alte Beziehungen – ein Schmuckstück, ein Buch, ein Poster. Eines meiner Poster mochte er ganz gern – den Druck einer Degas-Ballerina, die sich hinabbeugt, um ihren Schuh zu binden. Auch ich liebte es. Wir sprachen darüber, wo wir es aufhängen wollten. Aber da gab es ein Problem: Es war ein Geschenk von Sam gewesen. Thomas das zu sagen, schob ich so lange wie möglich vor mir her, dann beichtete ich es. Wir waren gerade in meiner Wohnung. Er schaute mich verwundert an. Hatte ich ihn *belügen*, ein Andenken an einen früheren Liebhaber behalten und es an einer Wand in seinem Haus aufhängen wollen?

«Das würdest du mir tatsächlich antun?» fragte er.

«Es tut mir leid», sagte ich kläglich. Ohne ein Wort nahm er das Poster von der Wand und trug es vor den Hinterausgang, neben den Mülleimer.

«Was wirst du damit machen?» fragte ich. Er starrte es einen Moment lang an und trat dann zu. Das Glas splitterte über den ganzen Parkplatz, das Poster knitterte.

«Das wäre erledigt», sagte er grimmig. Und das war's. Mir war verziehen, und wir sprachen nicht mehr darüber.

Einen Monat nachdem wir uns kennengelernt hatten, sollte ich nach Atlanta zu Pattis Promotionsfeier fahren. Ich hatte ihr vor meiner Abreise versprochen, daß ich zu diesem Anlaß zurückkommen würde. Normalerweise hätte ich versucht, Thomas dazu zu bewegen, mitzukommen; ich wollte, daß er meine Freunde kennenlernte. Aber das hätte bedeutet, die Kinder ein Wochenende lang allein zu lassen – ausgerechnet die zwei Tage der Woche, auf die sie sich freuten, da sie Zeit mit Thomas verbringen konnten. Außerdem wollte Thomas meine Freunde nicht kennenlernen. Und mitkommen wollte er auch nicht. «Warum?» fragte er immer wieder. «Warum klammerst du dich an dein altes Leben?» Eine Woche vor der Party rief ich Patti an und sagte ihr ab. Die Enttäuschung, die ich in ihrer Stimme hörte, war ein schmerzlicher Tadel. Aber es sei okay, sagte sie; sie verstehe schon.

«Das», sagte Thomas nüchtern, als ich es ihm erzählte, «war haarscharf.»

Ich schrieb meiner Mutter, daß ich mit Thomas zusammenziehen werde. Sie schrieb mir einen beißenden Brief zurück, in dem sie mir mitteilte, daß ich damit in Sünde leben würde und, schlimmer noch, kleine Kinder in die Sünde führen würde. Ich verdammte mich selbst zu einer Ewigkeit in der Hölle, wohin Thomas eindeutig schon gehörte. Sie würde keine Verantwortung für die Katastrophe übernehmen, die ich anrichtete. Ich hatte nicht erwartet, daß sie erfreut sein würde, aber ihr Zorn verschlug mir den Atem. Mir war nie voll bewußt gewesen, wie starr ihre Weltsicht war, diese Barrieren, die sie zwischen dem ehrbaren Leben, das sie für sich gefunden hatte, und einer Kindheit in Armut errichtet hatte. Die Ehe war ein Heiligtum, der einzige Weg zum Reich des Fleischlichen; außerehelicher Sex war eine «wilde Ehe», etwas, was nur arme, minderwertige Leute taten – und jetzt machte es ihre eigene Tochter so. Für sie mußte das wie ein Beweis dafür erscheinen, daß sie ihrer schmutzigen Kindheit auch nach all den Jahren nicht entkommen konnte. Damals allerdings konnte ich ihre Reaktion nicht einordnen; sie erschien mir beängstigend und wild, noch ein unerträglicher Druck in einer Situation, in der ich mich schon in mehrfacher Hinsicht unter Druck fühlte. Ich gab Thomas den Brief, der ihn schweigend las. «Nun», sagte er gelassen, als er fertig war, «diese Frau wird niemals einen Fuß in mein Haus setzen.» Diese Frau? *Mein* Haus? Mein Magen fühlte sich an wie ein Bleiklumpen. An diesem Abend rief ich sie an, während er mich vom Küchentisch aus beobachtete. Ich versuchte, sie zu besänftigen, bat und bettelte. Er hörte mit wachsendem Zorn und Erstaunen zu. Als ich auflegte, reagierte er sehr scharf. Er hatte ein strenges Ultimatum erwartet, nichts anderes: Entschuldige dich für diesen Brief, oder ich spreche nie wieder ein Wort mit dir.

«Wo ist deine *Loyalität*?» fragte er ungläubig. Diese Frage stellte ich mir selbst auch, als ich in dieser Nacht neben ihm im Bett lag und wilde Gedanken wälzte, während er schlief. Ich kämpfte gegen ein Panikgefühl an, das sich ganz ähnlich anfühlte wie Übelkeit. Konnte das der Preis für dieses neue Leben sein, das ich mir ersehnt hatte – daß ich meine Vergangenheit wegwarf wie alte Klamotten, daß ich mich von meiner Familie trennte? Sicher nicht, sagte ich mir. Ich reagierte übertrieben; er reagierte übertrieben; meine Mutter hatte erst recht übertrieben reagiert. In ein paar Tagen würden sich alle beruhigt haben. Abgesehen davon, mußte ich wirklich etwas unabhängiger von meiner Familie werden. Es würde sich alles legen, sagte ich mir; irgendwie würde es schon in Ordnung kommen.

In meiner Wohnung türmten sich die Zeitungen vor der Tür, häufte sich die ungelesene Post, lagen unbezahlte Rechnungen herum, und das rote Lämpchen auf meinem Anrufbeantworter blinkte, um mir zu sagen, daß da Nachrichten für mich waren, die ich nicht zu beantworten wagte. Für meine Freunde war es so, als wäre ich vom Erdboden verschwunden.

Doch dies in Frage zu stellen oder die Idee unseres Zusammenseins ganz aufzugeben war undenkbar. Wenn es Spannungen in unserer Beziehung gab, so mußte es an mir liegen. Thomas war über zwölf Jahre glücklich verheiratet gewesen, und alles sprach dafür, daß er und seine Frau völlig in dieser Ehe aufgegangen waren. Alles, was ich vorzuweisen hatte, waren ein paar gescheiterte Beziehungen. Dennoch verspürte ich einen starken Drang zu fliehen. Ich konnte mir nicht erklären, warum die eine Sache, die ich mir immer gewünscht hatte – ein Mann und eine eigene Familie –, plötzlich so furchterregend war. Eines Abends gestand ich Thomas das.

«Es ist nicht, daß ich nicht mit dir und den Kindern zusammensein will», sagte ich. «Ich weiß nicht, warum ich solche Angst habe, aber es ist so. Ist das nicht seltsam?»

Ich hatte gehofft, er würde mich beruhigen. «Ich finde es auch bemerkenswert», sagte er nur. Er saß am Küchentisch und sah mich traurig an. *Ich werde nicht versagen*, dachte ich grimmig.

Und so setzten wir einen Teufelskreis in Gang: Thomas bemerkte alles, was meine zugrundeliegende Depression verriet. Allem, was er bemerkte, begegnete ich mit Ausweichen, Lügen, Täuschung. Die Täuschung war schwierig, da Thomas Zugang zu jedem Winkel meiner Seele haben wollte. Wahre Intimität, sagte er, bestehe darin, daß man keine Geheimnisse habe, kein einziges. Er wollte jedes Detail meiner Vergangenheit kennen, den Namen jedes Liebhabers, die Geschichte jeder mißglückten Romanze, egal, wie schmerzlich es war. Er wollte alles, jeden Fitzel – ja, er beanspruchte es. Und jedesmal, wenn ich es nicht schaffte, ihm zu irgend etwas die ganze Geschichte zu erzählen, nahm er das als Beweis dafür, daß ich ihn täuschte. Er wollte eine vollständige Schilderung von Ereignissen, an die ich mich nicht erinnern wollte; ja, er wollte, daß ich etwas zugab, was ich vor mir selbst nicht zugeben konnte – daß mein Leben jahrelang von der Bestie überschattet gewesen war.

Unter diesen Umständen blieb mir gar nichts anderes übrig, als unehrlich zu sein. Nach einer Weile schien es, als würden sich alle meine Versuche, ich selbst zu sein, ins Gegenteil verkehren und mich zu einer Lügnerin machen, wie ich es nie gewesen war. Gefangen in einem Netz aus Halbwahrheiten und Auslassungen, entschuldigte ich mich immer wieder für das, was ich tat, und machte genauso weiter. Je mehr ich log und mich entschuldigte, desto ärgerlicher wurde er. Je ärgerlicher er wurde, desto mehr begann ich ihn zu fürchten. Je mehr ich ihn fürchtete, desto weniger Selbstvertrauen hatte ich und desto weniger konnte ich mir vorstellen, ohne ihn zu sein. Immer weiter wich ich aus und entschuldigte mich; sein Ärger wuchs und nahm allmählich einen Anflug von Sadismus an.

Zunehmend fühlte ich mich wie im Tran, bewegte mich durch die täglichen Pflichten, kehrte abends in ein Haus zurück, wo ich nur ein paar meiner Sachen hier in eine Schublade, dort in eine Schrankecke gestopft hatte, und bemühte mich, Thomas bei der Erziehung zweier Kinder zu helfen, die ich kaum kannte. Aus Oktober wurde November. Ich war immer noch nicht richtig eingezogen. Unsere Pläne, meine Wohnung unterzuvermieten und Verlobungsringe zu kaufen, wurden irgendwie aufgeschoben. Meine Versuche, seinen Kindern Wärme zu geben, waren nicht überzeugend; selbst wenn ich Wärme für sie empfand, was selten war, konnte ich es nicht zeigen. Bei meinen Katzen war das hingegen etwas anderes: Sie waren einfach pelzige Kreaturen, die keine Interaktion brauchten und mit einer gelegentlichen Liebkosung zufrieden waren. Sie waren für mich mehr meine Kinder als Thomas' Kinder, eine Tatsache, die seiner Aufmerksamkeit nicht entging.

«Wäre es dir möglich, ein bißchen wärmer zu den Kindern zu sein?» fragte er mich eines Abends. «Wenn ich noch einmal sehe, wie du sie ignorierst und die Katze hochnimmst, weiß ich nicht, wie ich das ertragen soll.» Und bei einer anderen Gelegenheit: «Du hast hier drei Menschen, die wirklich mit dir zusammensein wollen, und du hältst uns auf Distanz.» Ich fühlte mich schuldig. Ich gelobte Besserung. Aber ich war auch wütend. *Was ist falsch an dem, was ich will?* dachte ich. *Warum kann ich nicht einfach ich selbst sein? Warum brauchen andere so viel Aufmerksamkeit von mir?*

Was ihn mit der Zeit am meisten erzürnte, war meine Unnahbarkeit, mein apathisches Gesicht – dieser leere Blick, den ich hatte. Er schloß ihn aus, und das war etwas, was er nicht ertragen konnte; ihm wäre offene Feindseligkeit lieber gewesen. Wir konnten vor dem Fernseher sitzen, beim Essen sein, mit dem Auto unterwegs sein – immer wieder sagte er: «Jetzt tust du es wieder.» Dieser apathische Gesichtsausdruck war in Wahrheit die Maske der Depression, ein den Psychiatern wohlbekanntes klinisches Symptom. Doch die schleichende emotionale Taubheit, in die ich verfiel, machte es mir unmöglich, zu wissen, wann mein Gesicht diesen Ausdruck annahm. Ich wußte nur, daß Thomas' Ärger mich wie ein Kamikazeflugzeug aus heiterem Himmel plötzlich traf. Ich fühlte mich wie Ingrid Bergman in *Das Haus der Lady Alquist*, die versuchte, es einem extrem besitzergreifenden, unergründlichen Mann recht zu machen, und dabei langsam verrückt wurde.

Die geringste Kleinigkeit konnte die Spannung zur Krise steigern. An einem Sonntag nachmittag fühlte ich mich nervös und angespannt. Thomas saß in seinem Arbeitszimmer und bereitete einen Vortrag vor, den er demnächst auf einer Tagung halten sollte. Melissa, die Neunjährige, beschäftigte sich allein mit irgend etwas. Peter nervte uns beide und zwischendurch auch Thomas damit, daß wir irgendein Brettspiel mit ihm spielen sollten. Ich wollte Zeitung lesen, also schickte ich Peter zu ihr, und sie schlug ihm seinen Wunsch gereizt aus. Er pilgerte hin und her, um irgend jemandes Aufmerksamkeit zu bekommen. Von außen mochte das Ganze vielleicht wie ein gemütlicher Familiensonntag aussehen. Für mich war es eine unerträgliche Beschneidung meiner Freiheit. Der Lärm des Fußballspiels im Fernsehen, der aus Thomas' Arbeitszimmer ertönte, machte mich rasend; wenn ich meine Zeitung noch einmal weglegen müßte, um eine weitere Runde Dame oder Mensch-Ärgere-Dich-Nicht mit Peter zu spielen, würde ich anfangen zu schreien. Das ganze Wochenende war für Besorgungen und Familienkram draufgegangen – einen Ausflug zum Fußballtraining, Mittagessen im Hamburger-Restaurant, eine Runde Minigolf. Normalerweise ging ich am Wochenende gerne bummeln, brunchte ausgiebig oder schlief einfach aus, aber diese Dinge kamen nicht in Frage. *Alles nur für die Kinder*, dachte ich betrübt. *Was ist da für mich drin?* Draußen wurde es bald dunkel. Ich wollte raus, und zwar bevor Peter kapierte, was ich vorhatte, und vorschlug, in der Einfahrt Fußball zu spielen, was er bei jeder Gelegenheit unbedingt wollte.

«Hat jemand Lust zu einem Spaziergang?» fragte ich. In einer intakten Familie wäre dieser Vorschlag gar nicht weiter aufgefallen. Nach einem Wochenende, das für Familie und Haushalt reserviert war, hätte jeder Erwachsene im Haus ein Recht auf eine Pause gehabt. Doch in dieser Familie gab es drei Kinder: Melissa, Peter – und mich. Der Grund, weshalb Peter bei uns allen um Aufmerksamkeit bettelte, weshalb er und Melissa mehr stritten als sonst, war, daß Thomas sich seinem Vortrag widmete, was längst überfällig war, und Peter und Melissa mir überließ. Die beiden, vorübergehend der Aufmerksamkeit ihres Vaters beraubt, wurden von mir nur widerwillig beachtet. Der einzige Mensch, dessen Aufmerksamkeit ich wollte, war Thomas, und der war beschäftigt. Alles war aus dem Lot.

Als ich meine Frage stellte, kam Thomas aus seinem Arbeitszimmer und machte eine Pause. Wir beriefen eine Familienkonferenz um den Eßzimmertisch ein, um uns etwas einfallen zu lassen.

Eines war sofort klar: Keiner wollte spazierengehen. Ich hatte das gewußt und war insgeheim erleichtert. «Gut», sagte ich schnell und stand vom Tisch auf. «Dann gehe ich eben allein.»

Ehe ich's mich versah, war Thomas aufgesprungen, wobei sein Stuhl zu Boden donnerte. Die Kinder liefen auseinander und rissen in ihrer Eile, aus dem Zimmer zu flüchten, ihre eigenen Stühle um. Thomas packte mich am Kragen, und plötzlich fand ich mich mit dem Rücken zur Wand wieder. Sein Gesicht war nur Millimeter von meinem entfernt, es war häßlich vor Wut.

«Du hast deinen letzten Spaziergang gemacht», zischte er, mich immer noch am Kragen festhaltend, und sein Ton war drohend. «*Hast ... du ... verstanden?*»

«Wirst du mich wohl loslassen!» schrie ich. Er ließ mich los und stolzierte aus dem Zimmer.

Fassungslos und gedemütigt versuchte ich zu verstehen, was passiert war. Es war so beängstigend und unbegreiflich, als hätte soeben ein Besucher von einem anderen Stern an die Tür geklopft. Thomas hatte extrem reagiert; er hatte auf irgend etwas reagiert. Aber auf *was*?

Nach einer Weile kamen die Kinder wieder in die Küche zurück und taten so, als sei nichts geschehen. Ich saß am Küchentisch, als sich Peter neben mir auf die Bank im Erkerfenster schwang. Er setzte sich aufs Fensterbrett und stützte seine Füße auf dem Tisch ab. Er machte ein ernstes Gesicht.

«He, Kumpel», sagte ich, bemüht, so zu tun, als wäre alles in Ordnung.

«Ich geh mit dir spazieren», meinte Peter. «Haste Lust?»

«Nein, danke», antwortete ich. «Ich habe es mir anders überlegt.»

Ich verlor allmählich das Vertrauen in meine eigenen Wahrnehmungen. Es war, als stünde ich vor einem Spiegel, der sich allmählich verzerrte. Was ich am Ende sah, hatte kaum noch Bezug zur Realität, aber der Wandel hatte sich so langsam vollzogen, daß ich keine Ahnung hatte, wo die Verzerrung anfing. Ich wußte, daß ich nicht glücklich war. Aber ich *mußte* glücklich sein: Hier war dieser wundervolle Mensch, der sagte, daß er mich liebte, der mir alles in seinem Leben geben wollte, auch seine Kinder, der nur wollte, daß ich mein Leben mit ihm teilte. Wie konnte ich nicht glücklich sein? Wenn ich mich unglücklich fühlte, dann nur, weil ich so unreif war, weil ich keine Ahnung gehabt hatte, wie die Pflichten von Eheleben und Elternschaft aussahen. Jeder in meiner Lage würde sich unter Druck fühlen. Wenn ich mich also unglücklich fühlte, dann nur des Drucks wegen, unter dem ich stand – und das mußte normal sein. Wenn ich es so betrachtete, bewies mein Unglücklichsein nur, daß ich endlich normal wurde.

Ich stählte mich so weit, daß ich manche Dinge blind akzeptieren konnte. Wenn meine Wahrnehmung von etwas mit der von Thomas kollidierte, mußte meine falsch sein. Jede Reaktion, jede harmlose Begegnung mit einem anderen Menschen war auf einmal verdächtig. Woran sollte ich erkennen, ob ein Mann nicht mit mir flirtete? Thomas war der Meinung, daß alle Männer sexbesessene Raubtiere seien, und obwohl diese Eigenschaft gezähmt werden könne, sei sie immer vorhanden. Ich hatte gedacht, Männer und Frauen könnten platonische Freundschaften schließen. Wie sollte ich wissen, wann ich in einer Auseinandersetzung mit meinem Chef für meinen Standpunkt kämpfen sollte? Thomas' Stil waren Ultimaten und direkte Konfrontationen; meiner war Konfliktvermeidung. Woher sollte ich wissen, ob meine alten Freunde schlecht für mich waren? Er fand, daß ich auf ungesunde Art von ihnen abhängig war; ich hatte sie immer als eine essentielle Quelle emotionaler Unterstützung betrachtet.

Mit der gleichen verzweifelten Energie, mit der ich damals in der College-Zeit versucht hatte, die *Bekenntnisse* des heiligen Augustinus zu lesen, erneuerte ich jetzt meine Bemühungen, meine kaltherzigen Gefühle zu unterdrücken. Geradezu besessen bemühte ich mich, es ihm recht zu machen. Aber das war alles falsch. Ich war wie ein Tauber auf einer Tanzfläche: Ich konnte nur kopieren, was ich sah. Und meine schlichte Weigerung, zuzugeben, daß ich die Musik nicht hören konnte, machte Thomas zu einem häßlichen und gemeinen Menschen.

Eines Abends arbeitete ich an einem Artikel, der zum Redaktionsschluß fertig sein mußte, als Thomas mich von seinem Autotelefon aus anrief. Peter habe heftige Bauchschmerzen, sagte er. Er sei auf dem Weg nach Hause, um ihn zum Notfalldienst zu bringen. Dies war außergewöhnlich. Peter war nie krank; er war ungewöhnlich stoisch für einen Sechsjährigen. Aber ich war abgelenkt: Ich hatte eine Story zu Ende zu bringen und einen Redakteur im Nacken, der ungeduldig darauf wartete, mit mir zu sprechen.

«Okay», sagte ich zu Thomas. «Bis dann.» Ich legte auf. Etwa zehn Sekunden später rief Thomas noch mal an, seine Stimme war kalt vor Zorn.

«Ich will nicht, daß du heute abend noch vorbeikommst», sagte er. «Ich regle das allein.»

Zu spät erkannte ich, daß ich wieder versagt hatte. Doch meine Sorge galt nicht Peter, sondern mir selbst. Ich hatte etwas getan, was mich von Thomas abschneiden konnte – es war ein so katastrophaler Fehler, als wäre ich ein Sporttaucher, der sein Atemgerät verloren hat. *Du bist so verdammt egozentrisch*, dachte ich und verabscheute mich. Ich war ein abscheuliches, selbstsüchtiges Miststück. Dieses Bild von mir wurde durch Thomas' Zorn nur noch verfestigt. Ich fing an, mich zu entschuldigen, wieder einmal; und wieder einmal beschwichtigte ich Thomas und überredete ihn, den Umweg über mein Büro zu machen, damit ich mit ihm ins Krankenhaus kommen konnte. Ich tippte etwas in den Computer, sagte meinem Redakteur, daß es einen Notfall gebe und ich vor der zweiten Ausgabe mit ihm Rücksprache halten würde, und sauste zum Aufzug.

Peters Bauchschmerzen stellten sich nicht als Blinddarmentzündung heraus, wie Thomas befürchtet hatte, sondern als ein Darmvirus. Wir kamen in dieser Nacht kurz vor Mitternacht wieder bei Thomas an. Doch der Notarzt wollte bei Peter noch einmal die Leukozyten zählen, bevor er abgelöst wurde. Also stand ich um halb sechs Uhr früh auf, weckte Peter und brachte ihn wieder zum Notdienst. Ich wollte Thomas beweisen, daß ich sehr wohl Verantwortung übernehmen konnte, und meinen Fehler vom Vorabend wiedergutmachen. Es half nichts; in seinen Augen war der Schaden angerichtet.

Früher war ich ziemlich unmerklich in die depressiven Phasen gerutscht, jetzt tat ich es unter seinem strengen, unerträglichen Blick. Ich wußte, daß etwas total verkehrt war, aber ich sah mich immer noch nicht als krank an. Ich hielt mich für unfähig, selbstsüchtig und überdreht. Thomas hingegen war sich sicher, daß ich an Depressionen litt, und ihm war klar, daß das eine Krankheit war. Er konnte nur einfach nicht glauben, daß die Frau, die er endlich gefunden hatte und für die er sich wirklich interessierte, krank sein sollte. Vermutlich hoffte er, die Phase würde eines Tages auf ebenso mysteriöse Weise wieder verschwinden, wie sie angefangen hatte. In der Zwischenzeit war es eine extrem schmerzliche Erfahrung für ihn. «Ich kann heute nicht mit dir zusammensein», verkündete er zum Beispiel abrupt, wenn wir uns in der Stadt zum Essen trafen. «Du bist schon wieder so hektisch.» Das war seine Umschreibung für meine ruckartigen Augenbewegungen und die seltsam angespannte Körpersprache, wenn ich unter akuter Angst litt, was fast ständig der Fall war. Diese wachsende Angst war ein wesentliches Symptom meiner Depression. Es war ihm klar; manchmal legte sich seine Wut so schnell, wie sie entbrannt war. «Du kannst nichts dafür, ich weiß», sagte er dann mitleidig. «Du bist krank.» Ich fühlte mich wie ein Ertrinkender, der den Rettungshubschrauber nahen und dann unerklärlicherweise wieder abdrehen sieht. Ich *mußte* gesund werden. Ich setzte mir Fristen. Sie vergingen ergebnislos.

Mitte November stellte ich mich auf Thomas' Vorschlag hin bei einer Psychiaterin in der Nähe vor. Sie verschrieb mir Imipramin in langsam steigender Dosierung – dasselbe Medikament also, das ich von 1986 an ein Jahr lang eingenommen hatte. Damals hatte ich nie mehr als 150 Milligramm am Tag genommen. Jetzt steigerte ich mich über mehrere Wochen hinweg auf 275 Milligramm am Tag. Zusätzlich zu der medikamentösen Behandlung ging ich einmal in der Woche zu einer Ärztin, die Thomas von Freunden empfohlen bekommen hatte. Doch anders als meine Sitzungen mit Amanda waren dies formale halbstündige Besuche. Ich sah mich außerstande, frei zu sprechen, denn mein Leben bloßzulegen bedeutete auch, Thomas' Leben bloßzulegen, und er bestand darauf, daß es hier um meine Krankheit ging, nicht um sein Leben. Er wollte so wenig wie möglich mit Psychiatern zu tun haben, sagte er. Psychotherapie sei ein großer

Schwindel. Bei Depressionen seien Medikamente das einzige, was helfe – nur wüßten das die meisten Ärzte nicht.

In diesem Punkt hatte er wohl teilweise recht. Es stimmte, daß alle Ärzte, bei denen ich in Atlanta gewesen war, Vorbehalte gegen Medikamente hatten oder Antidepressiva zumindest mehr oder weniger wie eine Nahrungsergänzung betrachteten – potentiell hilfreich in seltenen Fällen, aber verzichtbar für die meisten. Die Psychiaterin, zu der ich in Washington ging, war mit medikamentöser Behandlung vertraut. Da ich offenbar schon einmal auf Imipramin angesprochen hatte, entsprach ihre Entscheidung, es mir wieder zu verschreiben, durchaus der traditionellen medizinischen Weisheit, derzufolge das, was schon einmal geholfen hat, auch das erste sein sollte, was man bei einem Rückfall ausprobieren sollte. Diesmal zeigte das Imipramin jedoch nur eine minimale Wirkung, selbst in einer viel höheren Dosis – ein Phänomen, das, wie ich später erfuhr, nicht unbekannt ist. Man spricht hier von einer «Empfindlichkeitsverminderung» nach Unterbrechung. Ein Medikament, das beim ersten Mal gut wirkt und dann abgesetzt wird, wirkt manchmal kaum noch oder gar nicht mehr, wenn der Patient es wieder einnimmt. Zu dieser Zeit begannen Forscher am National Institute of Mental Health gerade, diesen Effekt bei manisch-depressiven Patienten zu dokumentieren, die nach einer Pause die Lithiumtherapie fortsetzten. Es gab aber noch keine Anhaltspunkte dafür, daß er auch Patienten wie mich betreffen konnte, die unter depressiven Episoden ohne manische Symptome litten.

In der Theorie konnte Imipramin zwar meine Wahrnehmung der Realität grundlegend beeinflussen, aber es konnte meine *Reaktionsweise* auf sie nicht ändern. Das erforderte bewußte Denkvorgänge – und das wiederum erforderte, daß ich meine Gedanken in Worte faßte. Aber je mehr die Ärztin versuchte, mich aus meiner Reserve zu locken, mich dazu zu bringen, über die Beziehung zu sprechen, die mich offensichtlich so unglücklich machte, desto mehr sträubte ich mich. Das Problem sei nicht Thomas, auch nicht Thomas und ich, sagte ich ihr – das Problem sei *ich*. Ich sah, daß sie skeptisch war, und das verwirrte mich nur noch mehr.

Zum ersten Mal nach neun Jahren schrieb ich wieder Tagebuch:

> *7. Dezember 1989: Ich habe gestern mit Patti gesprochen und mich besser gefühlt; nur widerspricht das, was sie sagt, dem, was Thomas sagt, so total, daß ich im Moment keine Ahnung habe, was stimmt ... Ich will den Kindern nicht begegnen, ich schäme mich so, daß ich ihren Vater enttäuscht habe.*

> *8. Dezember: Er ist wütend und verletzt, und er geht auf mich los. Entweder er spinnt, oder ich tue ihm etwas Gräßliches an, ohne zu wissen, was. Ich glaube nicht, daß er spinnt. Aber im Moment scheint nichts mehr vernünftig zu sein ... Ich könnte die Kontrolle über mein Leben nicht an ihn abgeben. Er sagt, daß man das macht, wenn man jemanden liebt – es beruht auf Gegenseitigkeit. Das klingt vernünftig. Er sagt, es müßte leicht sein ... Aber was, wenn das Problem ist, daß ich einfach unfähig bin zu lieben? Was, wenn das, was ich Liebe nenne, in Wahrheit nur ist, daß ich bekomme, was ich will?*

Die Tagebucheinträge gehörten zu etwas, was ich häufig tat: zwanghaft notieren. Meine Gefühle waren so durcheinander und intensiv, daß ich auf irgendeiner Ebene wußte, daß sie keinen Sinn machten. Aber es war undenkbar, daß meine Stimmungen meine Wahrnehmungen diktieren könnten und nicht andersherum. Ich entschied mich für die andere Alternative: Meine Wahrnehmungen mußten zu meinen Stimmungen passen. Und das machte es erforderlich, Notizen zu machen, denn die «echten» Wahrnehmungen im Auge zu behalten war schwierig: Ich vergaß sie ständig, und da sie nicht wirklich zur Realität paßten, mußte ich sie mir immer wieder ins Gedächtnis rufen, um mich daran zu erinnern, was die «Wahrheit» war. Ich schrieb den ganzen Tag über kurze Notizen an mich selbst – zwischendurch bei der Arbeit, in der U-Bahn, wenn ich im Gericht auf den Verhandlungsbeginn wartete. Ein oder zwei Tage später warf ich sie weg, da ich mich bei dem Gedanken schämte, daß jemand sie finden könnte.

Je tiefer meine Depression wurde, desto verzerrter wurde die «Realität», die ich festzuhalten versuchte. Dieses Phänomen sollte ich erst viel später erkennen, und zwar in den gekritzelten Notizen, die Vincent Foster, Berater im Weißen Haus, vor seinem Selbstmord zurückließ. In diesen Notizen konnte ich deutlich die gequälte Stimme eines Geistes hören, der verzweifelt versuchte, seine Wahrnehmungen mit dem gewaltigen Schmerz zu vereinbaren, den er spürte. («Andere zu ruinieren gilt hier als Sport», schrieb dieser äußerst erfolgreiche Rechtsanwalt und Präsidentenberater, dessen Karriere alles andere als ruiniert war. Und später, ungewöhnlich gewagt, die simple Aussage: «Das FBI hat gelogen.»)

Und so war es auch bei mir. Auf einem undatierten Fetzen Papier, der aus dieser Zeit überlebt hat, fand ich in meiner eigenen zackigen Handschrift: «Habe mein Selbstvertrauen verloren – frage mich, ob das alte Selbstvertrauen nicht auf einer Illusion basierte.»

Und: «Seine Kinder mögen mich im Grunde nicht ... Sie finden mich kalt und selbstsüchtig ... Wenn ich so kalt bin, sollte ich vielleicht keine Kinder haben.»

Und: «Wenn ich ein Fall für die Wohlfahrt bin, will ich nicht mit ihm zusammensein. Dann besser allein.»

Aber soviel ich auch analysierte, nichts konnte den unvermeidlichen Gang der Dinge aufhalten. Eines Abends Anfang Dezember sagte Thomas sehr endgültig: «Ich glaube, du solltest deine Sachen packen und nach Hause gehen.» Wir vereinbarten, daß ich an diesem Wochenende wiederkommen und meine restliche Habe entfernen würde, während er mit den Kindern außer Haus war.

Hier war endlich der sichtbare Beweis für die Unzulänglichkeit, die ich mein Leben lang zu verbergen versucht hatte. Im September hatte ich meinen Freunden erzählt, daß ich heiraten würde; jetzt wurde ich aus dem Haus geworfen. Welche Hoffnung gab es noch, wenn nicht einmal ein Mann, der seine Familie durch eine schlimme Tragödie hindurch zusammengehalten hatte, es mit mir aushielt? Ich sah keine andere Erklärung, nicht einmal das in dieser Frage enthaltene Selbstmitleid. In weniger als drei Monaten war diese märchenhafte Liebesaffäre zusammengebrochen und ausgebrannt. Ich blieb allein mit meinem alten Begleiter, der Bestie.

Es war Weihnachtszeit. Vom Pressezimmer im Bundesgericht aus sah ich, wie vor der benachbarten kanadischen Botschaft der Weihnachtsbaum aufgestellt wurde, beobachtete Abend für Abend, wie es dunkel wurde und der Verkehr die Pennsylvania Avenue hinabfloß, ein glitzernder rot-weißer Strom kalter Trübsal. Ich arbeitete oder versuchte es zumindest, doch wie eine Maschine, bei der die Schaltungen allmählich den Geist aufgeben, fand mein Gehirn von Tag zu Tag einen immer kleineren Fokus. Ich dachte immer wieder dieselben Gedanken; am Dienstag tat ich die Arbeit vom Montag noch einmal. Ich hatte auf die Chance verzichtet, über einen großen Drogenprozeß zu berichten, um an einem Projekt zu arbeiten, das ich für interessanter hielt. Es war eine Idee, die aus meiner Erfahrung in Yale geboren worden war; es ging darum, wie sehr Gemeinschaftsklagen gegen die Arbeitsweise diverser städtischer Einrichtungen – der Gefängnisse, des Essensmarkenprogramms, der Obdachlosenunterkünfte – dazu geführt hatten, daß Bundesrichter die Funktionen einer Stadtregierung übernahmen. Meine Chefs waren damit einverstanden, zogen meine Kollegin Elsa Walsh von ihrem momentanen Projekt ab und teilten sie für den Drogenprozeß ein. Es war eine Entscheidung, die allen Beteiligten ein Maximum an Unannehmlichkeiten verursachte. Elsa war in der letzten Vorbereitungsphase für ihre Hochzeit mit Bob Woodward, dem ehemaligen Watergate-Reporter, der inzwischen ein leitender Redakteur bei der *Post* war. Über den Prozeß zu berichten bedeutete, daß eine ohnehin hektische Periode in ihrem Leben regelrecht fiebrig wurde. Tag für Tag saß sie im Gerichtssaal, machte sich eifrig Notizen über die Aussagen und nutzte jede Verhandlungspause, um wieder ins Pressezimmer zu jagen und mit dem Partyservice, dem Floristen oder Verwandten zu telefonieren.

In der Zwischenzeit wurde mir klar, daß ich einen schlechten Zug gemacht hatte. So gehetzt Elsa auch war, ihre tollen Geschichten über die Drogenunterwelt der Stadt wurden ständig gedruckt, während ich im Archiv saß, dieselben Gerichtsdokumente wieder und wieder las und versuchte, meine Gedanken zu diesem wichtigen Projekt zu sammeln, das ich meinen Redakteuren törichterweise versprochen hatte. Jahre später, beim Ausmisten einiger alter Akten, fand ich ein Memo, das ich ihnen damals zu dieser Idee geschrieben hatte. Zu meiner Überraschung las es sich klar und ordnete zahlreiche verschiedenartige Fakten so, daß sie eine einzige schlüssige These stützten, nämlich die, daß sich das Bundesgericht in die Stadtregierung einmischte – eine These, mit der sich später eine Reformkommission beschäftigen sollte. Ein paar Jahre später wurde dieselbe Story, aktualisiert natürlich, von meinem Nachfolger im Berichtsgebiet Bundesgericht geschrieben und lief auf Seite eins. Ich war also doch auf der richtigen Fährte gewesen. Aber das konnte ich zu dem Zeitpunkt nicht erkennen. Ich konnte kaum einen Gedanken zu Ende führen, und wenn ich es tatsächlich schaffte, einen ganzen Absatz zu Papier zu bringen, vergaß ich fast sofort, was darin stand.

Ich weiß nicht mehr, wann mir zum ersten Mal die Idee kam, mich umzubringen. Irgendwie hatte ich sie schon seit Jahren im Hinterkopf gehabt. Doch komischerweise hatte ich das nie als Option gesehen. Ich sah es als *Fehlen* von Optionen – die letzte, unannehmbare Lösung für ein schwerwiegendes und unlösbares Dilemma. Ich war immer der Meinung gewesen: *Wenn alles andere scheitert, wenn ich mich nirgendwo anders mehr hinwenden kann, kann ich das tun.* Es hatte einzelne Momente gegeben – zum Beispiel diese lange zurückliegende Episode mit der Aspirinflasche –, in denen sich diese Option anzubieten schien. Doch sie waren impulsiv und relativ kurzlebig gewesen. Die depressiven Phasen, die sie verursacht hatten, waren niemals so intensiv gewesen, daß ich das Bewußtsein für ihre Vergänglichkeit verlor.

Diesmal war es anders. Dies war die blanke, zermürbende Verzweiflung – Tag für Tag. Ich dachte an die Freunde, denen ich in Atlanta Lebewohl gesagt hatte, und an die großen Erwartungen, die sie in mich gesetzt hatten. Was war daraus geworden? Eine Gesichtsfarbe, so fahl wie die trostlosen Gänge des Gerichtsgebäudes, eine Redaktion, in der ich keine echten Freunde hatte, eine graue Stadt aus Marmor, Schnee und unpersönlichen Gebäuden. Ich konnte nicht nach Atlanta zurück. Ich brachte es kaum fertig, irgend jemandem zu gestehen, daß schon wieder eine Liebesaffäre danebengegangen war. Thomas und ich telefonierten jeden Tag miteinander – lange, bittere Gespräche voll gegenseitiger Beschuldigungen und schmerzlicher Worte.

«Ich habe dir meine völlige Hingabe angeboten», sagte er mir in einem dieser Gespräche. «Und du mir nur Scheiße.»

Und doch gab es selbst in dieser hoffnungslosen Situation noch Momente der Freude, in denen Thomas und ich unsere Probleme für einen Abend beiseite ließen und den Kindern bei den Schulaufgaben halfen oder uns mit Peter und Melissa zusammen ein Video anschauten. Als ich Thomas' Kinder kennenlernte, hatte ich sie als Rivalen gesehen, als Gesprächsunterbrechungen und Hindernisse für alles, was ich tun wollte. Jetzt, da es Thomas und mich auseinandertrieb, entdeckte ich sie verspätet als Individuen mit Charme und Humor. Es wollte schon etwas heißen, daß sie es sogar an diesem Tiefpunkt schafften, mich für ein paar Stunden aus mir herauszuholen.

Melissa liebte Schnee und glaubte an Zauberei. Jeden Abend nach dem Abendessen zog sie sich auf die Veranda zurück, um mit ihren Elfen zu sprechen. Sie hatte einen Zauberspruch, der genügend Schnee garantierte, daß die Straßen blockiert und die Schule einen Tag lang geschlossen würde – aber um zu wirken, mußte er gesungen werden, und zwar lautstark und mindestens eine halbe Stunde lang. «He-jenna, ho-jenna, bitte laß es schneijenna», tönte sie und lief dabei mit den Armen flatternd von einem Zimmer zum anderen. Es war schwer, dabei eine normale Unterhaltung aufrechtzuerhalten, aber ihr Überschwang ließ mich grinsen. Peter stapfte hinter ihr her, wenn er nicht gerade in seine eigene Welt der Verkleidungen, Zeichnungen und Comic-Helden vertieft war. Einmal, als er baden sollte, fand ich ihn, wie er in seinem Zimmer herumbummelte, mit irgendeinem Problem beschäftigt.

«He, Kumpel», sagte ich. «Ich dachte, du solltest dich duschen.»

«Okay», sagte er. «Aber erst muß ich meinen Basketball finden.»

«Was willst du denn mit einem Basketball in der Dusche?»

«Weiß nicht», sagte er, sichtlich verwundert über meinen Mangel an Phantasie. «Ich hab's noch nie ausprobiert.»

Weihnachten kam. Thomas und die Kinder fuhren nach Montreal zu seinen Eltern und ließen mich zurück. «Dies ist der Abschied», sagte er bei der Abreise, doch keiner von uns glaubte daran. Wir waren beide nicht imstande, die Beziehung tatsächlich zu lösen. Ich fuhr nach Atlanta und rief ihn jeden Tag an, immer in der Hoffnung, einen milderen Ton in seiner Stimme zu hören, irgendeinen Hinweis, daß er mir für mein Versagen vergeben könnte. Statt dessen hörte ich Bitterkeit und Sehnsucht. Er wollte etwas aus den Trümmern retten, auch wenn sein gesunder Menschenverstand ihm sagte, daß es hoffnungslos war. Selbst in unserer besten Zeit zusammen hatten ihn einige oberflächliche Charakterzüge von mir verrückt gemacht. Meine tief verwurzelte, südstaatlich geprägte Angewohnheit, selbst zu Leuten, die ich nicht mochte oder auf die ich sauer war, nett zu sein, beschrieb er mit einem Wort: «falsch». Da war etwas Wahres dran. Und doch konnte seine charakteristische Unverblümtheit beißend sein, sogar grausam. Einmal brachte ich zum Abendessen den falschen Wein mit. Thomas betrachtete das Etikett und seufzte. Wir standen auf der Veranda, vor den Kindern. «Diesen Mist kannst du trinken, ich werde es nicht tun», sagte er und gab mir die Flasche zurück. Und dann fügte er mit vernichtender Verachtung hinzu: «Eines Tages wirst du lernen, daß Kompetenz zählt.»

Mein Wunsch, es ihm recht zu machen, mein ständiges Verhüllen der Wahrheit, worum es auch ging – warum ich eine Viertelstunde zu spät war, was mein Boß an diesem Tag beim Mittagessen gesagt hatte –, brachte das Schlimmste in ihm zum Vorschein. «Du machst mich wütender als jeder andere Mensch, dem ich jemals begegnet bin», sagte er mir einmal. Und bei einer anderen Gelegenheit sagte er: «Emotional passen wir schlecht zusammen» – die vermutlich beste Zusammenfassung dessen, was bei uns falsch gelaufen war, wenn es überhaupt eine gab.

Das neue Jahr kam mitten in diesem harten Winter, eine Jahreszeit des grauen Schneematsches und der Abende, die schon am Nachmittag begannen. Thomas kehrte aus Montreal zurück und verkündete, er sei jetzt soweit, sich wieder mit anderen Frauen zu verabreden – obwohl er, so fügte er hinzu, nicht ausschließen wolle, daß wir irgendwann wieder zusammenkämen. Das war eine pathetische Krume Hoffnung; jeder gesunde Mensch hätte aufgegeben. Ich weigerte mich. Und trotz seiner Erklärung hielt Thomas ständig Kontakt mit mir. Er rief mich mindestens einmal täglich an, manchmal drei- oder viermal. Er wollte mich los sein, aber er konnte mich nicht loslassen.

Es war alles aus dem Ruder.

Da ist irgendwo ein hämmerndes Geräusch. Es ist penetrant. Es ist schon lange da, vielleicht seit Stunden; ich weiß es nicht. Ich muß es finden. Aber irgendwie ist die Schwerkraft umgekippt; jedesmal, wenn ich versuche aufzustehen, neigen sich die Wände nach unten. Da ist noch ein Geräusch – ein lauter Rums. Schon wieder. Es ist dunkel. Mir wird klar, daß das Rumsen daher rührt, daß ich umfalle. Allmählich sehe ich einen Teil der Schlafzimmerwand scharf. Ich muß aufstehen, gehen, irgendwie das Hämmern finden. Mein Gesicht ist kalt; da ist ein eisiger Wind auf meinem Gesicht. Das liegt daran, daß ich an der Eingangstür stehe, und die Winternacht bläst herein. Thomas steht da, er sieht aus wie der Tod. Er drängt sich durch, in meine Wohnung, geht in die Küche. Ich stehe schwankend im Wohnzimmer, die Hände über meinem Gesicht. Das alles macht keinen Sinn. Ich weiß nur noch, daß ich irgendwann mit Thomas etwas trinken war – vor Stunden? War das heute? – und daß er mich dann nach Hause brachte. Ich wollte bei ihm bleiben, aber er sagte nein. «Ich bin heute abend verabredet.» Ich kann mich erinnern, daß er das sagte. Jetzt bin ich wieder im Bett, und Thomas steht an meiner Schlafzimmertür. Ich rede mit ihm. Ich kann sein Gesicht nicht klar erkennen – das Licht ist hinter ihm –, aber er schüttelt den Kopf: Nein. Auf seinem Gesicht glaube ich Abscheu zu sehen.

Am nächsten Morgen wußte ich, daß ich nicht geträumt hatte: Auf der Anrichte in der Küche standen eine leere Wodkaflasche und mehrere leere Weinflaschen. Thomas mußte jeden Tropfen Alkohol im Haus gefunden und in den Ausguß geleert haben. Mir fiel der gestrige Abend ein: ein paar Drinks nach der Arbeit, die Flirterei zwischen uns, die sexuelle Spannung, dann seine lässige Aufbruchseile. Seine knappen Worte: «Ich bin heute abend verabredet.» Warum hatte er das gesagt? Das war bewußt grausam. Ich erinnerte mich, wie ich aus dem Auto gestiegen war wie mit gebrochenen Knochen. Ich wollte nur noch ins Bett, obwohl es erst halb acht war. Ich hatte meine abendliche Dosis Imipramin eingenommen, und um sicherzugehen, daß ich schlafen konnte, hatte ich die Pillen mit einem Glas Wodka hinuntergespült. Dann hatte ich meinen Schlafanzug angezogen und war direkt ins Bett gegangen. Ich wollte nur schlafen, um meinem Elend für eine Weile zu entkommen.

An meinem rechten Oberschenkel hatte ich einen Bluterguß, der von der Hüfte bis zum Knie reichte.

Thomas rief mich an diesem Morgen bei der Arbeit an. Ich wußte, daß er das tun würde.

«Ich habe dich angerufen», sagte er. «Du hast dauernd abgenommen, aber nichts gesagt.» Er hatte Panik bekommen, war in sein Auto gestiegen, zu meiner Wohnung gefahren und hatte an die Tür gehämmert. Es war kurz vor Mitternacht gewesen.

Mir wurde klar, daß ich mich beinahe umgebracht hätte. Thomas' abgehärmtes Gesicht hatte sich meinem Gedächtnis eingeprägt: Es lag mehr Angst darin, als ich jemals bei einem Menschen gesehen hatte. Fast hätte er einen Selbstmord am Hals gehabt; er wußte, daß die Leute gesagt hätten, er hätte mich dazu getrieben. Dieser Gedanke, der Schaden, den sein Ruf dadurch nehmen würde, hatte ihn aus der Fassung gebracht. Das Komische war, daß ich gar nicht ans Sterben gedacht hatte. Es wäre trotzdem Selbstmord gewesen, aber in diesem Moment wollte ich nur vergessen. Da war keine Überlegung dabei, kein Plan, obwohl mir natürlich durchaus klar war, daß es keine gute Idee war, Imipramin zusammen mit Alkohol einzunehmen. Nur: *Gib mir Frieden.* Viele Menschen, erkannte ich, müssen ihr Leben auf diese Weise beendet haben. Manchmal reicht es aus, wenn es einem einfach egal ist.

Er fürchtete also, daß ich seinem Ruf schaden könnte. Aber er liebte mich auch. Ich glaube, an diesem Punkt zwar gegen seinen Willen, aber so war es nun einmal. Da war ein Band zwischen uns, eine seltsame Art von Freundschaft, die am Anfang nicht existiert hatte, die aber trotz all unserer Konflikte erstarkt war. Auf irgendeiner Ebene erkannten wir beide, daß der andere kämpfte, Qualen litt, um nicht zu ertrinken. Selbst wenn er den Kontakt zu mir hätte ganz abbrechen wollen, er wagte es nicht. Und so klammerten wir uns aneinander, in einem makabren Tanz aus Mitleid, Not und Qual. «Ich verlasse dich nicht», sagte er. Aber ich wollte sein Mitleid nicht. Ich wollte seine Liebe. Einzig ihr jagte ich blind nach.

Ich ging nicht mehr zur Gymnastik, damit niemand mein lädiertes Bein sah. Thomas und ich sprachen nie mehr über diesen Abend.

Eines Tages Mitte Januar bekam ich nachmittags im Pressezimmer des Bundesgerichts einen Anruf aus der Redaktion.

In wenigen Minuten fange nicht weit von der John Marshall Plaza eine Verhandlung an, im D. C. Superior Court. Bart Gellman, der sonst für dieses Gericht zuständig war, sei mit einer anderen Story beschäftigt. Ich solle für ihn einspringen.

Es war eine Urteilsverkündung in einem Fall, der ein Jahr zuvor Schlagzeilen gemacht hatte – der «schändliche Babymord». Hier war der Alptraum aller Eltern wahr geworden. Ein Ehepaar aus dem Nordwesten Washingtons hatte für seine neun Monate alte Tochter, sein einziges Kind, ein Kindermächen engagiert. Sie hatten alles getan, was Eltern in so einem Fall tun sollten: Sie hatten das Kindermädchen zu einem Vorstellungsgespräch kommen lassen, hatten Referenzen verlangt, hatten die Frau angerufen, bei der sie angab, zuletzt gearbeitet zu haben, hatten sie überprüft, bevor sie sie anstellten. Nach einer Woche hatte das Kindermädchen, da das Baby nicht aufhörte zu schreien, in einem Wutanfall den Kopf des Kindes mehrfach gegen eine Wand geschmettert und ihm dabei den Schädel eingeschlagen. Das Baby starb am nächsten Tag.

Die Eltern konnten nicht wissen, wen sie einstellten, da das Kindermädchen sie angelogen hatte. Der Name, den sie ihnen nannte, Linda Johnson, war nicht ihr richtiger Name. Unter ihrem richtigen Namen war sie in ihrem Heimatstaat Louisiana bereits mehrfach vorbestraft; unter anderem wegen krimineller Vernachlässigung von Kindern. Im Washingtoner Fall des vorsätzlichen Mordes angeklagt, hatte sich Linda Johnson später des Totschlags für schuldig bekannt. Jetzt mußte sie zur Urteilsverkündung vor Richter Henry Greene erscheinen.

Es war eine schmerzliche Geschichte, vor allem, da die Eltern des toten Kindes im Gerichtssaal saßen, sich fest an der Hand hielten und nur mit Mühe die Fassung wahrten. Dann betrat Linda Johnson durch eine Seitentür den Verhandlungssaal.

Sie war Anfang Vierzig, leicht rundlich, und ihr Gesicht zeigte Spuren von Tränen. Sie setzte sich neben ihren Strafverteidiger, ohne das Paar hinter sich anzuschauen, und die Verhandlung begann. Sie dauerte knapp anderthalb Stunden. Als sie fast vorbei und der Richter soweit war, das Urteil zu verkünden, wurde sie aufgefordert aufzustehen. Ob sie noch etwas in eigener Sache sagen wolle, fragte der Richter.

Johnson stand auf, sie schien sich am Tisch abstützen zu müssen. Dann drehte sie sich um und blickte zum ersten Mal dem Paar ins Gesicht, dessen Tochter sie getötet hatte. Ihr Gesicht war verzerrt; Tränen liefen ihr die Wangen hinunter.

«Ich möchte Amy und Larry Banker sagen, daß es mir leid tut, was ich getan habe», sagte sie. Ihre Stimme war brüchig und klang flehend und verzweifelt. «Ich wollte Jamie nicht weh tun. Ich wollte sie nicht töten. Ich habe die Kontrolle verloren. Ich habe die Kontrolle verloren. Ich wollte ihr nicht weh tun.»

Sie sank auf ihren Stuhl und schluchzte. Ich sah zu den Eltern hinüber. Lawrence und Amy Banker weinten beide leise. Lawrence hielt die Hand seiner Frau ganz fest und sah zu Boden. Doch Amy Banker – sichtbar mit ihrem zweiten Kind schwanger – blickte der Frau, die ihr Baby getötet hatte, direkt ins Gesicht. Schweigend schüttelte sie den Kopf, und jedem Beobachter war klar, was sie dachte: *Nein, das akzeptiere ich nicht.*

Sowohl Linda Johnsons Verteidiger als auch der Staatsanwalt horchten auf, und unter den Zuschauern gab es ein wenig Aufregung. Im juristischen Sinne hatte Johnson gerade einen Schimmer des Zweifels auf ihr Schuldgeständnis geworfen, denn laut Gesetz darf ein Richter ein Schuldgeständnis nur dann akzeptieren, wenn der Angeklagte sich zu allen Elementen des Verbrechens bekennt. Doch soeben hatte

Johnson versucht, sich aus einem entscheidenden Element herauszulavieren: Vorsatz. Sie hatte das Ganze klingen lassen wie einen verrückten Unfall.

Nach einer kurzen Anhörung der Anwälte wurde mir klar, daß dies ein juristischer Kampf war, der bereits ausgetragen worden war, als sich die Angeklagte vor zwei Monaten offiziell schuldig bekannt hatte. Jeder – der Staatsanwalt, der Verteidiger, die Bankers selbst – wollte, daß es dabei blieb. Keiner wollte einen Prozeß mit grausamen medizinischen Gutachten und Autopsiebildern. Und so entschied Richter Greene nach kurzem Hin und Her: Genug damit. Er würde das Schuldgeständnis akzeptieren und das Urteil verkünden. Aber zuvor hatte er noch etwas zu sagen.

«Ich sehe hier ein sehr, sehr starkes Element von Selbstschutz», sagte er und blickte die Angeklagte an, die immer noch weinte. Er merkte an, daß sie der Polizei drei verschiedene Versionen des Hergangs präsentiert hatte, bevor sie die Wahrheit sagte. «Sie versuchte, ihre Haut zu retten. Sie sah, was passiert war, sie verstand die Konsequenzen ... Sie begann eine regelrechte Täuschungskampagne.»

Und dann verkündete er das Urteil – die Höchststrafe für Totschlag nach dem im District of Columbia geltenden Recht: Freiheitsstrafe von fünfzehn Jahren.

Es war kurz vor dem abendlichen Redaktionsschluß, ein grauer und regnerischer Januartag. Ich überquerte die John Marshall Plaza zum Pressezimmer des Bundesgerichts, um meinen Artikel zu schreiben. Ich war selbst den Tränen nahe, und es schüttelte mich bis ins Mark, aber nicht wegen des Wetters. In Linda Johnson hatte ich plötzlich mich selbst erblickt.

«Bei der Verhandlung», schrieb ich in meinen Computer, im Druck angesichts der knappen halben Stunde, die ich noch hatte, um den Artikel fertigzustellen, «ging es um eine Frage, die den Kern eines jeden Schuldbekenntnisses durch einen Angeklagten berührt: Nahm Linda Johnson die Verantwortung für ihre Tat auf sich?»

Nahm ich die Verantwortung für mein Tun auf mich?

Diese Frage war gefährlich. Die Frage war nicht, was die Menschen so handeln läßt, wie sie es tun, und sie zu stellen bedeutete auch nicht, sich eine unangemessene Schuld aufzubürden. Die Menschen haben für ihr Tun vielerlei Gründe. Ich hatte in diesem Gerichtssaal eine Kurzversion von Linda Johnsons Leben gehört: in schrecklicher Armut aufgewachsen, als Kind mißhandelt, ungebildet, auf dem Arbeitsmarkt praktisch chancenlos, vom Leben gebeutelt. Sie hatte schlimme Schläge eingesteckt; sie hatte viele Gründe, eine bittere und unglückliche Frau zu sein. Dennoch: Da hatte es einen Augenblick gegeben, in dem sie das Baby in ihren Händen gehalten hatte, es brutal geschüttelt hatte, den Kopf dieses winzigen Menschleins gegen eine Wand geschlagen hatte, in ihrer Wut sogar mehrmals. Sie hatte es getan. Und doch –

Alles, was sie vor Gericht gesagt hatte, alles, was ich in den Prozeßakten vor mir sah, zeigte eine Frau, welche die letzte, fatale Verbindung zwischen ihrem Handeln und seiner Folge nicht knüpfen konnte oder wollte. Was sie statt dessen gesagt hatte, war in den Prozeßakten zu lesen. Nur wenig davon konnte ich in meinem Artikel unterbringen.

«Mir war nicht bewußt, was das Geschrei in mir auslöste», hatte sie den Akten zufolge bei der Verhandlung im vergangenen November gesagt. «Euer Ehren, ich wollte dem Baby niemals weh tun. Ich habe es nicht absichtlich getan … Mir war nicht bewußt, was das Schreien unbewußt in mir auslöste. Ich habe es nicht einmal bemerkt. Das ging wohl schon die ganze Woche so mit ihr, das Theater und Gemekker und daß sie nicht essen wollte. Vielleicht hat sich da was in mir aufgestaut. Ich weiß es nicht. Vielleicht habe ich deswegen die Kontrolle verloren. Ich will nur sagen, daß ich mich einfach nicht mehr unter Kontrolle hatte, als ich sie geschüttelt habe. Mir war nicht bewußt, was ich tat, und es tut mir so leid. Ich möchte mich so sehr bei den Bankers entschuldigen. Es tut mir so leid. Gott weiß, wie leid es mir tut.»

Hier war Reue und noch etwas anderes: Selbstmitleid. *Bedenkt einmal meinen Schmerz und nicht den, den ich euch zugefügt habe*, stand hier. *Seht euch meine Gründe an!* Es war menschlich, es war absolut verständlich. Aber es war nicht ehrlich. Es hätte zumindest von einem Funken menschlicher Würde gezeugt, wenn sie sich dem Grauen gestellt hätte, ihm ins Auge geblickt und gesagt hätte: *Da ich dieses Schreckliche begangen habe, ist es passiert. Die Tat spricht für sich selbst. Nichts, was ich sage oder tue, kann das jemals wiedergutmachen. Ich allein nehme die Verantwortung auf mich*. So etwas hätte ein Erwachsener sagen können. Die andere Stimme war die Stimme eines Kindes.

Ich sah dies plötzlich so klar wie nie zuvor, und zum ersten Mal wandte ich es auf mich selber an. Es gab Gründe, warum ich mich so verhielt, wie ich es tat – reichlich Gründe, vollkommen verständliche Gründe, Gründe, die zum großen Teil außerhalb meiner Kontrolle lagen. Und doch hatte mein Verhalten Folgen. Ich hatte Dinge getan, die andere Menschen verletzten und ihnen angst machten. Und was noch wichtiger war, ich hatte mit meinem Tun erst neulich Nacht beinahe jemanden umgebracht – mich. Diese Folgen lagen klar vor meinen Augen; sie waren real. Und darauf kam es an. Irgendwann, irgendwie würde ich diese Tatsache berücksichtigen müssen, oder ich würde mein Leben lang eine so klägliche Figur sein, wie ich sie an diesem Nachmittag im Gericht gesehen hatte.

Doch kaum hatte sich dieser Gedanke gebildet, da überwältigte mich, wie Linda Johnson, ein Gefühl der Reue, das so sehr mit Selbstmitleid vermischt war, daß ich die beiden Emotionen nicht auseinanderhalten konnte. Ich hatte meinen Artikel abgegeben, und als ich jetzt meinen Schreibtisch aufräumte, legte ich meinen Kopf darauf und fing an zu weinen. Es war schwer, so schwer, da durchzusteigen. Ich wußte nicht, für wen ich weinte; mir war einfach nach Weinen zumute.

Die Freunde, zu denen ich im Herbst den Kontakt abgebrochen hatte, versuchten immer wieder, Verbindung mit mir aufzunehmen, aber ich erwiderte ihre Anrufe nur selten. Selbst wenn ich es nicht als demütigend empfunden hätte, ihnen gegenüber zugeben zu müssen, daß ich schon wieder in einer Beziehung versagt hatte, so wußte ich doch, daß Thomas sie nicht mochte, und ich wollte so sein, wie Thomas mich wollte. Ich wußte, daß ich ihnen Schlimmes antat; dies waren Menschen, die meine plötzliche Gleichgültigkeit wirklich traf. Aber es ging nicht anders, dachte ich.

Die alte Tracy war niemals gut genug gewesen. Also würde ich jemanden aus mir machen, der es war. Es war nicht das erste Mal, daß ich mir dieses Versprechen gab: So oft schon, wenn ich über irgendeine mißglückte Liebesaffäre schluchzte, hatte ich mir gesagt: *Ich will mein Leben ändern.* Es war die Realität der Depression, die ich ändern wollte, aber das war mir nicht klar. Ich wußte damals nur, daß ich mir mein Leben grundsätzlich anders wünschte. Das wollte ich so sehr, daß ich bereit war, meine Zukunft auf einen einzigen trost- und schonungslosen Wahlspruch zu setzen: *Ändere dein Leben oder stirb.*

Ändere dein Leben oder stirb.

Doch alle meine Veränderungsversuche wurden von der Bestie durchkreuzt. Die Bestie selbst war es eigentlich, was ich zu ändern versuchte. Aber sie war viel stärker als ich. Sie hielt mich wie in Handschellen fest und zwang meinen Blick weg von sich und auf einen winzigen Punkt im Universum: Thomas. Wenn ich mein Leben ändern könnte, könnte ich diese Beziehung retten. Ich könnte mit jemandem zusammensein; ich könnte ein Zuhause und eine Familie haben. Ich könnte ein normaler Mensch sein. Wenn ich hierbei versagte, konnte ich nicht leben. Und als die Wochen vergingen und Thomas kein Anzeichen einer neuen Wärme spüren ließ, wußte ich, daß ich versagt hatte.

An einem Abend Anfang Februar begann ich, meinen Tod zu planen. Ich war nach Hause gekommen, hatte mir ein Glas Wein eingeschenkt und saß in einem Sessel im Wohnzimmer, als mir der Gedanke kam: *So, das war's*. Im Zimmer war es still. Ich hatte zuvor die Nachrichten angeschaut, aber jetzt war der Fernseher aus, das Telefon schwieg, und an diesem Tag blinkte nicht einmal das rote Licht auf meinem Anrufbeantworter. Es war Donnerstag abend, und ich dachte düster an das kommende Wochenende – zwei Tage leere Zeit, und ich hatte keine Ahnung, womit ich sie füllen sollte. Seltsamerweise war es dieser Gedanke, der den letzten dünnen Faden in meinem Kopf zum Reißen brachte. Noch eine Aufgabe, noch eine Pflicht, zusätzlich zu einer Last, die bereits unerträglich geworden war. Irgend etwas mußte unter diesem Druck nachgegeben haben, und ich kam auf den Gedanken, den ich nur halb formulierte, daß es vielleicht einen Weg gab, wie ich das Wochenende umgehen konnte, nicht nur dieses, sondern auch alle kommenden. Zum ersten Mal seit Monaten spürte ich so etwas wie Energie. Ich stand auf und ging in mein Arbeitszimmer.

Welchen Weg zu sterben ich nehmen würde, war einfach: Pillen und Alkohol. Hatte ich nicht erlebt, wie einfach das ging? Ich hatte noch eine Flasche Wodka da und eine fast volle Packung Imipramin – massenhaft Pillen. Ich hatte einmal im *Physicians' Desk Reference*, einem Handbuch für Ärzte, nachgeschlagen und dort erfahren, daß die Menge, die ich abends nahm, fast die empfohlene Höchstdosis für Erwachsene war. Es stand da auch einiges über Toxizität und

Kontraindikationen, von denen die wichtigste war, daß Imipramin schon in normalen Dosen stark beruhigend wirkt und bei akut suizidgefährdeten Patienten besser nicht eingesetzt werden sollte. Es wäre ganz einfach, die drei- oder vierfache Dosis zu nehmen – oder, noch besser, einfach die restlichen Pillen alle auf einmal zu nehmen und sie mit Wodka zu schlucken. Ich hatte schon von Leuten gelesen, die es so gemacht hatten.

Aber es erschien mir wichtig, alles in geordnetem Zustand zu hinterlassen – Wohnung sauber, Papiere ordentlich, ein Testament, Freunden noch Briefe schreiben. Besonders um meine Katzen machte ich mir Sorgen. Ich wollte nicht, daß sie im Tierheim landeten, also schrieb ich einen Brief an eine Freundin, die weiter unten in der Straße wohnte, und bat sie, sie zu sich zu nehmen. Dann waren da noch meine journalistischen Auszeichnungen, die ich meiner Mutter schicken wollte. Ich sammelte sie alle zusammen, steckte sie in einen alten Karton und legte einen Zettel obenauf, wohin sie gehen sollten. Damit blieben noch die Briefe, für die ich Stunden brauchte. Ich versuchte zu erklären und mich zu entschuldigen, ohne dabei allzuviel über die Realität nachzudenken. Wenn ich über die Realität nachgedacht hätte, wäre ich nicht in der Lage gewesen, meinen Plan auszuführen – soweit ich überhaupt einen Plan hatte.

Selbst in diesem Stadium waren meine Vorbereitungen so, als würde ich in einem abstürzenden Flugzeug den Fallschirm anlegen. Die ganze Zeit, während ich mich bereitmachte hinauszuspringen, klammerte ich mich noch an die Hoffnung, daß in letzter Minute etwas geschehen würde, was diese schreckliche Notwendigkeit aufheben würde. Und es war tatsächlich eine Notwendigkeit, die ich verspürte – nicht Feindseligkeit, wie es in psychiatrischen Texten hieß, oder rachsüchtige Wut oder der Wunsch nach Aufmerksamkeit. Das hier geschah im geheimen, aus dem Bedürfnis heraus, einen Schmerz zu lindern, der so unerbittlich war wie Durst.

Ich war wie eine Krebskranke im letzten Stadium. Ich hatte einen Körper, der die Schmerztoleranz meines Geistes überdauert hatte, und sah jetzt die Möglichkeit abzuspringen. Doch hier endete die Parallele. Ein Patient mit unheilbarem Krebs erwägt die Aussicht eines Selbstmords mit dem gesamten geistigen Werkzeug, mit dem er geboren wurde. Ich hingegen bewegte mich in einer Dämmerzone zwischen rationalem Denken und Irrationalität. Meine Entscheidung war eine rationale Reaktion auf einen Haufen irrationaler Wahrnehmungen, das unvermeidliche Resultat meiner ganzen Notizenmacherei.

Dies ist einer der undurchsichtigsten Aspekte der Depression – diese Beharrlichkeit, mit der sich schwer depressive Menschen an genau die Wahrnehmungen klammern, die am verzerrtesten sind. Ärzte mögen versuchen, mit ihren depressiven Patienten vernünftig zu reden; Menschen, die niemals depressiv waren, mögen dieses Verhalten als «verrückt» abtun. Für den depressiven Menschen selbst scheint es genau umgekehrt zu sein: Es ist ein Weg, *nicht* verrückt zu werden. Wahrnehmungen und Emotionen müssen einfach zusammenpassen, wenigstens grob. Da lehnt irgend etwas im menschlichen Gehirn kategorisch die groteske Idee ab, daß es Gefühle beheimaten könnte, die einfach so ausbrechen, unabhängig von äußerer Stimulation. Es entflieht dieser unfaßbaren Möglichkeit geradewegs in eine Traumwelt der Absolutheiten. «Ich werde mein Leben lang allein sein», sagt sich das Gehirn statt dessen. «Dieser Schmerz wird nie aufhören.»

Ebendas sagte ich mir – und gleichzeitig verschob ich an diesem Abend meinen Abschied, da ich immer noch auf irgendein Zeichen wartete, auf irgendeine Alternative. Ich ging lange nach Mitternacht ins Bett und schlief zum ersten

Mal seit Wochen richtig fest. Am nächsten Morgen stand ich auf, duschte, zog mich an und ging wie gewohnt zur Arbeit – aus welchem Grund, konnte ich nicht sagen, außer daß nicht hinzugehen mir anormal vorgekommen wäre, und ich war immer noch sehr darauf fixiert, normal erscheinen zu wollen. Ich kann mich nicht daran erinnern, was ich an diesem Tag getan habe, bis zum späten Nachmittag.

Es war etwa vier Uhr, an einem grauen Nachmittag, der kein bißchen Sonne gesehen hatte. Ich saß an meinem Terminal im Pressezimmer des Bundesgerichts und tippte mal wieder eine dieser endlosen Notizen an mich selbst.

«Jetzt im Moment denke ich, daß ich sterben möchte», hatte ich gerade getippt. «Ich schäme mich dafür. Ich empfinde es als Schwäche.» Als ich so dasaß und diese Worte auf dem Bildschirm anstarrte, griff ich, ohne einen bewußten Gedanken, plötzlich zum Hörer und wählte Thomas' Dienstnummer.

«Ich bin's», sagte ich zaghaft.

«Ja?» In seiner Stimme hörte ich Verärgerung. Es war eine ungünstige Zeit für einen Anruf, denn er wollte sich gerade auf den Weg zum Unterricht machen. Ich hielt inne, da ich nicht wußte, wie ich es ihm sagen sollte. Es verging eine lange Zeit.

«Ich bin in ernsten Schwierigkeiten.»

Er verstand sofort.

«Wo bist du?» fragte er. Ich sagte es ihm. «Bleib, wo du bist. Sobald ich kann, komme ich und hole dich. Geh nirgendwohin. Hast du verstanden?»

«Ja», sagte ich.

Dann legte ich auf und wartete, was an Unvorstellbarem als nächstes passieren würde.

Kapitel 5

Ich habe mit Phyllis gesprochen», sagte Thomas, sobald ich in seinem Wagen saß. Er meinte meine Psychiaterin. «Sie ist der Meinung, daß du ins Krankenhaus gehörst. Ich auch. Warum fahren wir nicht gleich dorthin?»

Ich war erschrocken und beschämt. Dies war nicht die Art von Rettung, die ich mir erhofft habe. Trotz der qualvollen Erfahrung der letzten Wochen war ich sicher, daß ich nicht krank war. Vielleicht wollte Thomas mich auf die Probe stellen; vielleicht dachte er, ich wollte ihn manipulieren. Doch nein: Im Gegensatz zu anderen Malen, wo er mich des manipulativen Verhaltens beschuldigt hatte, schien er heute nicht ungeduldig oder verächtlich.

Ich protestierte, wenn auch nur schwach. Mein Verlangen nach seiner Anerkennung siegte sogar über meine Scham. Ich war bereit, alles zu erwägen, was er von mir wollte. Außerdem hatte ich keine eigenen Vorstellungen oder zumindest keine, von denen ich glaubte, daß sie für ihn in Betracht kamen. (*Nimm mich mit zu dir*, wollte ich sagen. *Ich möchte mich dort verstecken. Ich katalogisiere dir deine Bücher, räume dein Arbeitszimmer auf – ich würde alles tun.*) Und ich war erschöpft. Zum ersten Mal verstand ich, warum Thomas so effektiv mit dem Tod seiner Frau fertig geworden war: Katastrophenmanagement ist die höchste Form der Kontrolle. Er war gut darin, weil er an seine intellektuelle Überlegenheit glaubte. Ich war nicht so blind vor Liebe gewesen, daß ich seine Arroganz nicht bemerkt, nicht gespürt hätte, wie oft er andere befremdete. Dennoch war da etwas Bewundernswertes an der Art, wie er der Katastrophe ins Auge sehen konnte.

Wir waren inzwischen auf der Massachusetts Avenue, auf dem Weg zum Suburban Hospital in Bethesda. Ich war überzeugt, daß sie mich als Hypochonder abweisen würden. Und wenn sie mich aufnahmen, so bedeutete das mit Sicherheit das Ende meiner Karriere bei der *Post.* Nicht daß sie mich feuern würden, das nicht. Sie würden mich einfach mitleidig behandeln, mich wahrscheinlich auf irgendeinen Pseudoposten verschieben und mich stillschweigend ermuntern, mir woanders einen weniger stressigen Job zu suchen. Da ich nur Atlanta als Bezugspunkt hatte, würde das bedeuten, nach Hause zurückzugehen – ein Versagen. Vor derselben Aussicht stehend, hatte Fay Joyce sich eine Pistole an den Kopf gehalten – eine Entscheidung, die mir in diesem Moment sehr logisch erschien.

Doch ich wollte nicht sterben; ich wollte nur keine Schmerzen mehr haben. Wie ich da auf dem Beifahrersitz saß, begann ich zu rationalisieren. Angenommen, ich könnte es geheimhalten, dann könnte ein Krankenhaus durchaus ein guter Ort sein, um mich auszuruhen, um die endlosen Stimmen der Beschuldigung und des Abscheus vor mir selbst einmal abzustellen. Ein Zimmer für mich, vielleicht ein Garten zum Spazierengehen. Dieses idealisierte Bild nahm allmählich konkretere Formen an: Vielleicht war die psychiatrische Station ja schön eingerichtet, keine richtigen Krankenhauszimmer, sondern Zimmer, die auf einen Garten hinausgingen – eine feinsinnige Anerkennung dessen, daß wir besondere, zerbrechliche Menschen mit «geistigen» Problemen waren, die irgendwie über solch plumpen körperlichen Dingen wie Gallensteinen oder einem gebrochenen Bein standen. Vielleicht würden noch andere Schriftsteller dort sein – Dichter und Künstler, die wie ich zu sensibel waren, um immer in der realen Welt zu leben. (Diese Vorstellung, die vage auf dem Klischee vom verrückten Genie basierte, paßte nicht dazu, daß ich mich schämte, für «geisteskrank» gehalten zu werden. Doch dieser Widerspruch fiel mir nicht auf.) In meiner Phantasie gab es in dem Garten einen kleinen Teich, Goldfische, einen kleinen Springbrunnen; das beruhigende Geräusch von plätscherndem Wasser würde zu hören sein. Man würde mich freundlich und mitfühlend behandeln. Man würde mich in Ruhe lassen und mich schlafen lassen. Vielleicht wäre das gar nicht so schrecklich.

Es war lange nach Mitternacht, bis ich die Bürokratie der Notaufnahme des Suburban Hospital überwunden hatte, wo es durch einen schlimmen Autounfall früher am Abend noch chaotischer zuging als sonst. Am Empfang hatte der Angestellte in der Aufnahme mich gefragt, was mir fehlte. Bevor ich etwas sagen konnte, sagte Thomas: «Depression mit Suizidgefährdung.» Der Angestellte hatte es ausdruckslos notiert. Nach etwa einer Stunde kam ein Arzt und stellte mir ein paar Routinefragen. Ob ich dachte, daß ich sterben wollte? *Ja, aber* – Hatte ich mir überlegt, wie ich mich umbringen wollte? *Schon, aber* – Danach schien von vornherein festzustehen, daß ich aufgenommen würde. Um halb elf, als ich noch wartete, daß man mir ein Zimmer zuwies, war Thomas zu den Kindern nach Hause gefahren.

Jetzt, spät in der Nacht, führte mich ein Krankenpflegehelfer, ein Schwarzer mittleren Alters, hinaus aus dem Getöse der Notaufnahme. Wir gingen und gingen. Offenbar lag der psychiatrische Flügel weitab von allem anderen, was ein gutes Zeichen sein konnte. Die Gänge waren dunkel, alles war still. Schließlich erreichten wir einen Aufzug und fuhren in den obersten Stock.

«Warten Sie hier», sagte der Helfer und ging zur Stationszentrale hinüber – eine schwach beleuchtete Schreibtischreihe mitten in einem großen, dunklen Raum. Dort saß eine Schwester und schrieb etwas. Ein Krankenpfleger, ein dünner Mann mit pockennarbigem Gesicht, ging umher. Keiner von ihnen sah mich an. Ich war in einer Art Beschäftigungsraum, in dem es fast keine Möbel gab. Triste Wände, grünes Neonlicht. Ein paar Tische und Stühle standen in eine Ecke gedrängt, an der Wand eine leere Telefonbüchse. Maschendraht vor jedem Fenster. Am Schwarzen Brett sah ich Valentinskarten und einen Plan für Beschäftigungstherapie. Unter den Aktivitäten für den nächsten Tag war: «Valentinskarten ausschneiden und basteln». Wie im Kindergarten, dachte ich. Ich ging hinüber zu einem Tisch, auf dem einige Broschüren auslagen. «Wie man ein Bankkonto eröffnet» war eine davon überschrieben.

In diesem Moment wurde der Horror einer Geisteskrankheit für mich faßbar. Es bedeutete *das hier*: eine Existenz in einer häßlichen Umgebung, der Geist gefesselt von tristen Wänden und Maschendraht, das Leben reduziert auf kindische Beschäftigungstherapie und darauf, irgendwie durchzukommen. Der Raum, in dem ich stand, war die Verkörperung der psychischen Isolation, die mich mein ganzes Leben verfolgt hatte, vor der ich mich in die Arbeit geflüchtet hatte, in das nie endende Bedürfnis nach Anerkennung und Akzeptanz, in ein frenetisches gesellschaftliches Leben. Ich war kurz davor, mit einem Haufen Drogensüchtiger und Schizophrener eingesperrt zu werden, jämmerlichem Treibgut des Lebens, Menschen, deren Hände zitterten und die sich bepinkelten und die Valentinskarten bastelten, um an die Geliebten zu denken, die sie niemals haben würden. War es das, was die Menschen sahen, wenn sie mich betrachteten? War es das, was sie von jetzt an sehen würden? *Nein.*

Ich drehte mich um. Der kräftige Krankenpflegehelfer kam auf mich zu. Er hatte irgendwelche Papiere in der Hand und wollte mir etwas sagen.

«Ich muß gehen», sagte ich, bevor er sprechen konnte.

«Ich kann Sie nicht gehen lassen», sagte er.

«Ich muß gehen.»

«Sprechen Sie mit der Schwester.»

Sie saß noch immer über ihren Schriftkram gebeugt. «Ich muß gehen», wiederholte ich.

Sie sah mich an. «Wir verstehen», sagte sie. «Es ist alles sehr traumatisch –»

«Nein, Sie verstehen *nicht*», sagte ich. Meine Stimme muß einen hysterischen Beiklang gehabt haben. «Ich muß gehen. Ich gehöre nicht hierher. Ich muß hier raus. Kann ich mal telefonieren?» Nein, sagte sie; die Patienten dürften das Telefon nach einer bestimmten Uhrzeit nicht mehr benutzen.

«Ich gehöre nicht hierher», erwiderte ich. «Ich bin kein Patient.»

Sie hielt inne. Vielleicht war es die Verzweiflung in meiner Stimme, vielleicht lag auch eine bürokratische Logik in dem, was ich gerade gesagt hatte – sie hatte nämlich immer noch nicht alle Formulare für mich ausgefüllt –, oder vielleicht war es nur, weil ich drauf und dran war, Ärger zu machen, und das mitten in der Nacht. Jedenfalls sagte sie zu dem Krankenpflegehelfer: «Lassen Sie sie telefonieren.» Er zog das Telefon aus der Schublade eines metallenen Aktenschränkchens und steckte es in die Wandbuchse, die ich schon vorhin bemerkt hatte.

«Es ist gegen die Regeln», kommentierte er.

Ich rief Thomas an, der gerade eingeschlafen war.

«Hol mich hier raus», sagte ich. Ich weinte.

«Bleib nur heute nacht», sagte er. «Ich hole dich morgen früh.»

Seine Stimme klang freundlich; er war nicht einmal verärgert, daß ich ihn aufgeweckt hatte. Ich atmete tief durch, um mich zu beruhigen. «Okay», sagte ich und legte auf.

Die Schwester werkelte noch kurz mit ihrem Papierkram herum. Der Raum war leblos und still. Er war häßlich, so häßlich. Wohin würden sie mich stecken? Wo würde ich schlafen? Würde ich mit jemand anderem zusammen im Zimmer sein? Würde das jemand sein, der mich schlafen ließ? Würde ich überhaupt schlafen wollen, mit Verrückten eingesperrt? Ich konnte es nicht ertragen, nicht einmal für eine Nacht. Und ich mußte schnell handeln. Sie konnten jeden Moment das Telefon wieder wegräumen.

Ich wählte noch einmal. «Es tut mir leid», sagte ich, in Panik. «Ich kann es nicht. Du mußt mich holen. *Bitte.*»

«Okay», sagte er. «Ich brauche ein paar Minuten.» Ich legte auf.

«Sie müssen dieses Formular unterschreiben», sagte die Schwester. Ich sah es mir an. Da stand etwas von Abmeldung «gegen medizinischen Rat». Ich unterschrieb. Zehn Minuten später fuhr Thomas' Wagen draußen vor. Bei ihm zu Hause fiel ich in sein Bett und in einen traumlosen Schlaf.

Der Morgen kam, ein bitterkalter und windiger Februartag. Ich erwachte sehr spät, in einem Zustand tiefer Apathie. Im Haus war es ruhig; die Kinder waren schon lange in der Schule. Zur Arbeit zu gehen schien nicht in Frage zu kommen. Dennoch hoffte ich irgendwie, wir könnten die Ereignisse vom Vortag einfach vergessen, könnten uns etwas einfallen lassen, um die Fassade des normalen Lebens wiederzuerrichten. Doch das erforderte Energie, und die hatte ich nicht. Ich fühlte mich unendlich träge.

Thomas hingegen wußte wie immer, was zu tun war. Sobald er dachte, daß jemand in seinem Büro sein könnte, rief er dort an, um seine Termine und Kurse an diesem Tag abzusagen.

«Ich muß heute freinehmen», sagte er. «Ich muß mich um Tracy kümmern. Sie ist suizidgefährdet, und wir bringen sie ins Krankenhaus.» Mir fiel auf, daß er meinen Nachnamen nicht nannte. Also hatte er schon früher von mir gesprochen; die Leute in seinem Büro wußten, wer ich war. Offensichtlich war ich für sie nicht Tracy Thompson, Journalistin bei der *Washington Post*, sondern nur irgendeine labile Frau, mit der sich Thomas unglücklicherweise eingelassen hatte, ein Objekt des Mitleids oder der Verachtung. Das war demütigend. Aber irgendwie konnte ich dafür nicht genug Gefühl aufbringen.

Thomas war wieder ganz geschäftsmäßig. Wenn man ihn so duschen und sich anziehen sah, konnte man meinen, er würde jeden Tag seine Freundinnen in der Psychiatrie unterbringen. Ich duschte ebenfalls und zog mich an, und nachdem wir noch zu einem späten Frühstück angehalten hatten, fuhren wir ins Krankenhaus – diesmal ins Georgetown University Hospital. Es war ein ruhiger Freitag morgen, und die Wartezeit war erheblich kürzer als in der Nacht zuvor im Suburban. Nach etwa einer Viertelstunde rief mich ein bärtiger junger Arzt auf, und Thomas und ich gingen in ein Untersuchungszimmer. Ich setzte mich auf die Untersuchungsliege. Thomas setzte sich auf einen Stuhl neben mir und hielt meine Hand.

«Warum sind Sie hier?» fragte mich der Arzt. Diese Frage ließ mehr offen als jene, mit denen ich letzte Nacht konfrontiert worden war. Ich erzählte ihm ein paar Dinge, die in den letzten Wochen geschehen waren, wobei ich den Vorfall mit dem Wodka und dem Imipramin ausließ, aber von dem Selbstmordplan, den Briefen, der Packaktion erzählte. Selbst beim Erzählen kamen mir diese Ereignisse nicht wirklich vor. Ich verspürte den Drang, sie von mir zu weisen, zu sagen: «Aber das ist albern, vergessen Sie, was ich gesagt habe.» Als ich fertig war, sagte der Arzt erst einmal nichts und betrachtete mich eingehend. Er mußte meine Blässe bemerkt haben, den apathischen Ausdruck auf meinem Gesicht, den Thomas so oft monierte.

«Ich glaube, Sie sollten ein paar Tage hierbleiben», sagte er.

Ich wußte, diesmal gab es kein Zurück. Ich glaubte immer noch nicht, daß ich krank war. Ich war defekt, aber das war etwas anderes; das ließ sich nicht medizinisch heilen. Es gab keine Worte für die Hoffnungslosigkeit, die ich angesichts meiner Defektheit verspürte. Es war das gleiche Gefühl, wie ich es vor vielen Jahren gehabt hatte, als ich mich nach dem Unfall mit den Narben in meinem Gesicht auseinandersetzte: Mit mir stimmte etwas nicht, es war sichtbar und demütigend, und man konnte nichts daran ändern. Aber wenn die Leute das unbedingt selbst herausfinden wollten, so war ich im Moment bereit, sie mit mir herumexperimentieren zu lassen.

Thomas hielt noch immer meine Hand, und jetzt drückte er sie fest.

«Es ist das Beste», sagte er und beobachtete mich genau. «Meinst du nicht?»

«Okay», sagte ich. Der Arzt ging kurz hinaus. Thomas sah mich an.

«Ich muß schon sagen, das eben war ja eine ganz schön bereinigte Darstellung», bemerkte er. Ich schämte mich. Ich log schon wieder. Doch häufig kamen mir meine Schilderungen von mir selbst gar nicht wie Lügen vor, erst nachher, wenn Thomas etwas hinterfragte – und selbst dann wußte ich manchmal, daß er nicht recht hatte. Aber ich hatte gelernt, ihm auch in diesen Fällen lieber nicht zu widersprechen, da ihn das wütend machte. Er betrachtete es als erbärmliches Sichherauswinden, wenn ich nicht sofort gestand. Außerdem enthielt sein Urteil über mich, so hart es auch oft war, meistens ein Körnchen Wahrheit. Ich war gut im Vertuschen von Tatsachen, um mich selbst im bestmöglichen Licht erscheinen zu lassen. Ich tat es reflexartig, ständig. Es war eine alte Gewohnheit des Michversteckens, die noch aus jener Zeit meiner späten Jugendphase stammte, als ich meine Wutanfälle hinter verschlossenen Türen versteckte, aus Angst, jemand würde merken, wie neurotisch ich war. Im Laufe der Jahre war diese Gewohnheit allumfassend geworden, zu einem Bedürfnis, selbst die kleinsten Verfehlungen zu vertuschen. Wenn ich zu einer Verabredung zu spät kam, weil ich mich nicht entscheiden konnte, was ich anziehen sollte, entschuldigte ich mich nicht für mein Zuspätkommen – statt dessen erfand ich etwas von einem entsetzlichen Stau und daß ich nichts dafür könne. Ich mußte ständig irgendwelche Situationen verfälschen, die mein zartes Selbstbewußtsein verletzen konnten.

Ich hielt Thomas' Hand, solange man es mir gestattete – durch die Aufnahme, im Aufzug nach oben und den Gang entlang zur Station selbst, die allen anderen Krankenstationen, die ich je gesehen hatte, bedrückend ähnlich sah. Man zeigte mir mein Zimmer. Ich hielt seine Hand, während ich mit ihm den Gang hinunter zum Ausgang ging, und ließ sie schließlich los, als sich die Tür zwischen uns mit einem lauten elektrischen Klick schloß und mich drinnen einsperrte. Dann nahmen sie mir alle meine Sachen weg, alles, was nur entfernt nach einem scharfen Objekt aussah, jede Pille, sogar meinen Taschenspiegel, und führten mich in mein Zimmer, wo ich mich aufs Bett setzte und in das blaße Wintersonnenlicht auf den kahlen Bäumen gegenüber sah.

Wenn es einen Gott in diesem Universum gibt, dachte ich, *so ist das niemand, dem ich je begegnet wäre.*

Ich fühlte mich wie eine Figur aus einem Ionesco-Stück, umgeben von Menschen ohne erkennbare Verbindung miteinander, ein Dutzend Handlungsfäden, willkürlich zu einem kunterbunten Strang geflochten. Ich machte Notizen; es war das einzige, was mir einfiel.

Alice ist meine Zimmergenossin. Sie ist eine attraktive Frau, rote Haare, um die Fünfzig, Engländerin, arbeitet in einer Beratungsfirma in der Stadt ... Sie ist manisch-depressiv und kam nach einer schweren manischen Epi-

sode hierher. Sie ist allergisch gegen Lithium. Es ist ihre dritte Woche auf der Station. Sie suchen nach Medikamenten für ihre Krankheit, auf die sie nicht mit Erbrechen oder Schwellungen reagiert wie bei Lithium. Ich mag sie.

Akmal ist Saudi-Araber, ein großer, kräftiger Mann mit einer dröhnenden Stimme. Sein Blick flitzt ständig im Zimmer umher, aber er schaut niemandem direkt in die Augen. Er verbringt seine Zeit am Telefon. Macht einen feindseligen, paranoiden Eindruck.

Pearl ist eine ältere schwarze Frau, südlicher Akzent, sehr lieb und ein bißchen dumm.

Kevin. Ein Student hier an der Georgetown University. Nimmt irgendeine Medizin, die seine Augen verquollen macht. Er wandert wie benebelt umher, schlurft vor sich hin. Werden sie das auch mit mir machen? …

Hugo … Ein hartes Leben. Alkoholiker, trägt dicke Verbände an beiden Handgelenken, läuft mit zwei Morgenmänteln vom Krankenhaus herum, mit denen er seine Nacktheit bedeckt.

Bob. Sehr zurückgezogen. Verbringt die meiste Zeit in seinem Zimmer. Erklärt, daß seine Freundin schwanger ist, glaubt er jedenfalls. Sicher weiß er es nicht. Weiß auch nicht, ob das Baby von ihm ist oder von ihrem Exmann. Scheint ein bißchen stolz auf diese ungeklärte Vaterschaftsfrage zu sein.

Luisa. Große, schlampige Blondine, verheiratet, Kinder, hat mindestens drei Liebhaber. «Sie wissen alle, daß ich verheiratet bin, und ich, daß sie verheiratet sind», erklärt sie. «Ich weiß, daß sie sonst nur mit ihren Frauen schlafen, und außerdem benutzen wir Kondome.» Sie ist ebenfalls manisch-depressiv. Hat vor einer Woche versucht, sich mit Schlaftabletten und Alkohol umzubringen. Bevor sie das Bewußtsein verlor, rief sie einen Freund an. Sie weiß noch, daß sie gesagt hat: «Kümmere dich um meine Kinder.» Das nächste, woran sie sich erinnert, ist der Anblick eines Feuerwehrmannes vor ihrer Haustür ...

Frank ist Mormone, dick und offenbar einfach unfähig, mit den Irrungen und Wirrungen des Lebens klarzukommen. Er mußte seinen Sohn in den Drogenentzug schikken; ihm und seiner Frau drohte der Rausschmiß aus ihrer Wohnung, weil ihr Sohn mit seinen drogensüchtigen Freunden die Nachbarn belästigte ... Redet oft von Gott und vom Beten. Liebenswürdig, wenn er nicht gerade am Schluchzen ist.

Arlene. Eine alte Dame. Total schwachsinnig. In regelmäßigen Abständen stellt sie sich in den Gang und brüllt: «ICH WILL NACH HAUSE!» Das macht sie so regelmäßig, daß ich sie in Gedanken «die treue Seele» nenne.

Dies war keine Klapsmühle, wie ich sie aus dem Kino kannte. Da waren ein paar Patienten, deren Gedanken wirr und sonderbar erschienen, ganz zu schweigen von der alten Dame, die im Gang herumbrüllte. Aber größtenteils waren wir einfach eine Ansammlung von traurigen Menschen, jeder von uns auf seine Weise. Da war die verzweifelte Traurigkeit von Luisa mit ihren zahlreichen Liebhabern und die mitleiderregende, resignierte Traurigkeit von Pearl, die aus einem Obdachlosenasyl gekommen war, wohin sie nach ihrer Entlassung auch wieder zurückkehren würde. Hugo war ein geselliger Mann, der mir erzählte, er sei eines Tages von der Arbeit nach Hause gegangen, hätte sich wie immer betrunken, dann ausgezogen, unter die Dusche gestellt und seine Pulsadern aufgeschnitten. Sein Vermieter wollte ihn rausschmeißen. Zufällig oder absichtlich war Hugo gerade in der Dusche, als sein Vermieter auftauchte, um ihm die Kündigung zu überreichen. Zu diesem Zeitpunkt war er bereits fast verblutet. «Sie haben mich pudelnackt hierhergeschleppt», sagte er fröhlich. Er sah aus wie einer, der noch mit seinem Henker scherzen würde.

Ein oder zwei Tage nach meiner Ankunft gab es zwei Neuzugänge. Lara, eine hübsche Universitätsstudentin, die ebenfalls versucht hatte, sich die Pulsadern aufzuschneiden – wenn auch nicht mit demselben Eifer wie Hugo –, und ein weißhaariger Mann in den Achtzigern, der ein pensionierter Chirurg war. Ihre Diagnose lautete genauso wie meine: schwere Depression.

«Dünner alter Mann», schrieb ich über den Chirurgen. «Schlurfender Gang. Wandert entweder in den Gängen umher oder liegt im Bett. Hält keine Gruppenveranstaltungen durch ... Sein früheres Ich flackert immer wieder unerwartet auf. Er kommt auf mich und Lara zu – junge Dinger sind wir für ihn wohl – und zieht uns spielerisch in der Luft an der Nase, nur um uns auf sich aufmerksam zu machen, dann ein einnehmendes Grinsen: ‹Wie geht's?› Eine Stunde später hat ihn die Verzweiflung wieder.»

Waren diese Menschen wirklich krank, in dem Sinne, wie Diabetes oder ein Hirntumor einen krank machen? Ich war bereit, zuzugestehen, daß es bei einigen vielleicht so war. Insbesondere den Chirurgen schien etwas beinahe Greifbares in der Gewalt zu haben. Ihn zu beobachten war so, wie wenn man eine Landschaft unter schnell ziehenden Wolken betrachtete – Licht im einen Moment, Dunkelheit im nächsten. Alice bezeichnete sich selbst als krank und ging recht vernünftig damit um. Sie war in eine manische Phase geraten, als sie bei der Beratungsfirma, für die sie arbeitete, einen Empfang plante. In der Vorbereitungsphase für das große Ereignis hatte sie immer länger gearbeitet, bis sie schließlich die ganze Nacht aufgeblieben war. Keiner konnte sie davon überzeugen, daß das ungewöhnlich war, sagte sie. Ihr Mann brachte sie ins Krankenhaus, nachdem sie vier Tage und Nächte nicht geschlafen hatte. Mir kam sie vor wie eine Diabetikerin mit einer heftigen Insulinreaktion; das Ganze war nur eine Frage des Medikationsmanagements. Ich ertappte mich dabei, wie ich im Kopf mit der Wortbedeutung spielte: Der Chirurg war «krank» und Alice ebenso. Der Charakter ihrer Krankheit mochte unklar sein, aber ihre Existenz war offenkundig und faßbar.

Und dann war da Akmal, der leise murmelnd die Gänge auf- und abschritt und jeden, der seinen Weg kreuzte, zornig anstarrte. Ich hatte keine Ahnung, was mit ihm los war, und ich war mir nicht sicher, ob die Belegschaft es wußte, da keiner von ihnen seine Sprache sprach und Akmals Englisch sehr dürftig war. Vielleicht litt er unter paranoider Schizophrenie – doch wer wäre nicht paranoid, wenn er in einem fremden Land, ohne Freunde und Familie, in einer Nervenheilanstalt eingesperrt wäre? Andere Patienten erschienen mir eher wie mitleiderregende Klischees: Frank, ein religiöser Eiferer; Pearl, eine Pennerin; Hugo, ein Säufer. Mit ihnen hatte ich nichts gemein. Wenn ich mich mit jemandem identifizierte, dann mit Lara. In ihr konnte ich mich selbst sehen, fünfzehn Jahre jünger, überwältigt vom College-Leben, von chaotischen Gefühlen mitgerissen. Aber Lara und ich waren nicht krank, entschied ich. Wir waren nur mit demselben Fluch in der Liebe geschlagen.

Ich gehörte eindeutig nicht hierher, und ich dachte, dies müßte offensichtlich sein. Dennoch war es eine Erleichterung, gesagt zu bekommen, was man zu tun hatte, und einmal keine Normalität vorgeben zu müssen. Die Depression hatte mir seit Monaten die Energie geraubt, und dies schlug sich unübersehbar körperlich nieder. Mein Gesicht war dünn und blaß, meine Kleider hingen an mir herunter. Im Geiste fühlte ich mich, als wäre ich seit Monaten mit Bleigewichten an den Füßen herumgelaufen – und jetzt hatte ich aufgegeben; jetzt würde ich mich einfach mitten auf der Straße hinlegen und mich ausruhen. Die Ärzte hatten beschlossen, mich auf Imipramin zu lassen, es aber durch dreimal täglich Lithium zu ergänzen. Die Kombination machte mich schläfrig – eine Nebenwirkung, die ich mit den meisten meiner Mitpatienten zu teilen schien. Die Leute nickten ständig im Tagesraum ein oder schlurften wie im Tran umher. In den ersten Nächten legte ich mich ins Bett, mein Kopf so leer wie ein Fernsehtestbild, und schlief sofort ein. Es war leicht, sich in die Anstaltsroutine einzufinden. Ich wollte es schließlich. Ich wollte anonym sein. Meine Mutter und meine Schwester, beide in Georgia, waren krank vor Sorge um mich, doch ich bestand darauf, daß sie nicht herkommen sollten, ich wollte sie nicht hierhaben. Meine Schwester rief Thomas bei der Arbeit an. «Was haben Sie ihr angetan?» wollte sie wissen. Er erzählte mir später davon und daß er ihre Unverschämtheit leicht amüsant fand. Ich verstand den Code: Meine Schwester neigte dazu, aggressiv zu werden, wenn sie Angst hatte. Doch ich rief sie nicht zurück.

Ich war erst wenige Tage auf der Station, als die Ankunft einer neuen Patientin meine sorgsam arrangierten Definitionen dessen, wer gesund und wer krank war, erschütterte.

Ihr Name war Loretta. Ich habe nie erfahren, wie ihre Diagnose lautete. Sie kam eines späten Nachmittags auf der Station an, kurz vor dem Abendessen. Sie war Anfang Dreißig, bestand nur aus Knochen, hatte rotes Haar und grellweiße Haut. Einst mochte sie schön gewesen sein, doch jetzt sah sie aus wie das Opfer einer Hungersnot. Zum Abendessen erschien sie in einem prunkvollen grünseidenen Morgenmantel, und als sie uns anlächelte, sah ihr Mund aus wie eine blutende Wunde. Sie hatte einen hexenhaften Blick. Sie machte mir angst. Ich wollte nichts mit ihr zu tun haben.

In dieser Nacht, kurz vor elf, ging ich zum Stationszimmer, um mir meine Pillen abzuholen. Loretta saß im Flur, zusammengerollt in einem der zerschlissenen Sessel neben dem Telefon, etwa sieben oder acht Meter entfernt. Ich hörte ein paar Fetzen von dem, was sie sagte – genug, um zu verstehen, daß sie ihren Gesprächspartner am anderen Ende ernstlich davon zu überzeugen versuchte, sie abholen zu kommen. Ihr Ton war beschwichtigend und vernünftig, ein ziemlicher Kontrast zu ihrem abgehärmten Gesichtsausdruck und diesen erschreckenden Augen. Die Szene kam mir ironisch vor. Ich war mit Sicherheit in einer psychiatrischen Station fehl am Platz, doch für Loretta sah dies nach genau dem richtigen Ort aus. Vielleicht gab es ja eine umgekehrte Daumenregel, dachte ich: Je schwerer man sich tut, rauszukommen, desto mehr hat man es nötig, zu bleiben. Dann hörte ich hinter mir ein Krachen.

Ich drehte mich um. Loretta hatte das Telefon an die Wand geschleudert und dabei zerschlagen. Dann rannte sie auf das Stationszimmer zu, in Richtung des Ausgangs am anderen Ende des Ganges. Sie wäre nicht hinausgekommen – die Tür war verschlossen –, doch ich dachte plötzlich, sie würde sich dagegen werfen oder womöglich versuchen, das Glas mit der Faust zu durchschlagen. Ich wich ihr aus. Jemand schrie: «Loretta, nein!», und dann waren auch schon vier oder fünf Mitarbeiter auf dem Flur und stellten sich ihr in den Weg. Als Loretta sie sah, stürzte sie sich auf eine der Schwestern und packte die Frau am Hals. Der Menschenhaufen ging zu Boden, die Schwester zuunterst und Loretta, die sie würgte, auf ihr. Mehrere der männlichen Pfleger zerrten Lorettas Hände vom Hals der Schwester weg, und einer der Männer packte ihre Arme und hielt sie auf ihrem Rücken fest. Trotzdem brauchte es noch zwei weitere Leute, um sie zu bändigen. Die Kraft in diesem dünnen Körper war beängstigend und unnatürlich.

Der Lärm hatte fast alle an die Tür gelockt.

«Räumen Sie den Gang, bitte», sagte jemand, und dann war es vorüber. Ich schob mich langsam den Gang hinunter, den kleinen Pappbecher mit meinen Pillen in der Hand. Die

Schwester, die Loretta angegriffen hatte, stand gegen die Wand gelehnt, keuchend und zitternd. Meine Zimmergenossin Alice steckte den Kopf aus der Tür. «Meine Güte», sagte sie heiter. «Dachte, alle meine Sachen wären aus dem Schrank gefallen.» Sie trottete zurück ins Bett und zog sich die Bettdecke über den Kopf. Ich konnte es nicht fassen, wie man so wenig neugierig sein konnte. Ein paar Minuten später sah ich durch einen Türspalt, wie Loretta vom Sicherheitspersonal den Gang hinuntereskortiert wurde. Sie ging schweigend. Ich konnte ihre Hände nicht sehen, aber die Art, wie sie sie vor sich hertrug, ließ mich vermuten, daß sie gefesselt war. Sie steckten sie in einen Isolierraum am Ende des Ganges. Er hatte doppelte Türen. Ich hörte Stimmen, und nach einer Weile hörte ich, wie beide Türen klickend ins Schloß fielen. Und dann begannen die Schreie.

Loretta fing immer wieder an zu schreien, bis ich irgendwann einschlief. Nach einer Weile existierten ihre Schreie nur noch als Hintergrundgeräusch. So erschöpft, wie ich war, hätte ich sogar noch bei einem Flakfeuer geschlafen. Am nächsten Morgen erwachte ich um sieben zum Geklapper des Frühstückswagens und zu der leisen Geschäftigkeit der Schwestern, die ihre Runden machten, um die Lebenszeichen zu überprüfen – und Lorettas immer noch andauerndem Geschrei. Einige Leute sagten, sie hätte sie fast die ganze Nacht wachgehalten. Im weiteren Tagesverlauf wurden die Schreie nicht weniger aufdringlich, sondern steigerten sich noch. In den Pausen ertappten wir uns dabei, wie wir auf den nächsten warteten, entnervt von der Unterbrechung. Die Laute, die aus diesem Zimmer kamen, waren geeignet, einen rationalen Menschen an irrationale Dinge denken zu lassen, wie etwa die Existenz von Dämonen. Einige murrten, um ihr Unbehagen zu verstecken. Andere machten Witze.

An diesem Nachmittag wurden wir nochmals gebeten, den Flur zu räumen, und sie ließen Loretta hinaus, um zu telefonieren. Das Telefon stand direkt vor meinem Zimmer, und ich konnte alles hören. Ich saß im Schneidersitz auf meinem Bett und machte Notizen.

«Ich will nach Hause, Mom», sagte sie. Ihre Stimme klang brüchig und hysterisch. «Ich will zu euch nach Hause, Mom. Ich sterbe, Mom ... Verlaß mich nicht! Ich versuche, da allein durchzukommen. Ich kann hier nicht telefonieren. Ich kann nicht einmal bei der Arbeit anrufen und denen sagen, wo ich bin. Laß mich nicht in den Händen von Fremden! ...

Kommst du? Ich sage dir, wie du hierherkommst ...

Man kann mich nicht in so einen Raum stecken. Man darf hier keinen Ton sagen. Man darf nicht einmal mit den Händen wedeln, weil man dann außer Kontrolle ist. Es ist absurd!»

Spät an diesem Nachmittag kamen zwei Sicherheitsleute vom Krankenhaus in Begleitung von sechs oder sieben weiteren Personen, die ich nicht kannte. Ich sah kurz, wie Loretta den Gang hinunterging, umringt von Menschen, wie ein Sträfling auf dem Weg zum elektrischen Stuhl. Ich sah sie nie wieder.

Das war das erste Mal, daß ich jemanden aus der Nähe gesehen hatte, auf den die klassische Definition «verrückt» zutraf, das Abbild der Wahnsinnigen auf dem Dachboden in *Jane Eyre*. Doch das Wesentliche an Loretta war, wie ich im Vergleich zu ihr dastand. In den Augen der Welt war ich eine von ihresgleichen. Egal, für wie anders ich mich selbst hielt, die Außenwelt stufte uns im Moment beide als geisteskrank ein. Lorettas Anwesenheit hatte mich mit dieser Tatsache konfrontiert. Jetzt teilte ich ihren Makel, der so unverwechselbar war wie der Geruch von Armut, so deutlich wie das Jucken von Läusen.

In ihrem hysterischen Flehen hatte ich ein Echo meiner selbst in jener Nacht im Suburban gehört. Diese Parallele war höchst beunruhigend. Ich sah diesen Krankenhausaufenthalt als freiwillig, aber was, wenn es gar nicht so war? Was, wenn jemand beschloß, daß ich nicht gehen durfte, selbst wenn ich es wollte? Wie alle anderen war auch ich erleichtert, daß sie Loretta irgendwo anders einsperrten. Aber es war brutal, das mitanzusehen. Unmöglich, bei ihren Protesten keinen Angstschauder zu empfinden – unmöglich, nicht an den Horror zu denken, für irre gehalten zu werden, obwohl man es nicht ist. Oder, noch schlimmer, irre zu sein und es nicht zu wissen. Wie soll man wissen, ob man verrückt ist? Ich hatte mich damit abgefunden, das Programm in dieser psychiatrischen Klinik mitzumachen, und mich dabei mit dem Gedanken getröstet, daß ich eigentlich nicht hierhergehörte. Doch Loretta hatte auch nicht gedacht, daß sie hierhergehörte. Vielleicht war ja allein der Gedanke, daß man nicht in eine Nervenheilanstalt gehörte, Beweis dafür, daß man verrückt war? Wie sollte man das wissen?

Manchmal, wenn ich ihn wirklich wütend gemacht hatte, hatte Thomas zu mir gesagt: «Du bist ja verrückt.» Einmal, in einem besonders scheußlichen Moment, hatte er mich eine krankhafte Lügnerin genannt. Ich hatte auf beide Vorwürfe nichts zu erwidern gewußt – auf den ersten nicht, weil ich dachte, er könnte zutreffen, und auf den zweiten nicht, weil ein krankhafter Lügner natürlich bestreiten würde, einer zu sein. Ich hatte auf beides automatisch defensiv reagiert. *Nein, ich bin keine pathologische Lügnerin. Nein, ich bin nicht verrückt.* Es stimmte schon, ich fühlte mich defekt. Davon war ich sogar felsenfest überzeugt. Aber defekt zu sein implizierte immer noch die Existenz einer moralischen Verantwortung; trotz meiner Defekte konnte ich immer noch sagen, daß mein Verstand mir gehörte. Das war ja sogar der besondere Fluch meines Zustands: Es war irgendwie meine *Schuld*, daß ich defekt war.

Verrückt zu sein bedeutete hingegen, daß ich tatsächlich

meinen Verstand verloren hatte – daß ich von jeglicher Verantwortung zurückgetreten war und daß nichts, was ich sah oder tat, notwendigerweise mit der Realität zusammenhing. In diesem Fall hatte ich mein einziges Kapital verloren; mein Gehirn wäre dann einfach nur ein krankes Organ. Doch die Krankheit zu eliminieren würde alles eliminieren, von dem ich dachte, daß es mich ausmachte. Ich stand vor der Alternative: Übernahme der totalen moralischen Verantwortung oder geistige Auslöschung.

Und dennoch – ich klammerte mich an diesen Gedanken – gab es unbestreitbare Unterschiede zwischen mir und Loretta. Loretta mochte am Telefon als vernünftig durchgehen, doch jeder, der ihr Benehmen sah, der in ihre Augen gesehen oder ihren Angriff auf die Schwester miterlebt hatte, wäre zu dem Schluß gekommen, daß hier etwas «Verrücktes» im klassischen Sinne ablief. Sie war in diesem Moment weder rechtlich noch moralisch verantwortlich für ihr Tun. Ich hingegen *war* es. Meine Versuche, manches von dem zu vertuschen, was ich getan hatte, bewiesen dies stillschweigend. Niemand versucht, sich aus einer Verantwortung zu stehlen, die er nicht empfindet. Wenn Loretta und ich also beide «irre» waren, dann mußten die moralischen Implikationen von Wahnsinn komplexer sein, als ich gedacht hatte.

«Wir sind alle erleichtert, daß sie weg ist», schrieb ich. «Sie ist ein Symbol – eine echte Irre. Was wir alle noch werden könnten. Es gibt keine Garantie.»

Und ich verbannte sie einstweilen aus meinen Gedanken.

Meine Krise war schlecht getimt. In meinem Arbeitsbereich geschah Bedeutsames. Ein paar Tage nach meiner Aufnahme war der Bürgermeister Marion Barry von einer bundesstaatlichen Anklagejury wegen Kokainbesitzes angeklagt worden – eine rechtliche Entwicklung, mit der seit der schockierenden Nachricht von seiner Verhaftung wegen Verdachts auf

Kokainbesitz im vergangenen Januar jeder gerechnet hatte. Das war seit Jahren die größte Story, die in meinen Bereich fiel. Ich verfolgte die Pressekonferenz vor dem Bundesgericht – meinem Gericht! – im Schwestern-Fernsehraum, bemüht, zu erspähen, wer von der *Post* da war. Ich fühlte mich schuldig und machte mir Sorgen, weil ich nicht selbst dort war. Über meine plötzliche Abwesenheit in einem so entscheidenden Moment gab es im Büro die heißesten Gerüchte, wie ich später erfuhr. Viele Leute wollten ein Stück von der Barry-Story, und hier war sie, direkt auf meine Position gespielt. Und ich war nicht da.

Aber ich war auch erleichtert. Mir war nicht danach, über eine größere Sache zu berichten. Wenn ich noch länger versucht hätte, in einem abwesenden Zustand weiterzuarbeiten, hätte ich vermutlich einen Fehler gemacht, der meiner Karriere genauso geschadet hätte, wie es ein Aufenthalt in der Psychiatrie tun würde, und das noch öffentlicher. Thomas hatte mit meinem Chef, Fred Barbash, gesprochen und ihm gesagt, wo ich war. Fred sandte mir sofort einen handschriftlichen Brief, in dem er mir Unterstützung zusagte und mir Mut machte. Ich empfand das als freundliche Geste, glaubte ihm aber keinen Augenblick. Fred hatte mir Worte geschrieben, von denen er wünschte, daß sie wahr wären, dessen war ich mir sicher; vielleicht waren sie, was ihn betraf, sogar wahr. Aber das einer Geisteskrankheit anhaftende Stigma war real. Ich konnte mir keine größere Demütigung vorstellen als die, die mir widerfahren war. Freds Brief machte meine Sorgen etwas erträglicher; jetzt wußte ich wenigstens, daß die Leute bei der *Post* mich nicht offen verspotten würden. Doch ich war nach wie vor sicher, daß meine Karriere Schaden nehmen würde, die Frage war nur, wie sehr.

Am dritten oder vierten Tag, als meine körperliche Erschöpfung nachließ, kehrten meine alten Ängste allmählich zurück, dieses vertraute nervöse Summen in meinem Kopf.

Von meinem Fenster aus sah ich Leute in leichten Jacken herumlaufen. Es war ungewöhnlich warm für Februar, der Himmel war klar. Es sah so aus, als könnte der Frühling früh kommen – und jeder Tag, der verging, würde die Gerüchteküche über meinen Verbleib anheizen, da war ich mir sicher. Ich wurde noch immer wegen Suizidgefahr überwacht, was bedeutete, daß alle fünfzehn Minuten jemand nach mir sah, vierundzwanzig Stunden am Tag, auch nachts, wenn ich schlief. Es gab keine Privatsphäre. Ich mochte dieser Gefangenschaft zugestimmt haben, aber allmählich fand ich sie schwer zu ertragen.

10. Februar: Heute morgen hatten wir Gruppentherapie: ich, Akmal, Pearl, Hugo, Kevin, Luisa, Alice, Frank und zwei Schwestern. Eine schwache Vorstellung. Vier der acht Patienten dösten medikamentenbedingt weg. Die Gruppenleiterin war eine junge Krankenschwester mit großen Augen und einem langen blonden Zopf. Sie klang wie das Computerprogramm «Fragen Sie Hester», bei dem eine Psychotherapie durch Anklicken von Standardphrasen simuliert wird.

«Sie scheinen das Gefühl zu haben, daß …»

«Sie haben nicht erwähnt, daß …»

«Woher kommt dieses Gefühl von …?» Alles im selben unbeteiligten Ton gefragt. Sie wirkte distanziert und gelangweilt. Ich redete ein bißchen. Viel Geschwafel, keine Therapie. Ich bin sehr müde.

13. Februar: Strahlender Sonnenschein, blauer Himmel. Ich sehne mich so sehr nach frischer Luft. Ich habe diese fünfzehn Meter Krankenhausflur seit fünf Tagen nicht verlassen. Bin nervös und habe Angst. In der Gruppe geht das Geschwafel weiter, keiner sagt viel. Ich sitze da und denke an all die Gruppen, in denen ich schon war. Was bringt's?

Jeder Tag wies mich erneut darauf hin, in welch unwürdiger Situation ich mich befand. Einmal war es ein neuer Patient namens Jay, ein Mann mittleren Alters, der eindeutig seit Wochen nicht gebadet hatte. Er sagte nichts, saß bei der Gruppentherapie mißmutig am Rand – weit genug weg, um seine Isolation zu signalisieren, nah genug, um ihn zu riechen. Luisa schnüffelte auffällig.

«Gibt es hier einen Mangel an Seife?» fragte sie laut.

«Schscht, Luisa», sagte Pearl sanft. Jay schien nichts zu merken.

Das Klinikpersonal war größtenteils nett. Ich spürte, daß manche von ihnen Thomas' offensichtlichen Einfluß auf mich mit Mißtrauen betrachteten. Doch sie hielten sich, was dieses Thema anging, respektvoll zurück. Sie schienen mich gerne reden zu hören. Einige von ihnen sagten mir, ich sei «redegewandt». Das überraschte mich nicht; verglichen mit der gequälten Syntax, die sie in der Gruppentherapie tagtäglich anwandten, mußte jeder, der in kurzen, klaren Sätzen sprechen konnte, wie Winston Churchill für sie klingen. «Die Begegnung mit einem anderen Menschen muß nicht notwendigerweise eine konfliktgeladene sein», war so ein hübsches Beispiel, gesagt von einem der Gruppentherapieleiter. Ich hatte es mir hinterher aufgeschrieben und mir notiert: «Muß mehr davon sammeln.» Die Therapeuten und Medizinalassistenten kamen bei mir vorbei, entlockten mir alles über den Autounfall und meine fundamentalistische religiöse Erziehung. Ihre Einstellungen zu letzterem erschienen mir sehr eindimensional. Sie erfaßten schnell, daß Fegefeuerpredigten den Sündenbegriff schwer befrachteten und daß man Schuldgefühle in den Menschen erzeugt, wenn man ihnen erzählt, sie seien Sünder. Und das, meinten sie, sei schlecht. Aber was ist mit der moralischen Verantwortung? fragte ich. Ich konnte sehen, daß meine Frage für sie nur ein weiterer Beweis der Krankhaftigkeit war, meines krankhaften und irrationalen Schuldbewußtseins. Aber vielleicht waren Schuldgefühle ja nicht nur schlecht, sagte ich; vielleicht taten die Menschen ja manchmal Dinge, für die sie sich schuldig fühlen *sollten*. Vielleicht hatte ich so etwas getan. Aber nein, versicherten sie mir. Schuldgefühle seien negative Gefühle. Schuldgefühle stünden der geistigen Gesundheit im Weg.

Ich gab auf. Mir fehlte die Energie für diesen Streit, zumal seine Vertiefung die Leute offenbar nur davon überzeugte, daß ich noch kränker war, als sie gedacht hatten. Doch unsere Gespräche waren offenbar von allgemeinem Interesse. Eines Tages wurde ich zur großen Runde eingeladen, damit alle psychiatrischen Anstaltsärzte mich reden hören konnten. Ich gab – leicht durchschaubar – vor, nur widerwillig dazu bereit zu sein. In Wahrheit war ich entzückt. (*Seht sie euch an – herausragend in allem, was sie tut!*) Doch dann kam irgendein wichtiger Arzt mit einem Terminproblem daher, und die Veranstaltung fiel aus. Ich war am Boden zerstört.

Zusätzlich zum Pflegepersonal gab es noch verschiedene externe Therapeuten, die Sitzungen abhielten. Theoretisch bestand zwar keine Teilnahmepflicht, aber die Sitzungen auszulassen galt als Zeichen mangelnder Bereitschaft, sich zu fügen, und das wiederum galt als Beweis dafür, daß man noch sehr krank war. Ich nahm ergeben daran teil, stets die Musterschülerin. Als abgehärtete Gruppentherapieveteranin war ich nie auf die Idee gekommen, daß Nichteingeweihten diese Sitzungen seltsam erscheinen könnten – bis zu dem Tag, als unsere Gruppe aus Raummangel im Schwestern-Fernsehraum zusammenkommen mußte. Wir wanderten zur verabredeten Zeit hinein, einer nach dem anderen. Eine Schwesternhelferin hatte sich diesen Ort für ihre Mittagspause ausgesucht. Sie saß in einem Sessel, aß ein Sandwich und schaute sich eine Seifenoper im Fernsehen an. Ganz darin versunken, hatte sie nicht bemerkt, wie immer mehr

Menschen hereingekommen waren und sich hingesetzt hatten. Dann kam der Psychiater herein – ein freundlicher, graubärtiger Mann, dessen Namen ich vergessen habe. Um zu signalisieren, daß es Zeit für den Sitzungsbeginn war, schaltete er den Fernseher ab. Die Schwesternhelferin schaute verdutzt auf und sah, daß aller Augen auf sie gerichtet waren. Ihr Gesichtsausdruck sagte: *O Gott, hier bin ich in einem kleinen Raum mit einem Dutzend Verrückter.*

«Soll ich besser gehen?» fragte sie mit vollem Mund.

«Nun, das wissen wir nicht», sagte ich. «Gibt es etwas, was Sie gerne mit der Gruppe teilen möchten?» *Pfffft* – weg war sie.

Der Psychiater schaute mich an. «*Ihnen* geht es offensichtlich schon besser», meinte er. «Sie haben Ihren Humor wieder.» Was er nicht wußte, war, daß mich mein Humor nie ganz verlassen hatte; Witze waren für mich immer eine Art gewesen, Wut oder Schmerz auszudrücken. Die Komiker, die ich am witzigsten fand, wie Jackie Gleason oder Jonathan Winters, waren Meister darin, Zorn in Humor zu verwandeln, und auch mein Vater konnte das ganz gut. Ich überlegte, ob ich das dem Psychiater sagen sollte, aber ich tat es nicht. Er hätte mich nur gefragt, was *ich* denn im Moment fühlte, und dann hätte ich sagen müssen, daß ich der Schwesternhelferin am liebsten gefolgt wäre, hätte ich die Wahl gehabt. Ich sah schon das öde Gespräch voraus, das dann folgen würde. *Warum wollen Sie gehen? Was versuchen Sie zu vermeiden?*

Die gruppentherapeutischen Sitzungen brachten nur insofern etwas, als sie uns beschäftigten. Ich konnte mir keinen besseren Weg für das Klinikpersonal vorstellen, unseren Tag irgendwie auszufüllen, außer vielleicht, jedem Patienten einen Therapeuten zuzuweisen. Bei den Gruppensitzungen, an denen ich in Atlanta teilgenommen hatte, gab es wenigstens einen Kern von Leuten, der sich allmählich kannte, und manchmal hatte unsere wachsende Vertrautheit miteinander die eine oder andere nützliche Einsicht gebracht. Hier versuchten sie, Gruppentherapie mit ständig wechselnder Besetzung durchzuführen, und jeder der Anwesenden hätte genausogut eine Gedankenblase über dem Kopf haben können, in der stand: «Ich bin derjenige, der nicht hierhergehört.» Uns dazu bringen zu wollen, miteinander zu kommunizieren, war ungefähr so, als wollte man einem Haufen Skorpione beibringen, am Lagerfeuer zu singen. Es war sinnlos.

Wie sinnlos, wurde mir eines Tages klar, als ich die Live-Berichterstattung über Nelson Mandelas Freilassung nach siebenundzwanzig Jahren politischer Gefangenschaft sah. Im Tagesraum, in dem ich mich befand, sollte eine Kunsttherapiesitzung beginnen, doch ich ließ alle störrisch warten. Ich hatte nicht einmal gewußt, daß seine Freilassung bevorstand. Ich war zu diesem Zeitpunkt seit einer Woche im Krankenhaus und hatte in dieser ganzen Zeit weder eine Zeitung gelesen noch die Nachrichten gesehen. Doch an diesem Morgen, als der Sender eine Wiederholung von *I Love Lucy* unterbrach, um live über Mandelas Freilassung zu berichten, war mein Interesse erwacht. Hier wurde ich an die Welt außerhalb dieses ziemlich sterilen Hafens erinnert, den ich gefunden hatte. Ich betrachtete es mit einer Art vorsichtigem Interesse, so, wie jemand, der sich gerade von einer Darmgrippe erholt, feste Nahrung betrachten mag.

«Einen Moment», sagte ich. «Ich muß das sehen.»

Sie ließen mich gewähren. Zuerst interessierte sich sonst keiner dafür. Doch dann wanderten allmählich immer mehr Leute zum Fernsehgerät hinüber. Wir sahen eine große Menschenmenge auf beiden Seiten einer Straße – und dann hörte man ein Klatschen in der Ferne. Nach kurzer Zeit erschien Mandela, wie er lächelnd und winkend an der Hand seiner Frau die Straße hinunterging.

«Okay», sagte ich. «Das war alles, was ich sehen wollte.» Jemand schaltete den Apparat ab, und es wurde mit den Stühlen gescharrt, als sich alle um den Tisch im hinteren Teil des Zimmers versammelten, wo die Therapeutin ein Bündel Schnüre und eine Sammlung von Perlen ausgelegt hatte. In diesem Moment schoß mir der Gedanke durch den Kopf, daß meine Kollegen von der *Washington Post* in Johannesburg und Washington an der Arbeit saßen und dabei waren, einen historischen Moment in Worte zu fassen. Und ich war in einer Nervenheilanstalt, eine Gefangene des Klischees an sich: Auffädeln von Perlen.

Eigentlich war Perlenauffädeln, wenn man erst einmal jeden Anflug von Stolz verloren hatte, gar nicht so schlecht. Es war auf eine geistlose Art beruhigend. Andere Formen der «Therapie» hingegen erschienen mir schlicht blöd.

Nach dem Mittagessen haben wir Bewegungstherapie ... Wir sitzen zu entspannender Musik im Kreis und strecken unsere Arme aus, um «uns des Raumes anderer Menschen bewußt zu sein». Als nächstes stehen wir auf, und es kommt lebhaftere Musik, zu der wir «unseren Körper sagen lassen sollen, wie er sich bewegen will». Dann gehen wir im Kreis, und jeder muß eine neue Bewegung einführen. Zwischendurch fragt uns die Therapeutin, ob wir über die emotionale Bedeutung dieser Bewegungen sprechen möchten.

«Versuchen wir, etwas wegzustauchen?» fragt sie Jay. «Ja», sagt er, zu Tode gelangweilt, und denkt sich dabei eindeutig: Was wohl ...

Wir haben [an diesem Abend] Entspannungstherapie. Eine Schwester mittleren Alters namens Evalina kommt mit ein paar schematischen Zeichnungen des menschlichen Gehirns herein, die mir sehr bekannt vorkommen. Plötzlich kommt mir, daß ich so was, zumindest etwas sehr

Ähnliches, in meinem Biologiebuch für die siebte Klasse gesehen habe. Sie redet eine Weile davon, wie man sich «neue Wege in die Schaltkreise seines Gehirns» schaffen kann, indem man angeblich richtig intensiv über etwas nachdenkt. Um das zu veranschaulichen, gibt sie jedem von uns ein Stück Papier mit einem Kreis, der durch zwei Schnittgeraden in Quadranten eingeteilt ist, wie das Fadenkreuz eines Gewehrs. Auf dem Kreis sind dort, wo sonst zwölf Uhr, drei Uhr, sechs Uhr und neun Uhr steht, die Zahlen 1, 2, 3 und 4 eingetragen. Dann bekommen wir einen Dichtungsring, der an einer Schnur befestigt ist. Sie weist uns an, den Ring pendeln zu lassen, indem wir, Ellbogen auf dem Tisch, die Schnur am Ende festhalten und ihn über den Schnittpunkt der beiden Linien im Kreismittelpunkt halten. Dann sollen wir ganz fest an «eins-drei, eins-drei, eins-drei» denken. Das Resultat kennt jeder, der jemals mit einem Ouija-Brett gespielt hat, aber es beeindruckt die Gruppe mächtig.

«Ich kann es kaum erwarten, das zu Hause meinen Kindern zu zeigen», sagt Luisa. Dann zieht jemand die Gymnastikmatten hervor, und wir alle – oder die meisten von uns – legen uns hin, während Evalina das Licht ausmacht. Akmal, ein guter Moslem, macht sich auf den Weg zur Tür: Dieses unmoralische Herumgelümmel von Männern und Frauen nebeneinander kommt für ihn nicht in Frage. Hugo, der schon die ganze Woche darüber klagt, daß er nicht schlafen kann, macht es sich auf dem Tagesraumsofa bequem. Evalina fängt an, beruhigend von weißem Sand an einem Strand zu sprechen, von sanft gegen die Küste schlagenden Wellen usw. – ein Blabla, das nur von Hugos immer lauter werdendem Schnarchen unterbrochen wird.

Es war klar, daß ich da raus mußte.

Es war möglich, die Station so zu verlassen, wie ich es im

Suburban getan hatte – «gegen medizinischen Rat» –, aber das schloß ich aus. Ich wollte nicht, daß Thomas mir den Vorwurf machte, ich würde mich drücken. Diesmal wollte ich mich an die Regeln halten, wie sie auch immer lauten mochten – zumindest formal.

Im Georgetown war der erste Schritt, die Suizidüberwachung loszuwerden. Dazu mußte man eine Selbsteinschätzung schreiben und sie während der morgendlichen Gruppentherapie präsentieren. Diese Selbsteinschätzung sollte eine genaue Schilderung dessen enthalten, warum man ins Krankenhaus gekommen war, sowie eine Liste von Schritten, die man plante, um zu verhindern, daß eine ähnliche Situation wiederkehrte. Dann wurde über den Plan abgestimmt. Erschien er der Mehrheit der Patienten sinnvoll, avancierte man von der Suizidüberwachung zu begrenzten Ausgangsrechten. Anfangs durfte man mit einem Mitarbeiter zusammen hinaus, dann mit einem Familienmitglied, dann mit einem Freund oder einer Freundin und schließlich allein. Ein persönlicher Passierschein, mit dem man sich alleine aus der Station wagen durfte und nur gesagt bekam, wann man wieder dasein sollte, war der letzte Schritt vor der Entlassung.

Mich erinnerte dieser Selbstbericht an die alte Fernsehshow *What's My Line*, in der es darum ging, sich etwas einfallen zu lassen, was das Publikum glaubte, egal, ob es stimmte oder nicht. Ich wartete noch ein, zwei Tage, da ich wußte, daß eine allzu dramatische Genesung verdächtig aussehen würde, dann schrieb ich meine Selbsteinschätzung. Die richtigen Worte zu finden war leicht; mit Worten umzugehen war schließlich mein täglich Brot. Am nächsten Morgen trug ich meinen Plan vor und wurde mit einer einvernehmlichen, wenn auch lustlosen Zustimmung belohnt. Jetzt mußte nur noch ein Arzt bei der anschließenden Visite seine Unterschrift auf mein Krankenblatt setzen, und schon war ich auf dem Weg nach Hause.

Ich rief Thomas an, in der Erwartung, daß er sich freuen würde.

Das tat er nicht. Er war verärgert. Warum hatte ich das nicht zuerst mit ihm besprochen? Hatte ich mit den Ärzten oder mit jemandem vom Personal darüber gesprochen? Warum nicht? Warum hatte ich so schnell etwas hingeschmiert? Meinte ich wirklich jedes Wort von dem, was ich geschrieben hatte?

Die letzte Frage irritierte mich besonders. Ich wußte nicht einmal mehr alles, was ich geschrieben hatte, geschweige denn, ob ich es wirklich meinte. Eben noch hatte ich mich selbst beglückwünscht, doch diese Stimmung löste sich unter seinem gnadenlos prüfenden Blick in Luft auf. Unter Tränen versprach ich ihm, daß ich die Sache wieder in Ordnung brächte. Er war nicht überzeugt. Ich würde schon wieder lügen, sagte er. Es sei hoffnungslos für jeden normalen Menschen, mit mir reden zu wollen. Niemand könne mir auch nur ein Wort glauben.

Ich war wütend auf ihn – aber das zu sagen kam nicht in Frage. Ich brauchte Thomas immer noch mehr, als ich ihn fürchtete. Ich wußte, daß es für ihn der Gipfel wäre, wenn ich ihm sagen würde, wie wütend er mich machte. Er würde den Kontakt zu mir einfach abbrechen, er war schon ein paarmal kurz davor gewesen. Lieber die Kranke sein, diejenige, die jeden Streit verliert, als allein zu sein.

Aber es gab noch etwas anderes, das mich meinen Ärger einstweilen hinunterschlucken ließ: Thomas konfrontierte mich mit so mancher Wahrheit über mich selbst, die zu betrachten mich noch niemand zuvor hatte bewegen können. Er konnte das auf brutale Weise tun. Ich fragte mich sogar, ob es ihm ein sadistisches Vergnügen bereitete, auf meine Ausweichmanöver und Widersprüchlichkeiten hinzuweisen. Manchmal haßte ich ihn dafür. Und doch: Ich wollte ja anders sein. Ich wollte ein gesunder Mensch sein. Ich war bereit, nötigenfalls durch die Folter zu gehen, wenn es das war – und der Meinung war ich damals –, was nötig war, um aus diesem Irrgarten herauszufinden.

An diesem Abend gab ich bei der Gruppentherapie eine Erklärung ab. Der Selbstbericht, den ich an diesem Morgen vorgelesen hätte, sei nicht ehrlich gewesen, sagte ich. Ich hätte ihn nur geschrieben, um Ausgang zu bekommen. Doch in der Zwischenzeit hätte ich erkannt, wie falsch das gewesen sei, und jetzt sei ich soweit, hinter jedem Wort, das ich geschrieben hätte, zu stehen. Ob das okay wäre?

Eine Runde von Leuten sah mich schweigend an. Hugo mit seiner Säufernase; Jay mit dem entsetzlichen Körpergeruch; Lara mit verlegener Miene; Pearl, dümmlich wie immer.

«Ich bin nicht so sicher, ob Tracy wirklich schon reif für die Ausgangsregelung ist», sagte jemand. Ich merkte, wie ich rot wurde. Diese Leute urteilten über *mich*?

«Ich denke, wir sollten noch einmal darüber abstimmen», schlug jemand anderes vor. Diesmal wurde mein Plan einstimmig abgelehnt.

Ich war wütend. Wie war ich nur in dieses erniedrigende Schlamassel geraten?

Als ich wieder in meinem Zimmer war, dachte ich darüber nach, wer an meiner Situation schuld war. Die offensichtlichsten Schuldigen waren natürlich meine Eltern. Von ihnen hatte ich gelernt, wie immens wichtig es war, seine Gefühle zu unterdrücken: je echter und tiefer empfunden, so hatte mich ihr Beispiel gelehrt, desto gefährlicher – und desto wichtiger, daß man sie erstickt. Und wenn ich schon dabei war, konnte ich meiner Kultur die Schuld geben. Meine südstaatlich-weibliche Prägung hatte mich gelehrt, daß echte Ehrlichkeit nichts bringt, wenn es auch bequemer geht. Besser zu schweigen – oder, wenn man reden mußte, etwas zu sagen, was der andere zu hören wünschte und was einem das einbringen konnte, was man wollte. Diese Lebensauffassung verbot Ehrlichkeit nicht vollkommen; was man sagen wollte und was der andere vielleicht gerne hören würde, konnte ja gelegentlich zusammenfallen. Doch die Hauptsache war, man sagte etwas, was notwendig oder gesellschaftlich akzeptiert oder angebracht war. Nun, genau das hatte ich getan, und wohin hatte es mich gebracht?

Dann beschloß ich, daß die wahre Schuldige Amanda war. Alle Eltern hatten Fehler, jeder war ein Produkt seiner Kultur. Amanda jedoch war angeblich ein objektiver Beobachter. Ihre Aufgabe war gewesen, mich zu heilen oder wenigstens eine Besserung herbeizuführen. Doch sie hatte mich nie gezwungen, mich mit der Wahrheit über mich selbst auseinanderzusetzen. Sie hatte mich nie davor gewarnt, was passieren würde, wenn eines Tages meine Masken herunterrutschen und der Welt eine unangenehme Wahrheit präsentieren würden.

Aber nach einer Weile wurde mir klar, daß auch diese Theorie mangelhaft war. Mir fielen meine Tränen ein, meine wütende Abwehrhaltung, sobald Amanda mich auch nur ansatzweise kritisierte. Mir fiel ein, wie sehr ich mich bemüht hatte, im Laufe der Jahre auch ihr gegenüber eine gute Fassade zu errichten, da mein Bedürfnis nach Anerkennung und Bewunderung sich auf jeden bezog, den ich kannte. Amanda mochte sich zu stark persönlich eingebracht haben, um eine gute Therapeutin für mich zu sein; sie mochte sich in ihrer Einschätzung meiner wirklichen Probleme geirrt haben. Doch es wäre für jeden schwer gewesen, die hohen Schutzwälle zu überwinden, die ich um mein zerbrechliches Ego herum errichtet hatte. Meine Probleme mochten nicht alle selbstgemacht sein, aber ich hatte es so schwierig gefunden, sie zu lösen, weil ich so unreif gewesen war. Und es offenbar immer noch war.

Tatsächlich hatte ich über Jahre hinweg beträchtliche Energien darauf verwendet, normal zu erscheinen. Mein

Eifer im Vortäuschen von Gesundheit wuchs proportional zu meinen Schamgefühlen angesichts der Erkenntnis, daß irgend etwas mit mir nicht stimmte, auch wenn ich nicht genau wußte, was es war. Diese Art zu leben hatte eine Zeitlang funktioniert. Ich hatte viele Menschen lange Zeit getäuscht, manchmal sogar mich selbst. Doch die Kosten waren immens gewesen: Jahre des Hinein- und Hinauspurzelns aus depressiven Episoden, Jahre der ungesunden Abhängigkeit von der Anerkennung anderer, eines emotionalen Verlangens, mit dem ich jeden Mann aufzufressen drohte, dem ich näherkommen wollte, und das mir lange Phasen der Einsamkeit und Isolation eingebracht hatte.

Die wahre Schuldige war also ich selbst.

Du hast dir das selbst zuzuschreiben. Egal, wie ich dieses Verhalten erlernt hatte und von wem, Tatsache war, daß ich gelogen hatte. Und ich hätte auch noch weitergelogen, wenn Thomas nicht nachgebohrt hätte. Das schien sein vernichtendstes Urteil über mich zu bestätigen: Vielleicht war ich ja wirklich eine krankhafte Lügnerin. Konnte man das sein und es nicht wissen? Noch schlimmer, ich war von einer Gruppe von Leuten, der ich überlegen zu sein glaubte, beurteilt und für unzulänglich befunden worden. Ich fühlte mich überwältigt von Scham, gelähmt von dem Gedanken, daß meine emotionalen Defekte mit noch größeren moralischen Defekten einhergingen. Diese Selbstzerfleischung war ein typisches Depressionsverhalten: Obwohl ich mich zum ersten Mal einer realistischen Selbstsicht näherte, tat ich es mit einer theatralischen Intensität. Ich war wie ein Fahrer mit einer verzerrenden Brille, der jede Kurve auf der Straße, ob echt oder eingebildet, wild überkompensiert.

An diesem Abend rief ich Thomas wieder an. «Wenn ich so bin, wenn ich mich nicht ändern kann, will ich nicht leben», schluchzte ich. Er sagte nichts, und in diesem Schweigen hörte ich Zustimmung.

Ja, schien sein Schweigen zu sagen. *Du wärst tot besser dran.*

Ich erwachte am nächsten Morgen mit dem grimmigen Entschluß, mein moralisches Ansehen in der Station wiederzugewinnen – ein Ansehen, das vielleicht niemand außer mir wahrnahm, das für mich aber trotzdem lebenswichtig war. Ich würde eine Musterpatientin sein. Ich wollte nicht länger eine natürliche Überlegenheit beanspruchen, doch ich würde sie mir, bei Gott, verdienen. Ich würde die fleißigste, einsichtigste Patientin in der Geschichte der Psychiatrie sein; ich würde mir in der psychiatrischen Welt einen Namen machen.

In all den Jahren der Therapie bei Amanda hatte mein Größenwahn meine Fehler stets noch krasser und schrecklicher erscheinen lassen als bei jedem anderen. Ein klarer Blick war unmöglich – um so mehr Grund, gar nicht hinzusehen. Jetzt, entschied ich, würde ich nicht länger wegsehen, sondern meine Fehler aufstöbern. Je mehr ich fand, desto besser: Auf eine perverse Art würde die Fähigkeit, all meine Fehler aufzuführen, die Überlegenheit beweisen, nach der ich mich sehnte.

Ich war wie ein Mönch, der nach Gott strebt, indem er immer frommer betet, seinen Körper immer mehr geißelt, immer länger fastet. Durch reine Willenskraft würde ich meine Fehler erkennen und an ihnen arbeiten. Es war im Prinzip der erneute Versuch, Leistung zu zeigen – diesmal nicht, um die Anerkennung der Gruppe zu gewinnen, sondern die von Thomas. Doch ich sollte feststellen, daß das keine Rolle spielte. Meine mönchische Selbsterniedrigung hatte ein Gutes: Ich begann zum ersten Mal, kritisch und ohne Selbstmitleid über mein Verhalten nachzudenken.

Ich begann, indem ich mich in mein Zimmer zurückzog und eine neue Selbsteinschätzung abfaßte. Diesmal dachte ich gründlich über jedes Wort nach.

Warum war ich hier?

Weil etwas mit mir nicht stimmte.

Was war das? Irgendein angeborener Defekt, etwas, worüber ich keine Kontrolle hatte? Es war einfach, so zu denken – ich hatte immer so gedacht –, aber nein: Ich hielt mich auch für moralisch verantwortlich für meine Handlungen. Das bedeutete, daß die Wahrheit komplizierter war. Ich war hier wegen *etwas, das ich getan hatte*. Ich hatte geplant, mich umzubringen. Und ich hatte davor schon oft daran gedacht. Diese letzte Krise war nur eine in einer ganzen Serie, deren wahres Ausmaß ich nie jemandem ganz offenbart hatte.

Ebenso wichtig war die Art, wie ich es getan hatte. Ich war impulsiv. Ich tat Dinge, ohne an die Konsequenzen zu denken. Nicht genug damit, daß ich geplant hatte, mich umzubringen, ein paar Wochen früher wäre es mir beinahe gelungen; verhindert worden war es nur, weil ich *planlos* gehandelt hatte.

In den letzten Monaten, so wurde mir allmählich klar, war ich immer kopfloser geworden, war mir der Gefahr ebensowenig bewußt gewesen wie ein Schlafwandler, der eine Autobahn überquert. Und das konnte wieder geschehen. Und würde es irgendwann vermutlich auch, wenn ich mir nicht eingestand, was ich getan hatte. Mein selbstzerstörerisches Verhalten war besonders gefährlich, weil ich so impulsiv war. Genau das hatte mich an jenem erschreckenden Abend zu dem Mißbrauch von Alkohol und Imipramin verleitet, ganz zu schweigen von all den anderen Abenden, an denen ich meine Angst in einer milderen Form zu dämpfen versucht hatte, mit ein paar Gläsern Chardonnay. Meine Impulsivität war der Hauptgrund dafür, daß man mich bei dem Versuch ertappt hatte, mich aus der Suizidüberwachung zu stehlen. Kaum war mir ein Plan eingefallen, hatte ich ihn schon in die Tat umgesetzt. Jetzt mußte ich einfach anfangen, zu *überlegen*, was ich tat.

Die schlimmsten Täuschungen waren diejenigen, die ich an mir selbst beging. Und sie nahmen diverse Formen an. Der Übung halber fing ich an, sie zu katalogisieren.

Erstens war da das glatte Lügen. Ich tat das eigentlich nicht sehr oft, und wenn es um «öffentliche» Ehrlichkeit ging, war ich sogar auffallend ehrlich. Auch wenn ich nur hundert Dollar für einen Artikel bekommen hatte, den ich nebenher schrieb, gab ich jeden Cent gewissenhaft in meiner Steuererklärung an, beim Einkaufen ging ich zur Kassiererin zurück, wenn sie mir fünf Dollar zuviel herausgegeben hatte. Bis jetzt war das für mich Ehrlichkeit gewesen.

Doch die jüngsten Ereignisse zeigten mir, daß es andere Mittel der Täuschung gab. Leugnen zum Beispiel – also einfach die Realität von etwas, das ich gesagt oder getan hatte, nicht zuzugeben. Die Nacht der nicht ganz zufälligen Überdosis war ein eindeutiges Beispiel. Wenn ich diesen Selbstbetrug neben mein impulsives und selbstzerstörerisches Verhalten stellte, war es ein Wunder, daß es mich noch gab.

Außerdem war da mein selektives Gedächtnis – wie ich mir irgendeine bestimmte Bemerkung aus vielen anderen herauspickte und sie benutzte, um etwas zu rechtfertigen, was ich sowieso tun wollte, oder sie als Beweis für irgendeine «absolute» Wahrheit nahm. Einmal hatte mich Thomas während eines Streits beleidigt, indem er sagte: «Manchmal zweifle ich an deiner Intelligenz.» Später hatte er sich entschuldigt. Er sei ärgerlich gewesen und habe am Ende etwas gesagt, was er gar nicht meinte. Ich verstand sehr gut, daß einem Worte herausrutschen konnten, die man sofort bereute. Es war mir selbst schon passiert. Dennoch behielt ich diese Bemerkung noch monatelang im Gedächtnis und betrachtete sie als unwiderlegbaren Beweis für Thomas' wahre Gefühle mir gegenüber. Hätte mir jemand vorgeworfen, daß ich nachtragend sei, hätte ich es abgestritten.

Dieses Verhalten ging Hand in Hand mit meiner Unfähigkeit zu reden, wenn ich etwas zu sagen hatte. Das brachte mich ständig in Schwierigkeiten. Ich konnte nicht wütend werden, ohne daß in meinem Kopf eine lange Debatte losging. *Ich bin wütend. Aber vielleicht sollte ich das nicht sein. Vielleicht rege ich mich wieder unnötig auf. Es hat mir gestunken, aber wenn ich das sage, sehe ich dumm und überempfindlich aus. Ich halte einfach den Mund.* Meine Empörung wanderte nach innen und nagte dort an mir. Wenn ich Glück hatte, bekam ich später die Gelegenheit, den Übeltäter leiden zu lassen. «Du bist so still. Was ist los?» – «*Nichts.*» Das war eine Kunst, die sehr südstaatlich-weiblich war, man versteckte Feindseligkeit hinter einem Lächeln – eine Klinge in einem Blumenstrauß. Doch wann ich das auch immer gelernt haben mochte, ich war gut darin. Beide Taktiken – selektives Vergessen und alten Ärger in mich hineinzufressen – waren dazu geeignet, den Status eines Opfers zu erlangen, während ich es den anderen von vornherein unnmöglich machte, etwas wiedergutzumachen. Opfer sein war eine sehr praktische Waffe, um so mehr, als sie verdeckt war. Egal, wie sehr man einen anderen mit seinem Tun verletzte, man konnte immer sagen, daß man selbst noch mehr litt. Opfer sein bedeutete, niemals sagen zu müssen, daß es einem leid tat.

Dann war da schlichtes Ausweichen. Als das Festessen von Peters Fußballclub nahte und Thomas nicht hingehen konnte, hatte ich zwei Karten gekauft: eine für Peter und eine für mich. Die Wahrheit war, daß ich Melissa nicht dabeihaben wollte. Peter und ich waren Kumpel, aber Melissa weigerte sich, meinem Fanclub beizutreten. Als sie das mit den Karten herausfand, heulte sie: Warum ich sie übergangen hätte? Ich reagierte mit selbstgerechter Defensivität. «Es ist ein Fußballessen für Jungen. Ich dachte nicht, daß du dorthin *wolltest.*» Das hatte sie nur noch wütender gemacht. *Was für eine Göre!* dachte ich damals. Heute verstand ich ihre Reaktion besser. Sie war ein Kind, aber sie war nicht dumm. Sie wußte instinktiv, daß ich sie mied, indem ich sie vom großen Abend ihres kleinen Bruders ausschloß. Auch ich kannte das, wenn die Leute ihre wahren Absichten versteckten. Mir fiel insbesondere eine Redakteurin aus meiner Vergangenheit ein, die versucht hatte, sich bei *ihrem* Chef einzuschmeicheln, indem sie einen langen Artikel, den ich über die Todesstrafe schrieb, drastisch überarbeitete. Nicht genug damit, daß sie mein Werk nicht gerade verbessert hatte, sie erzählte mir auch noch, daß sie es nur tat, um mir zu helfen. Ich hatte damals genauso reagiert wie Melissa: mit Wut und Mißtrauen.

Damit blieb noch die letzte Frage: Wie würde ich mit der nächsten Krise umgehen?

Ehrlichkeit. So einfach war das und so hart. Zum einen wollte ich keine weitere öffentliche Demütigung riskieren. Davor fürchtete ich mich mehr als vor dem Ehrlichsein, obwohl Ehrlichkeit an sich schon beängstigend war. Doch es würde sich lohnen, wenn ich dadurch vermeiden konnte, mich noch einmal in eine Lage zu bringen, in der ich Kritik ausgesetzt war. In diesem Sinne konnte Ehrlichkeit eine Möglichkeit sein, Kontrolle über mein Leben auszuüben. Wenn ich meine wahren Motive und Gefühle besser im Auge behielte, könnte mich kein anderer mehr unvorbereitet erwischen, indem er sie aufdeckte. Die Vorstellung, meine eigenen Beweggründe ständig überprüfen zu müssen, war schmerzlich. Doch die brennende Erinnerung an diese Runde argwöhnischer Gesichter war noch schmerzlicher. Ich wollte mir lieber selbst weh tun, als es andere Menschen tun zu lassen.

Also schrieb ich meinen Sicherheitsplan. Ich würde die nächste Krise so angehen, daß ich zugab, was vor sich ging – zunächst vor mir selber und anschließend vor jemand anderem. Wenn mir jemals wieder danach zumute wäre, mich umzubringen, würde ich jemanden anrufen und es sagen.

Sofort. Und dann, da ich wußte, daß ich impulsiv war, fügte ich ein weiteres Versprechen hinzu: daß ich mir in einer neuen Krise nicht gestatten würde, allein zu sein, nicht einmal für eine Stunde. Und wenn ich dazu in die Notaufnahme eines Krankenhauses gehen oder durch die Gänge eines Tag und Nacht geöffneten Supermarktes wandern müßte, ich würde mich, schrieb ich, auf jeden Fall zwingen, in der Gesellschaft anderer Menschen zu sein, bis Hilfe da war. Ich würde das tun, egal, wen ich dazu anrufen mußte, egal, wie sehr es meinem selbstsicheren, beherrschten Image schadete. Ich würde um Hilfe bitten, selbst wenn ich mich dabei jämmerlich fühlen würde.

Ich behielt meinen neuen Plan einen Tag lang für mich – diesmal nicht des Effekts wegen, sondern um mich selbst davon zu überzeugen, daß ich dazu stand. Diesmal konnte ich mich nicht so leicht verkaufen. Ich machte die Erfahrung, daß man die Menschen nicht so einfach davon überzeugen kann, daß man kein Lügner mehr ist. Das verletzte meinen Stolz. Ich hatte mich noch nie anstrengen müssen, jemanden von meiner Ehrlichkeit zu überzeugen. Ja, ich meinte einen Anspruch darauf zu haben, für moralisch integer gehalten zu werden. Einen Moment lang war ich ärgerlich. Aber dann erkannte ich: *Je mehr ich mich anstrenge, sie zu überzeugen, desto weniger werden sie mir glauben. Sie müssen es einfach sehen.* Das war beängstigend. Nun hatte ich mich dazu gezwungen, meinen Worten Taten folgen zu lassen. Aber ich konnte es mir nicht leisten zu versagen.

14. Februar: Valentinstag auf der Psychostation. Ich habe meinen neuen Sicherheitsplan vorgelesen, der von der Gruppe zwar gebilligt wird, aber weniger enthusiastisch als beim ersten Mal. Einen schrecklichen Moment lang frage ich mich, ob ich überhaupt Unterstützung bekommen werde – ob ich noch eine Woche in Gefangenschaft le-

ben muß. Aber er verfliegt. Und diesmal kann ich wirklich sagen, daß ich es ehrlich meine.

Es war der erste Schritt auf einer langen Reise, und meine Motive für den Aufbruch waren alles andere als edel. Aber lange Reisen müssen nicht mit edlen Motiven beginnen. Sie müssen nur beginnen.

Danach begann sich einiges zu ändern, wenn auch nicht auf unmittelbar sichtbare Weise. Ich machte weiter meine Aufzeichnungen, aber meine Mitpatienten erschienen mir langsam eher wie menschliche Wesen und nicht mehr nur wie Studienobjekte für meine Notizbücher. Ich schrieb weniger – weshalb sich manche Begebenheiten aus der Zeit auch nur schwer rekonstruieren lassen –, dafür redete ich mehr mit den Leuten. Zum ersten Mal zeigt mein Tagebuch, daß ich mich für meine Umgebung interessierte.

Äußerliche Beschreibung der Station: ein langer Gang, siebzehn Betten einschließlich Isolierzimmer. Der Boden mit weißen Anstaltsfliesen, die Wände beige, sterile Krankenhauseinrichtung – bis auf den Tagesraum, den zwei billige, unbequeme Sofas, ein Klavier und in der Ecke eine kleine Spüle und ein Herd zieren. Über dem Klavier hängt eine handschriftliche Tafel mit dem Gebet der Anonymen Alkoholiker: «Gott gebe mir die Gelassenheit, Dinge hinzunehmen, die ich nicht ändern kann, den Mut, Dinge zu ändern, die ich ändern kann, und die Weisheit, das eine vom anderen zu unterscheiden.» Diverse Zimmerpflanzen auf den Fensterbrettern. Geblümte Vorhänge. Ein Kühlschrank, der hauptsächlich Sodawasser und Eis im Gefrierfach beherbergt ... Im Gang gibt es zwei Telefone, an jedem Ende eins. Neben beiden Apparaten steht ein billiger Sessel mit zerrissenem braun-beigem Karopolster.

Ich bemerkte jetzt auch interessante Gemeinsamkeiten. Die auffälligste war, daß kaum jemand nachts schlief. Zu welcher Stunde auch immer ich auf war, ich hatte Gesellschaft. Wenn ich in einem der beiden Sessel auf dem Gang saß, konnte ich Hugo sehen, eine tapsige weiße Erscheinung in zwei Anstaltsmorgenmänteln und mit dicken Verbänden um die Handgelenke, wie er sich zum Fernsehen in den Tagesraum begab. Er stand auf alte *Star Trek*-Wiederholungen und sah sich jedes noch so schnulzige oder langweilige Leihvideo mit gespannter Aufmerksamkeit an. Meistens war noch mindestens eine weitere Person dabei. Im Vorbeigehen konnte ich zwei oder drei dunkle Gestalten sehen, die im schummrigen Licht der Flimmerkiste kauerten. Ich konnte das leise Gemurmel aus dem Fernseher hören, vermischt mit den Stimmen des Pflegepersonals, die im Stationszimmer gegenüber irgendwelchen Papierkram erledigten. Wenn ich ein paar Minuten auf dem Gang verweilte, öffnete sich immer eine Tür. Früher oder später kam irgend jemand aus einem Raum heraus oder ging hinein. Es war, als würde man einer französischen Farce unter Wasser zuschauen, von Schlafwandlern vorgeführt. Bei den morgendlichen Versammlungen setzte sich ein Mitglied des Pflegepersonals mit uns allen hin, um die letzten vierundzwanzig Stunden zu rekapitulieren. Als erstes wurde meist in das Krankenblatt eingetragen, wie wir geschlafen hatten. Nur ganz wenige von uns kamen auf mehr als zwei oder drei Stunden ununterbrochenen Schlafs.

Beim Zuhören fielen mir Thomas' Kommentare zu meinem gestörten Schlafverhalten ein. Ich hatte gedacht, daß er sich einfach nur beschwerte, weil ich ihn aufweckte. Schlafstörungen, hatte ich gelesen, waren ein klassisches Symptom einer schweren Depression. Ich hatte das in meinem Kopf abgelegt, ohne groß darüber nachzudenken. Jetzt sah ich einen ganzen Raum voller Menschen vor mir, ein so gemischter Haufen, wie ich ihn mir nur vorstellen konnte, von denen die meisten unter «affektiven Störungen» litten – und keiner von uns schlief normal. Hier war ein physischer Ausdruck von etwas, das ich für abstrakt gehalten hatte.

Ein weiteres Detail waren Eßstörungen. Wir schienen uns in zwei Gruppen zu teilen: die einen, die überhaupt nicht aßen, und die anderen, die unaufhörlich aßen. Ich fing in der ersten Gruppe an, wechselte aber bald in die zweite. Zu diesem Zeitpunkt hatte ich noch nie etwas davon gehört, daß sich Depressionen sowohl darin niederschlagen können, daß man zuviel ißt, als auch darin, daß man zuwenig ißt. An manchen Abenden kochten die Patienten gemeinsam; das Personal brachte uns dafür die Lebensmittel. An einem Abend machte Hugo einen Salat mit einem Dressing, das einigen von uns sehr zusagte. Ich nahm ein zweites Mal, ein drittes Mal – nur um später festzustellen, daß Hugo so viel Knoblauch in das Dressing getan hatte, daß jeder, der davon aß, noch tagelang nach Knoblauch stank, ihn aus jeder Hautpore ausdünstete. Thomas machte mich bei einem seiner Besuche darauf aufmerksam. Mir war es kaum bewußt gewesen; für mich war das Salatdressing einfach seit langem das erste, was ich tatsächlich schmecken konnte. Die Rückkehr meines Geschmackssinns war die allererste körperliche Auswirkung, die ich bemerkte, nachdem ich mit Lithium angefangen hatte, und zwar schon nach zwei oder drei Tagen. Es war, als ob in ein altes Sepiaporträt die Farben zurücksickern. Sobald mein Geschmackssinn wieder da war, stellte ich fest, daß es mich nach Süßigkeiten gelüstete, besonders nach Schokolade. Da war ich nicht allein. Das Personal hatte immer einen großen Teller mit Schokoladenkuchen und Keksen im Tagesraum stehen, und er mußte ständig wieder aufgefüllt werden.

Bei jedem Besuch brachte mir Thomas die neuesten Früchte seiner Forschungsexpeditionen. Er hatte die medizinischen Abteilungen der Buchläden durchstöbert, auf der Suche nach aktuellen Schriften über Depression. Im Laufe der Jahre hatte ich immer wieder Bücher zu diesem Thema in die Hand genommen, und sie schienen sich in zwei Hauptkategorien aufzuteilen: entweder Populärpsychologie – Reparaturanleitungen für die Psyche – oder Bücher voller psychoanalytischer Theorien, die rasch genauso klangen wie die haarspalterischen Interpretationen der religiösen Lehre, die mich schon als Teenager in der Kirche zu Tode gelangweilt hatten. Erstere erschienen mir zu simpel, letztere zu undurchsichtig.

Diesmal war es anders. Thomas tat eine unerwartet reiche Fülle von Forschungen über den Zusammenhang zwischen Stimmungen und bestimmten chemischen Prozessen im Gehirn auf. Diese Bücher waren nicht lauwarm und schwammig, und keines von ihnen erwähnte Dinge wie narzißtische Störungen bei der Sauberkeitserziehung. Depression war nicht länger nur ein Thema für peppige Selbsthilfeartikel in Frauenmagazinen und pfeiferauchende Typen in Strickjakken. Jetzt war es ein Thema für Chemiker, Neurobiologen, selbst Medizinhistoriker.

Ein Buch erregte mein besonderes Interesse: *Melancholia and Depression: From Hippocratic Times to Modern Times («Melancholie und Depression: Von Hippokrates bis zur Moderne»)* von Stanley Jackson, Psychiater in Yale und Medizinhistoriker. Ich las es am Anfang nicht zusammenhängend – meine Konzentrationsspanne war noch immer kurz –, sondern schlug es wahllos auf und las, was mich interessierte. Auf der ersten Seite fand ich eine bemerkenswerte Passage.

«Dieses klinische Erscheinungsbild findet sich seit etwa zweieinhalb Jahrtausenden in medizinischen Schriften beschrieben», schrieb Jackson. «Obwohl die Ausprägung dieser Krankheit durchaus variiert, gibt es doch eine bemerkenswerte Konsistenz und Kohärenz bei den Grundsymptomen.»

Eine der ausführlichsten Schilderungen stammte aus dem Jahr 1602 und war von einem Experten der damaligen Zeit, Felix Platter, Dekan der Medizinischen Fakultät an der Basler Universität: «Die Melancholie, die nach der schwarzen Galle benannt ist, ist eine Art geistige Entfremdung, bei der die Phantasie und das Urteilsvermögen so verzerrt sind, daß die Kranken ohne jeden Grund sehr traurig und besorgt werden», schrieb Platter. «Sie fühlen sich einsam und meiden die Gesellschaft anderer Menschen. Ebenso wie die eben beschriebenen Störungen der Bekümmerung und Angst nicht bei jedem die gleichen Auswirkungen zeigen, verhält es sich auch so, daß sie zwar jene, die davon befallen sind, nicht mehr loslassen, diese aber auch abwechselnd schlimmere und bessere Phasen haben.»

Neunzehn Jahre später wiederholte Robert Burton in *The Anatomy of Melancholy* diese Beobachtung: «Angst und Trübsinn unterscheiden sie vom Wahnsinn ... Angst und Trübsinn sind die wahren Merkmale und untrennbaren Begleiter der meisten Fälle von Melancholie.» Doch, so fügt Burton hinzu, «ansonsten sind die Kranken klug, ruhig, besonnen und tun nichts, was ihrer Würde, Person oder Situation nicht geziemen würde». Mit anderen Worten, sie waren bemüht, normal zu erscheinen.

Mir wurde auf einmal klar, daß ich von überholten Annahmen ausgegangen war. Die eine war die vage Idee, daß Sigmund Freud die Depression erfunden habe, daß es sich um ein reines Phänomen des zwanzigsten Jahrhunderts handele. Eine weitere war, daß sie ein Zeichen des spirituellen Verfalls sei, die Strafe für eine Entfremdung von Gott. Die beiden Konzepte griffen ineinander; als Kind hatte man mir in der Sonntagsschule beigebracht, daß die Entfremdung von Gott seit dem neunzehnten Jahrhundert immer schlimmer wurde (der tadelnde Finger hatte hier direkt auf Charles Darwin gezeigt). Die Vorstellung von Depression als einer definierbaren Krankheit, die seit Jahrtausenden dokumentiert ist, war neu.

Ich sprach am nächsten Tag mit Thomas über meine Entdeckung.

«Ja», sagte er sachlich. «Du hast eine noble Krankheit.»

«Depression» war ein Wort, das ich benutzt hatte, seit ich vierzehn war, doch eben seine Vertrautheit hatte seine Bedeutung verdunkelt. Jeder meinte zu wissen, was es bedeutete, doch in Wahrheit war es äußerst mehrdeutig. Jemand konnte sagen: «Ich bin deprimiert» und meinen: «Ich hatte auf dem Weg zur Arbeit einen Blechschaden» oder aber: «Ich kaufe mir eine Pistole und erschieße mich.» Die zweite Bedeutung wurde mir jetzt allmählich klar, sie schälte sich von der ersten ab wie zwei zusammengeklebte Seiten. Es war verwirrend, so, als würde man herausfinden, daß der Vater, der einem immer den Gutenachtkuß gab, einen bösen Doppelgänger hat, der ein bezahlter Killer ist. «Eine noble Krankheit.» Ich hatte gedacht, eine Krankheit würde von einem Erreger ausgelöst. Aber die lexikalische Definition war umfassender – «ein Zustand des Körpers, bei dem eine durch Vererbung, Infektion, Ernährung oder Umwelteinflüsse bedingte Funktionsstörung vorliegt; Erkrankung, Leiden».

Die Depression war also eine Art Krankheit, ein Leiden. Ich hatte sie sogar selbst schon so bezeichnet. Doch auch das hatte die Verwirrung nicht aufgeklärt, denn Krankheit war wiederum ein Konzept mit verschiedenen Bedeutungsebenen. Da gab es Krankheit, die von etwas verursacht wurde, das man sehen konnte, und sei es auch nur unter dem Mikroskop, wie etwa den Tuberkuloseerreger – oder aber es war etwas, dessen Auswirkungen man sehen konnte, wie bei Krebs zum Beispiel. Dann gab es da eine andere Art von

Krankheit, etwa, wenn man sagte: «Sie ist krank im Kopf», «Das ist ja krankhaft», «Was für ein kranker Gedanke!» Die zweite Art war mit einem moralischen Tadel behaftet. Hier war eine gewisse Wahlmöglichkeit impliziert – oder zumindest irgendein Rest der Vorstellung von der Erbsünde. Charles Manson und Jeffrey Dahmer waren krank, aber zu dieser Art von Krankheit würde sich niemand gerne bekennen. Diese Art von Krankheit gehörte von der Gesellschaft ausgeschlossen. Als ich leichthin gesagt hatte, daß Depression eine Krankheit ist, hatte ich eher die zweite Form im Kopf gehabt.

Doch was, wenn Depression eine Krankheit der ersten Art wäre? Dann wäre sie eine Funktionsstörung meines Gehirns. Ich könnte sagen: *Mit meinem Gehirn stimmt etwas nicht.* Das war etwas anderes, als wenn man sagte: *Mit mir stimmt etwas nicht.* Das zweite war Selbstbemitleidung; das erste war eine simple, sachliche Feststellung. Das war eine feine Nuance, die man leicht übersehen konnte. Doch als ich diesen Unterschied begriff – und er entglitt mir am Anfang immer wieder –, begannen sich andere Türen in meinem Kopf zu öffnen:

Depression ist eine Krankheit. Ich bin krank. Ich bin nicht hier, weil ich defekt bin, weil ich eine moralische Aussätzige bin, weil ich in Ungnade gefallen bin oder Gott den Rücken gekehrt habe, sondern aus einem einfachen Grund: weil ich krank bin.

Aber hier kamen meine Gedanken ins Stocken. Ich war also krank. Doch es war mein Gehirn, von dem ich sprach, nicht meine Gallenblase oder meine Niere. Es hatte so eine mysteriöse Eigenschaft namens «Bewußtsein». Es erzeugte Verhaltensweisen, deren Summe irgendwie *ich* war. Wenn ich einfach sagen wollte, daß mein Gehirn krank war, konnte ich da haltmachen und die Verantwortung für diese Krankheit leugnen – doch damit würde ich meinen Begriff von Autonomie im Leben aufgeben. Ich wäre einfach ein Produkt irgendeiner chemischen Anomalie in einem klumpigen grauen Organ zwischen meinen Ohren. Ich wäre eine Kreatur, die von der Stimme dieses Organs durchs Leben geführt wird, seinen Botschaften so sehr unterworfen wie ein Hund, der einem Auto nachjagt. Der Gedanke daran kränkte mein Ego sehr.

Die meiste Zeit meines Lebens hatte ich gedacht, daß ich für das, was ich «Depression» nannte, verantwortlich war. Ich hatte Jahre der Therapie auf diese Annahme gegründet und mich enorm schuldig gefühlt, als die Therapie keine bleibenden Resultate brachte. Lautete die Alternative, den Gedanken der persönlichen Verantwortung ganz aufzugeben und einfach zu sagen: «Ich bin krank, ich kann nichts dafür»? Ich wußte es nicht, aber mir schien, daß die Umkehrung meines ersten Ansatzes das Problem eventuell genauso simplifizierte.

Wohin mich das bringen würde, wußte ich nicht.

Tage vergingen. Ich las weiter in dem Buch von Jackson. Er ging sehr ins Detail über Gallenflüssigkeiten und mittelalterliche Medizin, was mich nicht so interessierte, daher blätterte ich bis zu einem Abschnitt mit der Überschrift «Melancholie und Depression im zwanzigsten Jahrhundert». Da stand einiges, was ich nicht begriff. Sigmund Freud hatte über die Melancholie geschrieben, sie bestehe in der Trauer über die Libido, aber das leuchtete mir nicht ein: Warum war Freud so auf Sex fixiert? Für mich war das sowieso von rein akademischem Interesse: Ich hatte schon so lange keine Libido mehr gehabt, daß ich vergessen hatte, wie sich das anfühlte. Ich vermutete, daß Freud wohl noch mehr sagen wollte, aber ich konnte nicht die Energie aufbringen, dahinterzukommen. Freud «lag nicht auf meiner Wellenlänge», wie meine Freundin Patti gesagt hätte.

«Zur Frage, wie eine klinische Depression zustande

kommt, hielt [Edith] Jackson eine verminderte Selbstachtung für das wesentliche Merkmal», schrieb Jackson. Ach nee. Das wesentliche Merkmal eines starken körperlichen Schmerzes ist, daß es weh tut. Da waren wir also wieder bei der psychoanalytischen Kiste angelangt. Aber was *bedeutete* das?

Ich fand die ersten Ansätze zu meinem eigenen Verständnis in einem Abschnitt über einen Aspekt, den ich noch nirgendwo anders behandelt gefunden hatte: die Wirkung depressiver Menschen auf ihre Mitmenschen. Was da stand, war wie ein Echo von vielem, was Thomas mir seit Monaten erzählt hatte – daß Depressionen nicht nur den Betroffenen krank machen, sondern jedem in seiner Nähe die Energie nehmen. Das war eine recht unliebsame Feststellung; es ließ sich schwer etwas dazu sagen, ohne herzlos zu klingen. Ich selbst hatte erst mit starken Schuldgefühlen, dann mit Selbstmitleid reagiert: Wie konnte es Thomas wagen, mir das unter die Nase zu reiben, wo es mir so schlecht ging? Da war eine Spur von Sadismus in der Art, wie er mich bei jeder Gelegenheit daran erinnerte. Und dennoch konnte ich nicht darüber streiten; ich wußte, daß es so war.

Doch dann fand ich dieses Zitat von Alfred Adler in dem Jackson-Band. «Depressive Menschen», so Adler, «versuchen stets, sich an andere anzulehnen, und sind sich nicht zu schade, in übertriebener Weise auf ihre eigene Unzulänglichkeit hinzuweisen, um die Unterstützung, Anpassung und Unterwürfigkeit anderer zu erzwingen.»

Ja, dachte ich und erkannte sofort die klagende, enervierende Hilflosigkeit der Mutter meines Vaters wieder, dieser chronisch depressiven Frau, deren Credo gewesen war, niemals etwas für sich selbst zu tun, wozu sie andere dirigieren konnte. *(Würdest du mir die Haare waschen? Kannst du mir die Fußnägel schneiden?)* Ihr Schmerz war echt gewesen, fast greifbar. Aber sie hatte ihn als Waffe und als Falle eingesetzt.

Keiner in der Familie war ungeschoren davongekommen. Ich hatte es selbst so gemacht, schon damals auf der High-School, mit meinen alles andere als beiläufig fallengelassenen Bemerkungen darüber, wie viele Sominex ich nahm. Und auch wenn ich im Laufe der Jahre gelernt hatte, meine wahren Probleme um jeden Preis zu verbergen, hatte ich nie gezögert, die Welt minutiös über jeden kleinsten Kopfschmerz oder jedes Rückenproblem auf dem laufenden zu halten. Was eine Ironie war: Mich hatte es immer sehr genervt, wenn jemand anderes das mit mir machte. *Hör auf zu jammern!* dachte ich dann.

Ich las weiter. Mein nächster Fund stammte von einem gewissen Jules Bemporad, ein Zitat aus dem Jahr 1978. Hier war eine Beschreibung von Depression, die sich von allem unterschied, was ich je gelesen hatte, und sie hallte in mir nach.

«Die Depression ist nicht nur eine Gruppe von Symptomen, die eine periodische Krankheit ausmachen, sondern ... sie ist ein gewohnheitsmäßiges Verhalten, eine bestimmte Art der Interaktion im Lebensalltag», hatte Bemporad geschrieben. «Jede Störung dieser Funktionsweise führt zum äußeren Erscheinungsbild einer klinischen Depression, um die Umgebung dazu zu zwingen, das Individuum wieder zu seinen gewohnten interpersonalen Verhaltensweisen zurückkehren zu lassen. Die wichtigsten pathologischen Elemente dieser spezifischen Lebensweise sind manipulatives Verhalten, schwere Beeinflußbarkeit, ein Widerstreben dagegen, andere zu erfreuen, ein Grundgefühl der Feindseligkeit und Angstzustände.»

Ich unterstrich diese Passage. Die Worte klangen hart, aber irgendwie auch vertraut. «Eine bestimmte Art der Interaktion im Lebensalltag.» Das war genau das, wonach ich gesucht hatte – die Vorstellung, daß diese Krankheit nicht nur eine chemische Anomalie war, sondern eine, die ein bestimmtes *Verhalten* hervorbrachte. Hier war etwas, woran ich vielleicht wirklich arbeiten, was ich vielleicht ändern konnte. «Manipulatives Verhalten.» Was ich mit meinen falschen Selbsteinschätzungen gemacht hatte, konnte man durchaus als manipulativ bezeichnen. «Ein Widerstreben dagegen, andere zu erfreuen.» Nicht ganz, dachte ich – kein Widerstreben, aber Unfähigkeit oder vielleicht eine Mischung aus beidem. Jemand, der schrecklich Angst hat, selbst zu kurz zu kommen, ist nicht fähig, allzusehr an die Bedürfnisse anderer zu denken. Ich dachte an meinen anfänglichen Groll gegen Thomas' Kinder und daran, wie widerwillig ich jedesmal mit in einen Kinderfilm gegangen war anstatt in einen Film, den ich selbst gerne gesehen hätte. Schlimmer noch: Ich sah meine Schwester vor mir, wie sie am Grab meines Vaters geweint hatte, wie ich dagestanden war und ihr nicht die geringste Geste des körperlichen Trostes angeboten hatte. Ich hatte gedacht: *Wer wird mich trösten?*

«Schwere Beeinflußbarkeit.» Das erschien mir falsch; im Gegenteil, ich ließ mich zu leicht beeinflussen, vor allem von Thomas. Andererseits hatte ich damit den Einfluß anderer manchmal brutal abgetan. «Angstzustände.» O ja. «Ein Grundgefühl der Feindseligkeit.» Auch das war mir vertraut. Da waren meine Wutausbrüche – gegen mich selbst gerichtete Feindseligkeit. Zeitweise hatte ich diese Feindseligkeit auch auf andere Menschen projiziert. Melissa hatte einmal zwei Zeichnungen gemacht, eine für mich und eine für Thomas. Er hatte sie beide an den Kühlschrank gehängt, und eines Tages fiel mir auf, daß meine weg war. «Wer hat mein Bild abgehängt?» hatte ich vorwurfsvoll gefragt, und Thomas war ärgerlich geworden. Es stellte sich heraus, daß die Haushälterin es versehentlich heruntergerissen hatte. Ich mußte zugeben, mein erster Gedanke war gewesen, daß Melissa es getan hatte, um zu zeigen, daß sie mich nicht mochte.

Alice war etwa eine Woche nach meiner Ankunft nach Hause gegangen. Ihre Ärzte hatten endlich eine Lithiumdosis für sie gefunden, die sie nicht sofort aufs Klo rennen ließ, um sich zu übergeben. Sie war gegangen, ohne sich zu verabschieden, aber auf meinem Bett hatte ich ein kitschiges kleines Valentinsgeschenk gefunden, das mich gerührt und überrascht hatte. Meine neue Zimmergenossin hieß Heather. Sie war eine schöne Erstsemestrige, die sich ihr Geld für das Studium bei Schönheitskonkurrenzen verdiente. Sie hatte glänzende schwarze Haare, einen straffen kleinen Körper und ein strahlendes, ewiges, falsches Lächeln. Sie redete mit niemandem, und wenn man sie ansprach, bekam man nur ein munteres, leeres «Hi!» zur Antwort. In der abendlichen Gruppentherapie fragte sie jemand, warum sie hier sei.

«Ich werde manchmal wütender als andere Leute, und ich bin hierhergekommen, um zu sehen, wo das Problem liegt, und zu schauen, wie ich es lösen kann, damit ich hier rauskomme und nach Hause gehen kann», sagte sie. *Breites* Lächeln.

Sie zog einen stetigen Besucherstrom an – Mitstudenten, meist männliche, die um ihr Bett auf der anderen Seite unseres Zimmers kauerten und lange, ernste Gespräche führten. Stück für Stück bekam ich die Umrisse mit. Sie hatte einen Freund, der die Beziehung abbrechen wollte. Es hatte eine Szene in der Küche des Freundes gegeben. Heather hatte ein Fleischermesser geschnappt und sich auf ihren Freund gestürzt, hatte es dann gegen sich selbst gerichtet und eine Geste gemacht, als wollte sie sich die Pulsadern aufschneiden. Freunde hatten sie ins Krankenhaus gebracht. Der Freund ließ sich nicht blicken.

In diesen Gesprächen versuchten Heathers Besucher, sie davon zu überzeugen, daß es am besten sei, die Beziehung zu beenden oder sich zumindest zurückzuziehen. Laß ihn gehen, sagten sie, aber sie ließ sich nicht beirren. Gleichzeitig gab sie sich gegenüber ihren männlichen Besuchern provozierend und kokett. Sie brauchte Bewunderung, das war klar.

«Heather», hörte ich einen ihrer Freunde sagen, «lauf ihm nicht nach. So fängst du ihn nie.»

Sie lachte niedlich. «Ja, aber ich kann verdammt schnell laufen!» Ich hätte sie ohrfeigen können.

Das ließ mich innehalten. Was Heather machte, wurde mir klar, war eine extreme Form dessen, was ich selbst oft getan hatte. Sie war voller unerfüllter Bedürfnisse und tarnte ihr Verlangen mit Charme. Sie war so bedürftig, daß sie für andere Menschen und deren Gefühle blind war. Ich habe sie nie den Namen ihres Freundes erwähnen hören; ich habe nie erfahren, wie lange sie zusammengewesen waren, wie sie sich kennengelernt hatten oder was er tat. Sie sprach nie davon, daß sie ihn vermißte; nicht ein einziges Mal erwähnte sie den Angriff mit dem Fleischermesser und zeigte erst recht keine Reue. Dieser Freund war einfach ein Objekt, das ein schwarzes Vakuum in ihrem Innern zu füllen versprach. Und nachdem der Verlust dieses Objektes drohte, hatte sie mit derselben Wut reagiert, mit der man einen Angreifer bekämpft. Was er wollte, folgerte ich, spielte kaum eine Rolle. Das Ganze hatte etwas eiskalt Berechnendes an sich, das ich entsetzlich fand.

Aber es kam mir auch merkwürdig bekannt vor. Ich dachte an mich selbst als Studentin, wie ich versucht hatte, Sam davon abzuhalten, sich an bestimmten medizinischen Fakultäten zu bewerben, an denen er vielleicht angenommen worden wäre, wie ich ihn ständig in Richtung Ehe hatte lenken wollen. Ich hatte nie darüber nachgedacht, ob wir überhaupt reif für die Ehe waren; ganz gewiß kümmerte es mich nicht, als er sagte, er sei es noch nicht. Ich mußte einfach verheiratet sein. Ich *brauchte* es für meine Selbstachtung. Alle meine nachfolgenden Beziehungen enthielten ein Element davon. Es waren Affären, bei denen Liebe mit im Spiel war, die für mich aber auch ein Stück emotionale Suchtbefriedigung waren – immer vorübergehend, nie genug, stets mit der Verlockung, es könnte vielleicht genug für mich drin sein, wenn ich nur die richtigen Hebel betätigte. Der Gedanke, mich zu fragen, was ich einem Mann zu bieten hätte – was ein Mann, der sich mein Ehemann nannte, mit einem gewissen Recht von mir erwarten könnte –, war mir nie in den Sinn gekommen.

Das klang kalt, und es *war* kalt. Dennoch schien Heather viele Freunde zu haben. Abgesehen von dem endlosen Besucherstrom, wurde sie auch ständig angerufen. Obwohl ich dazu neigte, sie hart zu verurteilen, mußte ich doch zugeben, daß sie in vielerlei Hinsicht attraktiv war. Es beeindruckte mich, wie loyal ihre Freunde waren und wie verzweifelt sie sich anstrengte, ihnen zu gefallen. Hier war ein Mensch, für den keine Anzahl von Freunden jemals genug sein würde, für den noch soviel Bewunderung nicht ausreichte, um die innere Leere zu füllen.

Auch das kam mir bekannt vor. Immer wieder hatten meine Freunde ihre Loyalität bewiesen. In den Monaten, die ich mit Thomas zusammen war, hatte ich mich von fast allen abgesetzt – und dennoch hatten einige der Leute, deren Anrufe und Briefe ich mich geweigert hatte zu beantworten, angerufen oder geschrieben oder mich besucht, als sie hörten, daß ich im Krankenhaus war, und mich ihrer Zuneigung und Unterstützung versichert. Ein Paar hatte sogar angeboten, einige Tage bei mir zu wohnen, wenn ich nach Hause kam. Es gab also irgend etwas an mir, was mich liebenswert machte. Doch ich hatte die Liebe, die sie mir anboten, immer abgetan. Was ich wirklich wollte, war ihre Bewunderung.

Schließlich war da noch die intensive Reaktion, die Heather in mir auszulösen schien. Ich konnte ihre Gegenwart nicht ertragen. Ich konnte die Traurigkeit hinter ihrer Fassade sehen, die Verzweiflung, aber ich spürte nur Wut. *Werde echt!* wollte ich ihr ins Gesicht schreien. Es war irgendwie ähnlich wie die Wut, die ich als Kind meiner Großmutter gegenüber empfunden hatte – nur daß Heather sie nicht durch ihre Hilflosigkeit auslöste, sondern durch ihre Falschheit. Meine neue Praktik der schonungslosen Selbstbeobachtung brachte mich zu einer neuen Frage: Wenn Heathers Gegenwart so auf mich wirkte, konnte das teilweise den heftigen Ärger erklären, den ich in Thomas auszulösen schien?

Dann waren da die Kinder von Thomas.

In ihren Beziehungen zu mir sah ich meine eigene Ambivalenz reflektiert. Melissa wußte nicht, ob sie mich mochte oder fürchtete oder verachtete. Nur Peter war unkompliziert und einfach, kam ohne weiteres zu mir gelaufen, wenn er sich auf dem Spielplatz weh getan hatte, oder sprang mir auf den Rücken wie ein Äffchen, wenn ich mich bückte, um meine Schuhe zuzubinden. Doch als meine Beziehung zu Thomas schlechter und meine Depression stärker wurde, war selbst Peter still und verschlossen geworden. In der Schule fiel er zurück. Melissa klammerte sich an Thomas und brach wegen der geringsten Kleinigkeit in Tränen aus. Es war nicht meine Schuld, daß ich krank war, aber sie konnten auch nichts dafür.

Melissa sagte genau das. An einem Abend hatte mir Thomas ein weiteres Buch vorbeigebracht und hatte die Kinder kurz draußen vor dem Krankenhaus im Wagen sitzen lassen. Als er herauskam, lehnte sich Melissa von ihrem Kindersitz nach vorne über den Fahrersitz und sagte: «Es ist nicht fair, was sie dir antut.» Er berichtete mir später von dieser Bemerkung. Wenn er damit Schuldgefühle in mir erzeugen wollte, so fühlte ich mich nicht ihm gegenüber schuldig. Thomas hatte diese ganze Affäre schließlich angefangen; er hatte mich aufgesucht und war immer wieder zurückgekommen, selbst dann noch, als er sagte, es sei vorbei. Er war ein erwachsener Mensch. Er hatte sich die Finger verbrannt, aber zumindest hatte er das Ganze willentlich beeinflußt. Seine Kinder hatten das nicht. Und jetzt begann ich zu sehen, wie sehr ich ihr Leben mit meiner Anwesenheit störte.

Inzwischen war ich seit weit über einer Woche auf der Station und seit fünf Tagen nicht mehr unter Suizidüberwachung. Ich hatte in dieser Zeit das Privileg einer Ausgangserlaubnis erworben, was bedeutete, daß ich die Station in Begleitung eines Freundes verlassen durfte. Es war ein Wochenendnachmittag, ein trüber Tag im trübsten Monat des Jahres, und Thomas kam nach dem Essen mit dem Kombi, die Kinder hinten drin. Der Status unserer Beziehung war unklar. Er schien zwar ungeheuer besorgt um mein Wohlergehen, gab sich aber gleichzeitig wie jemand, der nur seine Pflicht tut. Ich hatte das Gefühl, daß unsere Beziehung wie eine rissige Glasschale war – vom Ansehen allein konnte man nicht sagen, ob die Risse jetzt zum Design gehörten oder ob das ganze Ding auseinanderfallen würde, wenn man es anstubste. Ich wagte es nicht, das Thema anzusprechen. Ich nahm einfach dankbar an, was man mir anbot. An diesem Tag gingen wir alle ins Kino.

18. Februar: Ich habe kein sonderlich gutes Gefühl, was diesen Nachmittag angeht. Thomas ist erkältet; Melissa klammert sich an ihren Vater und schaut mich kaum an. Wir gehen ins Kino … Es ist schwer; ich muß dauernd mein Ego zurückdrängen und diese Kinder beachten, wie sie mich beachten. Ich bin das nicht gewohnt, und ich bin nicht gut darin. In etwas nicht gut zu sein verletzt meinen verdammten Stolz.

Auf dem Rückweg schaffe ich es, daß Melissa ein wenig mit mir spricht. Wie immer quetscht sie sich zwischen Thomas' Sitz und meinen … Nach und nach kommen wir auf die Station zu sprechen und die Leute, die ihr dort auf-

gefallen sind. Ich bin erstaunt (bin ich immer), wie viele Informationen sie bei ihren kurzen Besuchen gesammelt hat. Sie fragte gezielt nach Hugo, Frank und Alice. Wir sprechen über manische Depression und Depression im allgemeinen. Thomas sagt ein- oder zweimal etwas dazu, während wir die Wisconsin Avenue entlangfahren, aber die meiste Zeit reden Melissa und ich miteinander – das erste Gespräch, das wir an diesem Tag hatten.

Wir sind beim Krankenhaus angelangt. Ich verabschiede mich von Thomas und den Kindern und springe aus dem Wagen, und plötzlich möchte ich weinen ... Wie kann ich die Isolation vermitteln, die diese Krankheit verursacht, das Gefühl von neulich nacht – ein Gefühl der verlorenen Jahre, der verpaßten Chancen?

Dieser Moment bleibt in meinem Gedächtnis haften: eine Abenddämmerung im Februar, ein kühler Wind wehte gegen meinen leichten Pullover, als ich auf dem Parkplatz stand und den Kombi davonfahren sah. In meiner Erinnerung (obwohl ich weiß, daß es nicht so war) ist der Wagen erleuchtet wie das Vergnügungsschiff aus meinem Traum vor vielen Jahren, und er wird kleiner und kleiner. Die Familie, die ich will, der Ehemann, das Zuhause, das normale Leben – all diese Dinge scheinen sich mit ihm zu entfernen, bleiben mir verwehrt, aus Gründen, die ich nicht verstehen kann. Bevor ich wieder hineinging, drehte ich mein Gesicht zu der Ziegelmauer hin und weinte.

Sie war tückisch, diese Gleichsetzung von Ehe mit normalem Leben. Auf der einen Seite konnte ich überall um mich herum die Realität sehen – Menschen, die in unglücklichen Ehen feststeckten oder von einer gescheiterten Ehe verbittert waren, Erwachsene, die noch heute psychische Narben von den Kriegen trugen, die ihre Eltern gegeneinander ausgefochten hatten. In der Ehe meiner eigenen Eltern – einer langen und glücklichen – hatte es auch genügend Auseinandersetzungen und frostiges Schweigen gegeben. Und meine Vorstellungen von der Ehe hatten sich in den Jahren seit meiner Collegezeit stark verändert. Nach einem Jahrzehnt des Alleinlebens fand ich die Vorstellung von der Ehe als eine Art gesellschaftlicher Notwendigkeit für nette Südstaatenmädchen mittlerweile irgendwie albern, ebenso kurios wie das Konzept vom «netten Südstaatenmädchen». Doch die Ehe war für mich immer noch das stärkste Symbol für Gesundheit, Verbundenheit, ein erfülltes Leben. Sie war nicht der einzige Weg zu einem solchen Leben, aber der Weg, den ich wollte – und in diesem Punkt wußte ich, daß ich mich nicht irrte, egal, wie viele mutige Unabhängigkeitserklärungen ich in Frauenmagazinen las. Doch immer wieder waren meine Pläne durchkreuzt worden. Ich suchte mir die falschen Leute aus, oder die falschen Leute suchten mich aus, ich wußte es nicht. Mir kam es so vor, als hätte ich meine gesamte Twen-Zeit hindurch ein unsichtbares Schild auf der Stirn getragen, das für Männer, die emotional gesund und verfügbar waren, schon aus einer Meile Entfernung zu lesen war. «Haltet euch fern» stand darauf, und das hatten sie getan. Und als ich endlich einen Mann angelockt hatte, der eindeutig am Heiraten interessiert war, hatte ich ihn vertrieben.

Ich wollte eine Verbindung, die ich nicht haben konnte. Diejenigen, die ich hatte, konnte ich nicht verstehen oder schätzen. Genau das gleiche sah ich überall auf der Station. «Only connect!» hatte E. M. Forster geschrieben, aber das taten wir nicht oder konnten wir nicht oder hatten wir nie getan. Da war der Chirurg, verloren in seiner persönlichen Qual, oder Heather, die oberflächliche Symbole der Verbundenheit wollte, oder Luisa, die im Sex danach suchte. Das schien mir die Grunddefinition jeder psychischen Krankheit zu sein, diese beharrliche, schmerzliche Unfähigkeit, einfach mit jemandem *zusammen*zusein. Sie konnte lebenslang sein oder wie eine Katastrophe plötzlich hereinbrechen, diese Leere zwischen uns und dem Rest der Welt. Sie mochte für andere nicht einmal offenkundig sein, doch auf unserer Seite dieser unterbrochenen Verbindung war sie die Hölle, ein Leben hinter Glas. Der einzige Unterschied zwischen einer leichten Depression und einer schweren Schizophrenie bestand darin, wieviel Geräusche und Luft noch durchsickerten.

Einmal saß ich nach der Gruppentherapie im Tagesraum faul vor dem Fernseher, als Hugo sich neben mich setzte. Er trug noch immer seine zwei Morgenmäntel, einen vorne herum, den anderen hinten herum, beide zusammengebunden. Diese provisorische Toga reichte ihm nur bis zu den Knien und entblößte seine kurzen, haarigen Beine. Er war in den Fünfzigern, schätzte ich, hatte ein Gesicht wie ein alternder Profiboxer und eine dicke Brille. Alles in allem bot er keinen attraktiven Anblick. Doch ich selbst hätte auch keine Schönheitskonkurrenz gewinnen können: Ich hatte schon seit Wochen kein Make-up mehr getragen, der Schokoladenkuchen, den ich ständig in mich hineinstopfte, polsterte mein Hinterteil, und meine Haare sahen aus, als hätte ich einen Zusammenstoß mit einer Dreschmaschine gehabt. Es war fast Essenszeit; draußen im Gang konnte ich das Geplauder der Schwestern und des Kantinenpersonals und das Geklapper des Wagens mit unseren Tabletts hören. Jeder wartete darauf, daß die Tabletts verteilt würden, und schlug bis dahin die Zeit tot. Pearl saß an ihrem gewohnten Platz neben dem Klavier. Hugo und ich saßen auf einem der billigen blauen Sofas im Tagesraum, jeder an seinem Ende, zwei häßliche Figuren, zusammengepfercht in einer Station für defekte Menschen. Aber so gezielt, wie er herübergekommen war und sich hingesetzt hatte, war es irgendwie klar, daß er beschlossen hatte, mit mir zu reden. Es war unsere erste und einzige echte Unterhaltung.

Hugo hatte etwas auf dem Herzen, das er an diesem Morgen in der Gruppe angeschnitten hatte. Er hatte es «den Affen, den ich all die Jahre auf meinem Rücken getragen habe» genannt und damit die Tatsache bezeichnet, daß er sich für den Tod seines kleinen Bruders verantwortlich fühlte. Er hatte das in der Gruppe gesagt, und alle hatten ihm schleunigst versichert, nein, natürlich sei er nicht verantwortlich. Jetzt, da er mit der Geschichte angefangen hatte, fühlte er sich gezwungen, sie im einzelnen zu erzählen, sie zu Ende zu bringen.

Es war passiert, als er fünf oder sechs war, sagte er, damals lebten sie in einem Arbeitervorort von New York. Sein kleiner Bruder war ein Jahr jünger, der leibliche Sohn des Mannes, den Hugo als seinen Stiefvater kannte. Der Jüngere war eine Nervensäge, der Hugo auf Schritt und Tritt folgte. Es war Hugos Aufgabe, auf ihn aufzupassen. Hugo sehnte sich nach der Zuneigung seines Stiefvaters, aber der war in seinen leiblichen Sohn vernarrt. Zu Hugo war er kalt. Hugo verachtete seinen Bruder mit dem ganzen Haß eines Kindes.

Eines Tages spielten die beiden Jungen im Garten. Ein Laster kam die Straße herunter. Hugo erinnerte sich, wie sein kleiner Bruder Fangen mit ihm spielte; er erinnerte sich, wie er den bewußten Entschluß faßte, knapp vor dem Laster über die Straße zu flitzen.

«Ich wußte, daß ich es schaffen würde und er nicht. Das nächste, was ich sah, war sein Gehirn, auf dem Asphalt verteilt.» Er sah auf seine Handgelenke hinab. «Ich kann mich an nichts erinnern, was in den nächsten sieben Monaten war, okay? Ich fragte meine Mutter: ‹Wie lange bin ich schon so?›»

Er saß da, ein häßlicher, alternder Alkoholiker, der nie geheiratet hatte, die Hände im Schoß, mit den Handflächen nach oben in einer Geste der Nutzlosigkeit. Ich weiß nicht mehr, was ich sagte. Ich glaube, es war so etwas wie «Es tut mir leid» oder «Es ist okay». Was kann man auf so etwas sagen?

«Ich habe noch nie jemandem die ganze Geschichte erzählt», sagte er. Dann stand er auf und wanderte davon.

Warum hast du sie mir dann erzählt? dachte ich. Doch langsam, im Laufe der nächsten ein oder zwei Tage, begann ich zu begreifen, daß er mir ein Geschenk gemacht hatte. Gefangen hinter meiner eigenen Glaswand, meine eigene Isolation hassend und verächtlich gegenüber anderen in derselben Falle, wollte ich nur flüchten. Ich war nicht wirklich am Schmerz eines anderen interessiert, außer um ihn zu kritisieren, wie ich es bei Heather getan hatte, oder ihn zu beobachten wie ein seltsames Phänomen. Doch dadurch, daß ich Hugos Geschichte zugehört hatte, hatte ich einen Moment lang die Isolation eines anderen durchbrochen. Und in diesem Moment, so simpel es klingen mag, hatte er mir ein Fragment dessen geboten, wonach ich mich sehnte: Verbindung. Jetzt war es, als wäre von dem Dutzend Leuten, die mit mir in diesem Glaskäfig gefangen waren, einer auf mich zugekommen und hätte gesagt: «Ich bin auch gefangen. Eine Verbindung zu mir mag dir wertlos vorkommen, aber sie ist echt. Du kannst sie haben, wenn du willst.»

Ich verließ die Station zwei Tage nach dieser Begegnung. Insgesamt war ich nur zwei Wochen dort. Meine Ärzte waren skeptisch; einige rieten mir, nichts zu überstürzen, lieber noch ein paar Tage oder sogar noch eine Woche länger zu bleiben. *Klar*, dachte ich, *ihr wißt ja, daß die Krankenversicherung zahlen wird.* In Wahrheit wollte ich es einfach nicht hören. Mein Drang, das Krankenhaus so schnell zu verlassen, war wieder eine Art defensives Nachhutgefecht, um nicht zuzugeben, wie sehr ich in Schwierigkeiten gewesen war. Es juckte mich, rauszukommen und wieder zur Arbeit zu gehen, eine neue Definition von «normalem Leben» zu finden – und vielleicht alle vergessen zu lassen, daß ich derart aus den Fugen geraten war. Und so setzte ich mich schließlich durch und wurde entlassen.

Aber die zwei Wochen in der Psychiatrie des Georgetown waren nicht umsonst gewesen. Zwei Dinge hatte ich dort gefunden. Das eine waren die Anfänge der rudimentären und ernüchternden Erkenntnis, daß ich es mit einer echten, körperlichen Krankheit zu tun hatte und daß sie sich Depression nannte; das andere war dieses winzige Stückchen Verbindung. An meinem Entlassungstag klebte ich hastig eine gelbe Notiz an das Glas des Stationszimmers. Ich wollte Hugo nicht persönlich begegnen. «Auf Wiedersehen, Hugo, und viel Glück!» stand darauf. Nicht gerade überströmend vor Wärme, aber immerhin etwas.

Etwa ein Jahr später suchte ich ihn im Telefonbuch. Sein Name war in keinem der Verzeichnisse für den Stadtbereich Washington. Ich hoffte, daß das nichts zu bedeuten hatte.

Kapitel 6

In der Nacht vor meiner Entlassung aus dem Krankenhaus hatte ich einen Traum. Ich versuchte, vom Georgetown zu meiner Wohnung zurückzukommen, aber es waren überall Baustellen. Die Taft Bridge war fast komplett abgerissen. Schließlich kam das Taxi, in dem ich saß, nicht mehr weiter, und ich mußte den restlichen Weg nach Hause laufen, wobei ich mich durch mannshohe, hochkant stehende Bauklötze, donnernde Bulldozer und Gebäuderuinen voranarbeiten mußte.

Die Wirklichkeit sah nicht viel anders aus. In meiner Wohnung war noch alles so, wie ich es verlassen hatte: eine fast leere Weinflasche, ein Stapel Auszeichnungen und Plaketten mit einer gekrakelten Notiz darauf: «Bitte an Mutter schikken.» Manche der Briefe, die ich in dieser Nacht geschrieben hatte, waren abgeschickt worden, doch niemand hatte geantwortet. Offenbar hatte ich meine Absichten gut verhüllt. Die anderen lagen noch auf meinem Schreibtisch. Meine Katzen sahen mich an, als käme ich geradewegs vom Mars, und folgten mir von einem Zimmer ins andere. Meine Freundin Robin hatte den Briefkasten geleert, die Post lag in einem Stapel auf meinem Bücherregal. In dem Haufen Rechnungen und Kram fand ich auch meine nagelneue American-Express-Goldkarte. *Was sagt man dazu*, dachte ich amüsiert, *jemand meint, man könne es mit mir riskieren.*

Konnte man eigentlich nicht. Ich war immer noch sehr krank. Am Abend zuvor hatte ich den letzten Eintrag in mein Krankenhaustagebuch gemacht:

21. Februar: Ich wünschte, ich würde mich stabiler fühlen. Ich wünschte, ich wüßte, wie ich die Dinge in meinem Leben ändern könnte ... Ich glaube, am meisten fürchte ich mich davor, daß ich rauskomme und alles bald wieder genauso verkorkst ist wie vorher.

Ich verschwendete keine Zeit, wieder zur Arbeit zu kommen. Genau wie damals im Studium fürchtete ich, daß ich meinen Verstand verlieren würde, sobald ich ihn nicht mehr benutzte. Bei der *Post* gab es nur wenige höfliche Nachfragen, wo ich gewesen sei. Der relative Mangel an Neugier zeigte mir, daß jeder, den es interessierte, schon Bescheid wußte. Schließlich leben Zeitungsleute vom Tratsch. Wenn mich jemand nach Einzelheiten fragte, sagte ich, daß ich wegen Depressionen im Krankenhaus war. Das war mir peinlich, aber ich hatte nicht die Energie, mir ein glaubwürdiges Alibi auszudenken. Manche wechselten betreten das Thema. Andere versuchten, ihr Unbehagen mit Lautstärke zu überdecken. «Na ja, reiß dich am Riemen!» sagte jemand fröhlich – und wollte damit wohl sagen, daß man sich nur mehr anstrengen muß, um sich besser zu fühlen. Es machte mich rasend, vor allem, wenn ich daran dachte, wie oft ich mir selbst schon dasselbe gesagt hatte.

Aber es gab auch Leute, die eine gewisse Sensibilität und Erfahrung bewiesen, wenn die Rede auf mein Problem kam. Der erste, den ich traf, war ausgerechnet ein Bundesrichter.

«Wo sind Sie gewesen?» fragte er mich eines Tages, als wir uns im Gerichtsgebäude auf dem Flur begegneten. «Wir haben Sie hier schon ein paar Wochen nicht mehr gesehen.» Er hatte sich umgedreht und stand mir gegenüber; seine Körpersprache sagte mir, daß dies kein beiläufiges «Hallo, wie geht's?» war.

«Ich war im Krankenhaus», antwortete ich, innerlich schaudernd, unvorbereitet und in Erwartung einer weiteren fürchterlichen gesellschaftlichen Begegnung. «Ich hatte eine schlimme depressive Phase.»

«Es tut mir leid, das zu hören.» Seine nächste Frage überraschte mich. «Nehmen Sie was dagegen?»

«Imipramin und Lithium», sagte ich.

«Wissen Sie, meine Schwester ist manisch-depressiv, und sie nimmt auch Lithium», erzählte er. «Sie sagt, es hat ihr Leben verändert.» Wir plauderten noch kurz über Lithium, dann mußte er wieder in sein Dienstzimmer. Als er sich zum Gehen wandte, sagte er warm: «Ich hoffe, es geht Ihnen bald besser.»

Das war erstaunlich. Hier war jemand – sogar ein öffentlicher Würdenträger –, der offen über eine psychische Krankheit in seiner eigenen Familie gesprochen hatte. Er war sachlich, behandelte das Thema seriös und war nicht neugierig gewesen. Für einen kurzen Moment war ich erleichtert.

Bei der Arbeit spürte ich, daß mich meine Kollegen stärker beobachteten als sonst. Reporter mit eigenen Bereichen entschieden meist selbst, worüber sie berichten wollten, und hatten das Ergebnis auch selbst zu verantworten. Doch diesmal bekam ich meinen nächsten Auftrag von meinen Redakteuren zugeteilt: einen Prozeß am Bundesgericht, bei dem der Leiter einer städtischen Behörde des Vertragsbetrugs beschuldigt wurde. Es war eine LAB-Story – «langweilig, aber berichtenswert» –, die mich wohl für Wochen in einen meist leeren Gerichtssaal verbannen würde, um kratzenden Tonbandaufnahmen und langweiligen juristischen Manövern zuzuhören. Die einzige Chance, von den letzten Seiten des Lokalteils wegzukommen, wäre eine Schießerei im Zuschauerraum gewesen. Aber ich konnte nichts dagegen sagen. Es waren Nachrichten. In meiner übrigen Zeit entschied ich mich für ein ehrgeizigeres Thema, nämlich eine Story über Tendenzen im Durchsuchungs- und Beschlagnahmungsrecht, die durch die Drogenbekämpfung entstanden.

Erwartungsgemäß war der Prozeß ungefähr so aufregend wie ein Schildkrötenrennen. Aber vielleicht ohne es zu wissen, hatten meine Redakteure den idealen Auftrag für eine schwer depressive Mitarbeiterin gefunden. Hier war etwas, wo ich erscheinen mußte, jeden Tag. Es erforderte etwas geistige Konzentration, aber nicht zu anhaltend oder intensiv. Wenn es mir passierte, daß ich mich mit meinen eigenen Problemen beschäftigte, was ich öfter tat, wanderten die Schildkröten derweil nie allzuweit davon, so daß ich sie ohne große Schwierigkeiten wieder einholen konnte. Jeden Tag mußte ich eine bestimmte Menge an Informationen verarbeiten – nicht zuviel, immer nur Teile eines Puzzles, aber genug, um mir eine Herausforderung zu bieten. Und wieder Artikel zu produzieren, selbst wenn sie hinten bei den Todesanzeigen begraben waren, gab mir das Gefühl, etwas geleistet zu haben.

Wie weise es war, einen täglichen Routineauftrag anzunehmen, zeigte sich noch deutlicher daran, wie schwer ich mich mit meiner anderen Story tat. Hierfür mußte ich zahlreiche Entscheidungen des Bundesberufungsgerichts lesen, die alle wieder irgendwie mit anderen zusammenhingen. Meine Konzentrationsfähigkeit hatte sich zwar wesentlich verbessert, aber ich brauchte immer noch sehr lang, um das juristische Argumentationsschema zu durchdringen. Kognitiv gesehen, hatte die Depression mein Kurzzeitgedächtnis und meine Fähigkeit zum Erfassen abstrakter Konzepte enorm geschädigt. Praktisch gesehen, fühlte ich mich, als hätte ich etwa 15 IQ-Punkte verloren. Jeden Tag mußte ich rekapitulieren, was ich ein oder zwei Tage zuvor getan hatte. Ich schrieb lange Memos, um mich daran zu erinnern, was ich gerade tat, und manchmal stellte ich fest, daß ich vor ein paar Tagen schon ein ähnliches Memo geschrieben hatte. Insgesamt brauchte ich zwei Monate, um die Story zusammenzufügen, inklusive vieler Wochenenden im Büro – etwa doppelt so lang wie unter günstigeren Umständen. Aber anstatt mich für meine Dummheit zu geißeln, versuchte ich diesmal, mich daran zu erinnern, daß ich einfach mit einem Handikap arbeitete, das sich hoffentlich als temporär erweisen würde. Allein die Story fertigzubekommen war eine Erleichterung. Als sie schließlich Anfang Mai auf der Titelseite lief, dachte ich wohl zum hundertsten Mal: *Jetzt wird alles leichter.*

Ich sehnte mich danach, daß es mir besser gehen möge. Ich sagte mir, es *ginge* mir schon besser. Tatsächlich war die Depression noch immer da, wie eine mächtige Unterströmung. Manchmal packte sie mich, zog mich nach unten, ein andermal schwamm ich mich frei. Es ließ sich schwer sagen, was Anzeichen für eine Besserung war und was der Beweis für die fortdauernde Macht der Bestie. Es stellte sich später heraus, daß das Imipramin, das ich weiter einnahm, nach wie vor nur begrenzt half – wiederum das Phänomen der unterbrechungsbedingten Empfindlichkeitsverminderung. Das Lithium verstärkte die Wirkung des Imipramins und schien meine Stimmungsschwankungen zu verlangsamen. Doch das bißchen Besserung, das ich spürte, hatte seinen Preis in unangenehmen Nebenwirkungen. Ich litt ständig unter Durst, nahm rasch zu, und morgens zitterten meine Hände so stark, daß ich es kaum schaffte, meinen Kaffee nicht zu verschütten.

Als der Winter dem Frühling wich, waren meine Tage abwechselnd von großer Müdigkeit oder starker Angst geprägt. Die Müdigkeit konnte ein Nebeneffekt der Medikamente sein oder auch der Beweis dafür, daß ich noch immer depressiv war. Aus welchem Grund auch immer, ich wollte schlafen, schlafen, schlafen. An den meisten Abenden war ich lange vor Dunkelheit im Bett. Die Angst, sagte ich mir, war ein Zeichen der Besserung; wenigstens war es keine Verzweiflung. Doch in mancherlei Hinsicht war sie noch schlimmer. Es war, als steckte man in einer luftdichten Kiste, kurz vor dem Ersticken. In diesen Momenten war es unmöglich stillzusitzen, unmöglich, etwas Vernünftiges zu tun, unmöglich, überhaupt irgend etwas zu tun, außer nach draußen zu fliehen und meilenweit zu gehen, um ihr davonzulaufen. Es war wie ein wildes Jucken, irgendwo tief unter meiner Haut, und ich wußte nie, wann es mich befallen würde. Ich kam mir vor wie der trottelige Inspektor Clouseau, wenn er von seinem gemeingefährlichen Diener Cato überrascht wird. Die Angst war, wie Cato, ein permanenter Gast, der ab und zu wütete. Unterdessen tappte ich auf meinem geistigen Dachboden herum und schielte in Schränke und hinter Türen, doch wie wachsam ich auch war, den Schlichen meines Gegners war ich nicht gewachsen.

Meine Ängste konzentrierten sich auf Thomas. «Irgendwann», hatte er noch im Krankenhaus zu mir gesagt, «wirst du mir mein Leben zurückgeben müssen.» Doch obwohl er mich laufend daran erinnerte, daß unsere romantische Beziehung beendet war, blieb er ständig in telefonischem Kontakt. Ich trug einen Piepser bei mir, damit mich die Redaktion auch im Gerichtssaal erreichen konnte. Aber die Redaktion benutzte ihn selten. Thomas benutzte ihn oft, manchmal dreimal am Tag. Nach ein paar Wochen fingen wir wieder an, uns zu sehen – nur, so betonte er immer wieder, waren wir jetzt Freunde.

Was soweit auch stimmte. Er war oft wie ein wertvoller Resonanzboden für mich. Wenn ich entmutigt war, konnte er mich auf bestimmte, schrittweise Veränderungen hinweisen, die mir sagten, daß ich tatsächlich Fortschritte machte.

«Du stehst Krisen jetzt viel besser durch als früher», sagte er häufig – was stimmte. Oder: «Das Hektische an dir ist weg», etwas, das ich selbst nie erkannt hätte.

Und dann waren da die Kinder. Manchmal ging ich an den Wochenenden auf die Familienausflüge mit. Peter und Melissa waren freundlich und nahmen mein Auftauchen gelassen hin. Sie waren eine gute Therapie: Sie lenkten mich von mir selbst ab. Früher hatte ich das Gefühl gehabt, mit ihnen zu konkurrieren. Jetzt war ihr Hunger nach Aufmerksamkeit für mich wie Medizin, eine willkommene Flucht aus dem Gefängnis meiner Gedanken.

Aber wir waren nicht einfach nur Freunde. Thomas war nach wie vor das Objekt meiner Besessenheit, der Lackmustest, der mir sagen würde, ob ich gesund sein könnte. Ich konnte mir keine andere Meßlatte vorstellen als seine Anerkennung. Und er war von mir besessen. In meinem Tagebuch aus diesem Jahr finden sich verschlüsselte Notizen – ein «T» oder ein Stern für die Male, an denen unsere spätabendlichen Telefonate damit endeten, daß er mich einlud, zu ihm zu kommen. Ich wußte, daß es irgendwie nicht in Ordnung war, wie er über mich verfügte. Ich begriff, daß die Macht, die ich ihm gab, für ihn eine so große Versuchung sein mußte, daß er ihr kaum widerstehen konnte. Aber das änderte nichts.

Auf seine Art kämpfte er dagegen an. Er sagte mir oft, ich sollte mich mit anderen Leuten treffen. Ich versuchte es. Mein Tagebuch aus dieser Zeit zeugt auch von meinen Bemühungen, neue Freundschaften zu pflegen, mich sogar mit anderen Männern zu verabreden. Doch meine seltsam verworrenen Motive müssen unübersehbar gewesen sein. Und Thomas war extrem ambivalent. Wenn ich nur nach der Arbeit mit einem Kollegen etwas trinken ging, war er schon eifersüchtig. Einmal, als ich ihm erzählte, daß ich das getan hatte, reagierte er verletzt und ungläubig, als hätte ich gesagt, ich hätte meine Liebesdienste stundenweise verkauft. «Du ... machst ... wohl ... Witze», hatte er gesagt. Dann hatte er sich entschuldigt und abrupt aufgelegt. Ich machte mir ungeheure Selbstvorwürfe. Wir sprachen uns tagelang nicht. Aber als wir uns dann wieder sprachen, war er freundlich, neckisch, mokant – als hätte es unser Gespräch nie gegeben. Und so ging das besessene Spiel wieder von vorne los.

Doch manchmal, wenn ein paar Tage vergingen, ohne daß ich etwas von ihm hörte, spürte ich allmählich auch Wut – einen sich leise aufbauenden Zorn, eine Wut über ihn und unser verheddertes Verhältnis, das mich bei allem, was ich daraus zog, doch teuer zu stehen kam. Ich wußte, daß er sich mit anderen Frauen traf; es schien ihm sogar Spaß zu machen, das immer wieder durchblicken zu lassen. So abhängig ich auch von ihm war, ein Funke Selbstachtung ließ mich dann denken: *Warum tue ich das?*

Zum Großteil, das mußte ich zugeben, weil ich Intelligenz abgöttisch verehre. Meine Faszination und Hingabe galt Männern, die mir älter, stärker und klüger erschienen – und Thomas paßte in dieses Profil. Oberflächlich war er auch in der einen oder anderen Weise dem Vater ähnlich, den ich bewundert hatte. Und er begegnete meiner Sehnsucht nach Rettung mit seinem eigenen intensiven Bedürfnis zu beherrschen. Was den Rest anbelangte – seine Kritik, seine Wutanfälle, seine Intoleranz gegenüber Menschen, die er für weniger intelligent hielt –, so nahm ich einfach an, das gehöre eben zum Paket. Mein eigener Vater mit seiner emotionalen Unnahbarkeit und seinen extremen Stimmungsschwankungen hatte mich nicht auf die Idee vorbereitet, daß Intelligenz mit Sanftmut, Geduld oder Güte zusammengehen könnte.

Doch unterschwellig, und auch nur im nachhinein erkennbar, begann ich allmählich, meine alten Annahmen und Thomas' Version der Realität zu überprüfen. Es war ein Prozeß, der mit meiner neuen Psychiaterin begann.

Ironischerweise hatte mich Thomas mit dieser Ärztin in Kontakt gebracht. Meine frühere Psychiaterin hatte es abgelehnt, mich im Georgetown zu besuchen, mit der Begründung, daß sie dort keine Belegärztin sei und daß sie versuche, ihre Praxis auf die ambulante Patientenbetreuung zu beschränken. Sie würde mich wieder behandeln, sobald ich aus dem Krankenhaus entlassen sei, aber bis dahin wollte sie sich nicht in das Behandlungsprogramm des Krankenhauses einmischen. Ich war nie auf die Idee gekommen, daß es einen Unterschied machen könnte, ob mein Psychiater in irgendeinem Krankenhaus Belegarzt ist; ich hatte nie damit gerechnet, ins Krankenhaus zu müssen. In Wahrheit war es mir ziemlich egal. Ich war mit dem, was ich Phyllis erzählte, so umsichtig gewesen, daß man bei uns nicht von einer großen Bindung sprechen konnte. Aber Thomas war richtig erbost, als er von Phyllis' Ablehnung hörte; er dachte, sie würde mich hängenlassen. Auf sein Drängen hin schrieb ich ihr einen Brief, in dem ich ihr kündigte.

Somit stand ich ohne einen Arzt da, zu dem ich nach meiner Entlassung gehen konnte. Thomas hatte herumtelefoniert und die Namen von Psychiatern erfragt, die zur Belegschaft des National Institute of Mental Health gehörten und gleichzeitig privat praktizierten. Er hatte dort angesetzt, so erklärte er mir, weil hier die Chancen besser waren, jemanden zu finden, der sich mit den neuesten Enwicklungen auf dem Gebiet der Psychopharmakologie auskannte. Er kam mit drei Namen an – zwei Männern und einer Frau.

Ihr Name war Eleanor McAllister.

Sie war groß, knochig, rothaarig, sehr direkt und, im Unterschied zu Amanda, kein bißchen mütterlich. Am Anfang glichen unsere Sitzungen traditionellen Arztbesuchen, bei denen wir nur über Medikamente sprachen – über die Nebenwirkungen und Einschränkungen verschiedener Antidepressiva. Anders als meine Sitzungen bei Amanda, schienen meine Besuche bei Eleanor in mir keine kindlichen Sehnsüchte nach Anerkennung oder Trost zu wecken. Sie war freundlich, aber geschäftlich. Wie zuvor versuchte ich, unsere Gespräche auf körperliche Symptome zu beschränken und darauf, wie die Medikamente zu wirken schienen. Unterdessen behielt Eleanor genau dasselbe im Auge: Sie machte regelmäßige Bluttests, um sicherzugehen, daß meine Dosis Imipramin und Lithium in einem klinisch akzeptablen therapeutischen Bereich blieb.

Nach den ersten Sitzungen vereinbarten wir, uns zweimal wöchentlich in einem winzigen Büro im oberen Stock eines Gebäudes im Takoma Park zu treffen. Es war ein Gebäude, in dem auch Räume an Frauenpower-, New-Age-, holistische Heil-, Kristalltherapie-, Massage- und Urschreitherapiegruppen vermietet wurden. In dem winzigen Wartebereich vor Eleanors Zimmer hing ein Schwarzes Brett, auf dem Dinge wie Seminare über «Frauen, die mit den Wölfen jagen» angeschlagen waren. Das sagte mir nicht zu; vor den Wölfen *davonzurennen* erschien mir sehr viel vernünftiger. Das hier war offenbar Spinner-City, und jeder wußte es – ein Eindruck, der sich auch darin bestätigte, wie verstohlen man sich beim Kommen und Gehen untereinander grüßte.

«Hi», sagte Eleanor jedesmal mit ihrer eigenartig unmodulierten Stimme, während ich mich setzte, und die Sitzung begann. Meist erzählte ich ihr als erstes von meinem körperlichen Zustand und eventuellen Medikamentennebenwirkungen. Danach beurteilte ich meinen psychischen Zustand während der letzten paar Tage. Aber es war schwierig, zu sprechen. Zum einen waren es heikle Themen, und ich wollte bei meiner Berichterstattung ehrlich sein. Doch ein weiteres Problem war das gottverdammte Gerumse und Geschreie nebenan. Ich glaube, es war eine Urschreitherapiegruppe, vielleicht auch eine Urschrei-Heiratsvermittlungsgruppe; manchmal schienen welche im Duett zu schreien. Ich hatte den Eindruck, daß zumindest einige von ihnen auf Händen und Knien kauerten und gegen den Fußboden schlugen. Ich versuchte, nicht darauf zu achten, aber das war praktisch unmöglich.

«Ich bin überzeugt, daß ich mein Leben lang allein sein

werde» (AAAAAAARRRRRGH! *Rums!*), «aber ich weiß eigentlich nicht, woher dieses Gefühl kommt, ich meine, ich kann mich nicht erinnern, daß ich mich mit vierzehn oder so auch so gefühlt hätte» (gedämpftes Schluchzen von nebenan).

«Warum denken Sie das? Gehört es dazu, daß Sie sich wertlos fühlen?»

«Ja. Ich meine, das muß der Grund sein, warum Thomas mich zurückweist, und es» (NEIN! *Rums.* NEIN! *Rums.* NEIN! *Rums.* AAAAARRRRGH!).

«Eleanor», sagte ich, «könnten wir uns nicht bei ‹Dunkin' Donuts› oder sonstwo treffen?»

Sie grinste nur und sagte nein; sie mochte diesen Ort, die Miete war niedrig. Es war ein netter Augenblick: Ich hatte einen Weg gefunden, sie zum Lachen zu bringen. Langsam begann ich, mich ihr gegenüber zu öffnen.

Was Eleanor an mir als erstes auffiel, sagte sie später, war, wie stark ich davon überzeugt war, daß ich von Natur aus «defekt» sei. Doch jedesmal, wenn sie mich dazu bringen wollte, darüber zu reden, wich ich auf das Thema Thomas aus und berichtete über eine Beobachtung, die er an mir gemacht hatte, oder erzählte von einem Ereignis mit ihm oder den Kindern, das (meiner Meinung nach) veranschaulichte, wie unzulänglich ich war. Der letztgültige Beweis meiner Defektheit war, daß er mich als Ehefrau ablehnte, nachdem er erst so glühend um mich geworben hatte. Als er mich richtig kennenlernte, war er abgestoßen worden. Sprach das nicht für sich selbst?

Zunächst versuchte es Eleanor, ebenso wie meine Ärzte im Krankenhaus, mit Zurückhaltung. Aber nach drei oder vier Sitzungen, die diesem Thema gewidmet waren, platzte sie heraus: «Dieser Mann hat ein *Problem.*»

Das war nicht, was ich hören wollte. So schmerzlich Thomas' Kritik an mir auch war, ich glaubte fest an sie. Ich *wollte*, daß er recht hatte. Wenn er recht hatte, bestand eine gewisse Chance, daß ich mein Verhalten ändern und ein anderer Mensch sein konnte. Thomas war der erste, der mir bestätigte, was ich schon immer gewußt hatte – daß *mit mir etwas nicht stimmte*. Diese Erkenntnis war grundlegend, aber irgendwie entging sie den Leuten immer wieder. Stattdessen versuchten sie, mich zu beruhigen, indem sie mir erzählten, was für ein wundervoller, liebenswerter Mensch ich sei und daß ich das Beste verdiente. Ich reagierte entweder mit Selbstmitleid oder mit stiller Wut auf ihre Platitüden. *Du hast doch keine Ahnung, wovon zum Teufel du sprichst*, dachte ich dann. Aber Thomas schaute mich an und sah, was ich sah: den heimlichen Schatten der Bestie.

«Du *bist* defekt», sagte er mir einmal, «aber nicht so, wie du denkst. Nicht, was deine inneren Werte oder deine Attraktivität oder deine Heiratsfähigkeit anbelangt. Die Chemie in deinem Gehirn ist defekt.» Es war die klarste und einfachste Zusammenfassung des Problems, die ich je gehört hatte. Doch damals wurde die Klarheit dieser Zusammenfassung sofort wieder von seiner wütenden Enttäuschung darüber zerstört, daß er seine Vision von einem neuen, glücklichen Eheleben dahinschwinden sah. Nach seiner Trauer Hoffnung zu finden und diese Hoffnung dann wieder weggeschnappt zu bekommen mußte ihm das Gefühl geben, vom Schicksal böse zum Narren gehalten worden zu sein. Er war ein abtrünniger Katholik – ein jesuitischer Atheist, sagte ich immer –, in dessen Universum es keinen Gott gab. Das einzige Ziel, auf das er seine Wut richtete, war ich. «Du bist ein *selbstsüchtiger, verkorkster Mensch*», sagte er in solchen Momenten, und ich nahm das, wie alles, was er sagte, als Tatsache hin. Die feine Differenzierung, die er früher gemacht hatte, die ich im Krankenhaus selbst angefangen hatte zu erfassen und die Eleanor jetzt zu machen versuchte, entglitt mir immer wieder.

Eleanors Infragestellung von Thomas' Urteil bestätigte nur, was ich bereits wußte, aber nicht zugeben wollte. Ich hatte Eleanor nichts von dem Vorfall erzählt, als er mich am Kragen gepackt hatte, und auch nicht von den Malen, an denen er mich beiläufig in der Öffentlichkeit gedemütigt hatte. («Du wirst abnehmen müssen», sagte er einmal im Kino, laut genug, daß andere es hören konnten. «Ich will nicht eines Tages aufwachen und einen Wal zur Frau haben.»)

Und so gerieten Eleanor und ich rasch in eine Sackgasse.

«Ich weiß, daß Sie sich für defekt halten», sagte sie immer wieder, «aber es würde helfen, wenn Sie sich selbst anders sehen könnten.»

Doch meinen eigenen Wahrnehmungen zu trauen schuf ein weiteres lästiges Problem: Jedesmal, wenn ich das einzige aussprach, was ich sicher wußte, hörten die Leute etwas ein klein wenig anderes. Wenn ich sagte: «Ich bin defekt», im Sinne von «Ich bin kaputt», hörten die Leute das als «Ich habe nicht genug Selbstachtung». Es war wie diese einfältige Passage in dem Buch von Stanley Jackson: «Zur Frage, wie eine klinische Depression zustande kommt, hielt Edith Jackson eine verminderte Selbstachtung für das wesentliche Merkmal.» Das war so, als würde man sagen, das Streiten mit eingebildeten Gesprächspartnern in der Öffentlichkeit sei ein wesentliches Merkmal der Schizophrenie. Damit setzte man entweder ein Symptom mit seiner Ursache gleich oder behandelte die Ursache bestenfalls als irrelevant. *Ja*, wollte ich protestieren, *aber die Menschen tun das, weil in ihrem Kopf etwas nicht stimmt*. Und so war es auch mit Depressionen. Ja, meine Selbstachtung war miserabel. Aber das zu sagen war nicht gleichbedeutend mit der Aussage, daß ich defekt war; meine Selbstachtung war so niedrig, *weil* ich defekt war.

«Versuchen Sie mal, so zu leben», hätte ich am liebsten zu Eleanor gesagt, wenn ich nur die Worte gefunden hätte.

«Versuchen Sie mal, durchs Leben zu gehen, wenn Sie nicht wissen, wann sich Ihre Wahrnehmungen verzerren, nie zu wissen, welche verzerrt und welche real sind. Versuchen Sie mal, wie das ist, wenn man Stimmungen ausgeliefert ist, die einen fortreißen, die man nur erklären kann, indem man sich auf die schlimmsten seiner verzerrten Wahrnehmungen verläßt. Versuchen Sie, jeden Tag zu arbeiten, wenn Sie sich nicht einmal erinnern können, wie das überhaupt geht, und Sie sich langsam wundern, warum man Sie überhaupt eingestellt hat. Versuchen Sie das alles mal, während Sie ein normales Leben zu führen versuchen, und dann sagen Sie mir, ob *Ihre* Selbstachtung nicht leidet.»

Aber das konnte ich nicht sagen. Alles, was ich sagen konnte, war: «Ich bin defekt.» Und Eleanor stand vor der Aufgabe, die Bedeutung dieser Aussage aufzudröseln.

Tatsächlich waren wir schon wieder auf das alte «Geist-Körper-Problem» gestoßen. Wie war das «ich» in dem Satz «Ich bin defekt» zu verstehen? Für Eleanor war die Verwendung dieses Wortes der bösartige Angriff eines depressiven Patienten gegen sich selbst. Für mich war diese Aussage eine andere Art zu sagen: «Mein Gehirn ist krank» – eine Formulierung, die irgendwie zwischen dem «ich» in jenem Satz und dem Gehirn, das es besaß, unterschied. Doch wer war «ich» dann? Es war, als spräche da der Homunkulus, dieses «Menschlein», von dem die Ärzte im Mittelalter glaubten, es sei in jedem Spermium enthalten, und das sich die Philosophen als jenes Wesen vorstellten, welches das, wie auch immer geartete, Innere des menschlichen Schädels «bediente». In bestimmter Hinsicht verwendete ich die gleiche mittelalterliche Metaphorik. Der Homunkulus in meinem Kopf sagte: «Diese Maschine ist defekt.» Doch für jeden außer mir, einschließlich Eleanor, hatte das «ich» nur eine Bedeutung: ich, die ganze Person. Der Patient.

Also, ich konnte sagen: «Mein Gehirn ist krank» und

mich selbst in einer Weise definieren, gegen die ich schon zuvor rebelliert hatte – als das simple Produkt einer chemischen Anomalie in dem klumpigen grauen Organ zwischen meinen Ohren. Oder ich konnte sagen, daß das, was da sprach, nicht mein Gehirn war, sondern eine mysteriöse Eigenschaft namens «Bewußtsein», die über ein übergeordnetes Wissen verfügte, das mein Gehirn allein nicht begreifen konnte.

Oder vielleicht war es auch anders. Vielleicht war mein Gehirn gar kein Organ, sondern ein Organ*ismus*, der Teile hatte, die noch funktionierten, selbst wenn andere es nicht taten. Vielleicht war es ja dieser gesunde Teil meines Gehirns, der immer wieder zu melden versuchte: «Hier stimmt etwas nicht», aber immer wieder mißverstanden wurde und sich in seiner eigenen Botschaft verhedderte. Dies fühlte sich irgendwie richtiger an als alle anderen Sichtweisen. Aber es klang auch bekloppt – als ob ich dächte, es gäbe da eine Art Captain Jean-Luc Picard, der von seinem Steuermann gemeldet bekommt: «Nebenschaden im Verholspillantrieb, Sir.»

«Okay», sagte Eleanor schließlich. «Wenn Sie damit meinen, daß Sie Probleme mit Depressionen haben, dann ist das richtig. Aber es macht alles nur noch schwerer, wenn Sie es so hart und verurteilend formulieren.» Und dabei beließen wir es. Ich hatte unmittelbarere und dringendere Sorgen.

Das Versprechen im Gedächtnis, das ich mir selbst im Krankenhaus gegeben hatte, begann ich, mir ein Sicherheitsnetz von Freunden aufzubauen – Menschen, die verstanden, daß ich Angstanfälle hatte, die bei mir blieben, bis die Krise vorüber war. Der Futon in meinem Wohnzimmer beherbergte einen ständigen Besucherstrom. Robin und Linda, alte Freundinnen aus Atlanta, die zufällig beide in meiner Straße wohnten, gewöhnten sich an meine Panikanrufe mitten in der Nacht. Sie warfen einen Mantel über ihren Pyjama und kamen herüber. Morgens um halb sieben taumelten sie wieder hinaus, um sich anzuziehen und zur Arbeit zu gehen. Ich schämte mich für meine Abhängigkeit. Aber manchmal, wenn ich in diesen dunklen Nächten wachlag, half mir nur, wenn ich spürte, daß da noch jemand anders atmete, selbst wenn es im Zimmer nebenan war.

Unterdessen las ich. Die Chemie der Depression, so entdeckte ich, war ein sehr interessantes und mysteriöses Thema.

Die Psychiatrie teilt die Welt der psychischen Störungen in zwei Hauptkategorien ein: Denkstörungen und affektive Störungen. Schizophrenie ist das klassische Beispiel für erstere, Depressionen für letztere, obgleich sich die beiden Kategorien oftmals überschneiden können. Mir fiel die Musik als Analogie ein. Jemand mit einer Denkstörung ist wie ein unmusikalischer Mensch, der versucht, Klavier zu spielen: Er denkt vielleicht, er bringe eine Melodie hervor, doch für die Umstehenden ist es nur Lärm. Menschen mit affektiven Störungen hingegen haben zwar ein Gefühl für die Tonlage, aber sie spielen auf einem beklagenswert verstimmten Klavier. Die erste Gruppe ist überzeugt, daß nicht sie selbst, sondern ihre Zuhörer die Melodie nicht erkennen können. Die zweite Gruppe ist sich schmerzlich bewußt, daß die Dissonanz von ihnen ausgeht – aber diese Menschen haben keine Ahnung, wie sie das Klavier stimmen sollen.

In beiden Fällen liegt das Problem bei den Neurotransmittern im Gehirn.

Eine Nervenzelle sieht ein bißchen aus wie eine zerdrückte Spinne, mit einem Körper und Armen, die in alle Richtungen nach außen gehen. Zwischen den Nervenzellen gibt es Zwischenräume, die sogenannten Synapsen. Die Zwischenräume werden von Neurotransmittern überbrückt, die die elektrischen Impulse einer Nervenzelle in eine chemische Form übertragen und sie dann über die Synapse an einen spezifischen Ort am Rezeptorneuron transportieren. Es passiert in jeder Sekunde, im Wachzustand wie im Schlaf, Milliarden Male am Tag, wie ein Schimmern von Wetterleuchten im Gehirn. Die Wissenschaft hat noch nicht alle Neurotransmitter und ihre Lage im Gehirn katalogisiert. Doch drei von ihnen haben sich für die Erforschung von Geisteskrankheiten als besonders wichtig herauskristallisiert: Serotonin, Noradrenalin und Dopamin.

Eines der Probleme bei Schizophrenen ist zum Beispiel, daß bei ihnen zuviel Dopamin umherschwirrt und die Rezeptorzellen mit unpassenden Botschaften bombardiert. Ihr Gehirn ist überdreht, wirr, chaotisch. Diese Menschen hören dann zum Beispiel Stimmen oder sind überzeugt, daß Spione durch ihre elektrische Schreibmaschine zu ihnen sprechen. Solchen Menschen war ich im Laufe der Jahre schon ein paarmal begegnet. Erstaunlich viele von ihnen kommen in Zeitungsredaktionen spaziert, weil sie in ihrer verzweifelten Suche nach Erleichterung die Vorstellung entwickeln, sie könnten ihre Peiniger durch Publicity zum Aufhören zwingen. Ein Mann hatte seinen Kopf in Aluminiumfolie eingewickelt; ein anderer schilderte in einem langen Brief, wie er seine Kopfhaut verstümmelt hatte, um die Elektroden unter seinen Haaren herauszubekommen. Einem gesunden Menschen erscheinen solche Aktionen entsetzlich und bizarr. Doch ich begann, es anders zu sehen, nämlich als die Reaktion eines Gehirns, das sich einer inneren Fehlfunktion bewußt ist und sogar vage weiß, was es ist – jedoch blind versucht, sie durch die Beseitigung einer äußeren «Ursache» zu kurieren. Wenn man Schizophrenie einmal so betrachtete, leuchtete es auf traurige Weise ein, sich den Kopf in Alufolie einzuwickeln.

Bei depressiven Menschen sind die Werte von mindestens zwei Neurotransmittern zu gering: Noradrenalin und Serotonin. Seit Jahren streiten sich die Forscher, welcher von beiden wichtiger ist, aber die aktuellen Forschungen, mit denen ich mich beschäftigte, schienen zu bestätigen, daß niedrige

Serotoninwerte ein zentraler Faktor sind. Hier war wieder einmal eine physikalische Problembeschreibung, die unmittelbar einleuchtete. Der Ausdruck «In meinem Kopf dreht sich alles im Kreise» war womöglich nicht nur ein Bild, sondern tatsächlich eine physikalische Beschreibung: Wenn man nicht ausreichend Neurotransmitter im Gehirn hatte, konnten die elektrischen Impulse, die sie übermitteln sollten, einfach ziellos im Kreis herumwandern oder verlorengehen. Auf diese Weise konnte der depressive Mensch von Dingen besessen werden oder sie vergessen.

Mehr über meine Krankheit zu erfahren gab mir ein Gefühl der Beherrschung und Kontrolle, zwei Dinge, die mir die Bestie immer geraubt hatte. Es half mir auch, eine Idee zu begreifen, auf die ich intuitiv nicht gekommen wäre: daß meine Gefühle gelegentlich von etwas *in* meinem Kopf verursacht sein konnten, nicht von etwas Äußerem. Früher hatte ich immer versucht, mir meine schwarzen Phasen zu erklären, indem ich in Leuten oder Ereignissen einen «Grund» dafür suchte. Mit acht war der Grund die Ermordung von Präsident Kennedy gewesen. Mit dreißig war es die Tatsache, daß ich unverheiratet war. Diese externen Wahrnehmungen waren beide real gewesen; beide hatten mich traurig gemacht. Doch keine war jemals für *alle* meine Gefühle verantwortlich gewesen und auch nicht für ihre Intensität und Hartnäckigkeit. Meine Gefühle waren so stark gewesen, daß ich, um sie zu rechtfertigen, äußere Ereignisse mit einer Bedeutung befrachtet hatte, die sie nicht besaßen. Hier hatte ich also die Erklärung für mein seit langem nagendes Gefühl, daß diese äußeren Erklärungen keinen rechten Sinn machten: Sie hatten nicht diese Bedeutung.

Wenn ich jetzt abends von der U-Bahn zu meiner Wohnung zurückging und dieses vertraute Gefühl brütender Hoffnungslosigkeit verspürte, konnte ich es mit einer anderen Erklärung versuchen. *Es ist die Krankheit*, sagte ich innerlich zu mir. *Warte einfach, bis es vorbei ist. Es ist die Krankheit.*

Inzwischen war es fast Sommer, und dafür, daß ich so viele Medikamente und ärztliche Zuwendung bekam, schien ich nur sehr langsam Fortschritte zu machen. Und doch, obwohl jeder Tag eine Qual war, begann ich, mit einer neuen Klarheit zu denken. Ich kam allmählich zu einer Erkenntnis, die im nachhinein fast komisch wirkt, weil sie so sehr auf der Hand liegt. Doch damals dämmerte sie mir wie ein langer, kalter Schrecken: Diese Krankheit konnte mich umbringen.

Das hier war keine isolierte Schlacht, die ich kämpfte, nicht einfach ein Streben nach persönlicher Verbesserung. Nein, es war ein Guerillakrieg, den ich seit vielen Jahren kämpfte, und die jüngsten Ereignisse hatten gezeigt, daß er sich nicht zu meinen Gunsten entwickelte. Zum ersten Mal begann ich in Ereignissen aus den letzten drei Jahrzehnten ein Muster zu erkennen – Ereignisse, die ich früher ignoriert oder nur auf einen persönlichen Knacks geschoben hatte. Die Geschichte mit der Toilette in der vierten Klasse. Das Fläschchen Aspirin in der High-School. Die Nächte herzklopfender Schlaflosigkeit im College. Meine beharrliche Suche nach Rettung in Beziehungen und, wenn sie scheiterten, die Weinkrämpfe auf dem Boden meines Zimmers und die monatelange Verzweiflung. Die Erleichterung, die ich im Laufe der Jahre so oft verspürt hatte, wenn mich der Alkohol kurzzeitig aus dem Gefängnis meines Selbst befreite; die Abende, die ich damit zugebracht hatte, die Angst in mir mit einem Glas Weißwein nach dem anderen abzuwehren (ganz schick, ganz im Trend – bestimmt nicht schädlich). «Mein Berg-und-Tal-Mädchen» hatte meine Mutter mich genannt, als ich fünf war. Keiner von uns hatte damals geahnt, wie recht sie damit hatte.

Das Muster war schwer zurückzuverfolgen – meine Erinnerungen waren so subjektiv, so durcheinander –, aber ich startete den Versuch. Ich nahm Papier und Bleistift zur Hand und malte Schaubilder in dem Versuch, ein Leben aufzuzeichnen, das ich damit verbracht hatte, durch Falltüren zu stürzen. Ich konnte nicht jeden Absturz und Aufstieg rekonstruieren, aber ich konnte die groben Umrisse eines klaren Auf-und-ab-Musters sehen. Es erstreckte sich in heilsamer wie unheilvoller Weise auf alles in meinem Leben, nicht nur auf die depressiven Episoden. Meine Arbeitsgewohnheiten zum Beispiel waren von jeher sehr ungleichmäßig gewesen. Ich konnte längere Phasen harter und produktiver Arbeit einlegen und es dann wochen- oder gar monatelang ziemlich schleifen lassen. Es hatte mich nie in Schwierigkeiten gebracht, weil ich von Natur aus sehr effizient arbeitete und es schaffte, mich auch in meinen Tiefzeiten noch über Wasser zu halten. Dieses Grundmuster galt sogar für die Schwankungen meines Körpergewichts seit der Pubertät. Über die Jahre sah ich auf manchen Schnappschüssen dünn, fast ausgezehrt aus und auf anderen wieder regelrecht pummelig. Wie sehr ich auch auf meine Ernährung achtete, dieses Muster hatte sich niemals grundsätzlich verändert.

An vielen Punkten hatte ich erkannt, daß diverse Aspekte meines Lebens eine Art Sinuskurve zu bilden schienen, wie wir sie im Mathematikunterricht an der High-School gezeichnet hatten. In diesen Momenten erblickte ich meine geistige Topographie von einem Hügelkamm aus. Einmal, nach einer schlechten Phase in meinem ersten Job, hatte ich mir fürs Büro einen Kaffeebecher mit einem Wellenmuster am unteren Rand gekauft – eine sichtbare Gedächtnisstütze, die mich an frühere Fehler erinnern und mir helfen sollte, die nächste Talsohle zu überwinden. Es half nichts. Im Laufe der Jahre gelangte ich oft zu tiefen Erkenntnissen, und ebensooft gingen sie mir wieder flöten.

Jetzt hatte ich zum ersten Mal begonnen, den Charakter

und die Form meiner Krankheit zu erkennen und sie zu einem widerwilligen Rückzug zu zwingen. Aber ich wußte jetzt auch, daß sie wiederkommen würde – wenn nicht nächste Woche, dann nächsten Monat oder nächstes Jahr. Und wenn ich keine besseren Waffen zu ihrer Bekämpfung finden konnte, war ich nächstes Mal vielleicht schon zu müde zum Kämpfen. Wenn das geschähe, wenn ich jemals wieder damit konfrontiert sein würde, zurück ins Krankenhaus gehen zu müssen oder noch einmal eine solche Zeit zu durchleben wie jetzt, würde ich den Tod wählen.

Es war das erste Mal, daß ich dies mit klaren Augen sah, eine Vision ohne jegliche Sentimentalität. Dies war kein Problem, das sich mit einem Wundermittel lösen ließ; keine Pille, kein Krankenhaus, kein Zeitschriftenartikel, keine spezielle Therapieschule würde es alleine schaffen, mich zu retten. Diese Person, von der ich vor Jahren geträumt hatte – in einer dunklen und unkartierten See mit einem winzigen Floß auf dem Weg zu dem erleuchteten Vergnügungsschiff am Horizont –, war ich. Auf diesem erleuchteten Schiff stellte ich mir die Wärme menschlicher Körper vor, Menschen, mit denen man zusammensein konnte, ein Leben, das man leben konnte. Auf meinem Floß gab es nur mich und mein lumpiges Gepäck. Und wie ein Gewicht auf meinen Schultern spürte ich plötzlich die eisige Hand der Notwendigkeit.

Rigoros begann ich, alles abzuwerfen, was zum Überleben nicht unbedingt nötig war.

Über mehrere Wochen im Mai und Juni warf ich Sachen weg – alte Lehrbücher aus der Studienzeit, Reiseandenken, Kleider, die ich nicht mehr trug, aber mit denen ich sentimentale Erinnerungen verband, Bücher, die ich einst geliebt hatte, Haartrockner, abgelaufene Rezepte, Briefe von Freunden, alte Geburtstagskarten, Schmuck aus der Kindheit. Ich hörte auf, Make-up zu tragen. Ich nahm die Familienfotos im Wohnzimmer aus den Rahmen und bewahrte sie in einem Schrank auf. Ich wußte nicht, ob ich mich auf den Tod vorbereitete oder darauf, einen Sturm zu überstehen. Ich wußte nur, daß ich mir kein überflüssiges Gepäck leisten konnte.

Ebenso schonungslos ging ich mit Menschen um. Trotz allem hatte ich immer leicht Freunde gefunden. Jetzt entdeckte ich, daß es tatsächlich möglich war, zu viele zu haben – zu viele wohlmeinende Leute, die dachten, mir fehlte nichts weiter als ein paar Streicheleinheiten fürs Ego, daß meine Schwierigkeiten verschwänden, wenn ich mir nur «etwas Zeit für *mich* nehmen» würde. Ich konnte ihnen nicht erklären, daß das genau das war, was ich versuchte, *nicht* mehr zu tun, daß ich aus diesem Glaskasten nur ausbrechen konnte, wenn ich mich *nicht* damit zufriedengab, wer ich war. Es gab auch andere Leute, die wie ich mit ihren eigenen Dämonen kämpften. Auch ihre Gesellschaft konnte ich mir nicht leisten. Wir waren wie Veteranen in derselben Kampfeinheit – nur daß ich beschlossen hatte, dieses Heer zu verlassen. Ich mußte sie zurücklassen. Wieder andere fühlten sich einfach mit der Tracy wohl, die sie immer gekannt hatten. Entweder war es ihnen ziemlich gleichgültig, ob sich diese Person auch mit sich selbst wohl fühlte, oder sie fanden es bequemer, nicht über diese Frage nachzudenken.

Auf sie alle wandte ich dieselbe unbeugsame Regel an: Wenn sie keine unmittelbare, konkrete Hilfe bieten konnten, brach ich mit ihnen. Ich hatte keine Zeit für sie, ihr Leben oder ihre Probleme; ich hatte keine Energie für Erklärungen. Vor Jahren, als Patti und ich Hausgenossinnen wurden und sie sich gerade scheiden ließ, hatte sie meinen Vorschlag, ein paar Zimmerpflanzen zu kaufen, mit der Bemerkung abgewiesen: «Ich möchte für kein einziges Lebewesen mehr verantwortlich sein außer für mich selbst.» Heute wußte ich, wie sie sich gefühlt hatte. Wie ich es schon einmal wegen Thomas getan hatte, beantwortete ich keine Briefe oder Anrufe mehr. Wenn die Leute daran Anstoß nahmen, stählte ich mich dafür, so zu leben, wie ich nie gelebt hatte, nämlich ohne ihre Anerkennung.

Es gab Opfer. Eines der ersten war meine Freundin Linda, die mir gegenüber wohnte. Wir waren in Atlanta Nachbarn in einem Mietshaus gewesen, bevor es sie aus beruflichen Gründen einige Jahre vor mir nach Washington verschlug. Linda war eine schöne Frau, eine echte Südstaatenschönheit aus Birmingham, die mehr als eine flüchtige Ähnlichkeit mit der jungen Katherine Hepburn hatte. Sie war auch eine unbelehrbare Präfeministin. Sie richtete ihr Leben in erster Linie nach Männern aus und stand dazu. Ihr Code und meiner waren ziemlich ähnlich, nur daß Linda ihr Hauptanliegen offener zur Schau trug. Jetzt, als sie sah, daß ich mir nicht einmal mehr die Mühe machte, Wimperntusche aufzulegen, bevor ich das Haus verließ, war sie verblüfft und alarmiert. Einmal kam sie herüber, setzte mich neben ein Fenster, wo das Licht gut war, und fing doch tatsächlich an, mich eigenhändig zu schminken. Ich war verärgert, aber ich versuchte es nicht zu zeigen. Ein paar Tage später gerieten wir beim Abendessen in einen größeren Streit. Sie sagte mir, daß diese Veränderungen, die ich da durchzog, ein törichter Versuch seien, meine südstaatlichen Wurzeln zu vergessen, mein wirkliches Selbst zu verleugnen und zu einer Art abgehobenem Geschöpf meines neuen Jobs zu werden – kurz, einen Snob aus mir zu machen. Ich war entrüstet. Der Teil, daß ich meine Wurzeln aufgeben wollte, war albern. Aber ich sah mich außerstande, zu erklären, was ich tat. Auf einer Ebene war zum Beispiel die Make-up-Frage auch albern: Wenn es im Moment zuallererst darum ging, unter welchen Umständen ich mein Leben von nun an leben würde, war Make-up wohl nicht von vorrangiger Bedeutung. Doch auf einer anderen Ebene war es wieder bedeutsam: Es stand für ein Abwerfen der Maske, die ich erstmals in der Pubertät übergezogen hatte. Ich wollte unter keinen Umständen falsch sein, nicht einmal in so trivialen Dingen.

Wir aßen in einem heruntergekommenen afghanischen Restaurant nicht weit von unserer Straße. Ich versuchte ihr diese Dinge zu sagen, aber im Lauf des Essens wurde klar, daß wir aneinander vorbeiredeten. Als wir hinterher zusammen hinausgingen, waren wir sehr frostig zueinander.

«Es tut mir leid, daß du es so empfindest», sagte ich kalt, um die Unterhaltung abzuschneiden. Wir standen an der Ecke, direkt vor ihrem Apartmenthaus.

«Nein, ich glaube nicht, daß es dir leid tut», gab sie zurück. Ich wandte mich von ihr ab und ging nach Hause. Ich brach mit ihr – meiner enervierenden, aber wohlmeinenden Freundin, die in vielen dunklen Nächten bei mir übernachtet hatte. Von diesem Tag an lebten wir einander gegenüber wie Fremde.

Später hörte ich Varianten desselben Vorwurfs von anderen alten Freunden aus Atlanta, die zu dem Schluß gekommen waren, daß meine Arbeit für die *Washington Post* mich zu einem sozialen Aufsteiger im Medienbusineß gemacht habe, daß ich sie abgeschüttelt hatte wie Staub von meinen Schuhen. «Du bist jenseits von allem, vom Radarschirm verschwunden», sagte einer von ihnen erbittert. *Sollen sie das doch denken*, dachte ich grimmig und strich Namen aus meinem Adreßbuch. Thomas sagte: «Ich sehe, du triffst endlich einmal eine ernsthafte Auswahl» – und dachte zweifellos, ich nähme mir seinen Rat zu Herzen, diese provinziellen Leute aus meiner Vergangenheit loszuwerden. Meine Reaktion auf seine Bemerkung war ein weiterer Schock: *Ich tue das nicht für dich, Freundchen.*

Es tat weh, dieses Zerreißen des sozialen Netzes, das ich mir im Laufe der Jahre so sorgsam aufgebaut hatte, und ich betrieb es extrem gründlich. Ich setzte mich nicht nur von Leuten ab, die mich behindert hätten, sondern auch von manchen, die mir geholfen hätten. Ich verletzte nichtsahnende Menschen, und diese Beziehungen brauchten später lange, um wieder zu heilen. Und doch tut es mir auch heute nicht leid. Diese Disziplin, so hart ich sie betrieb, war eine Art geistiger Härte, die ich dringend brauchte. Es war zumindest etwas Aktives. Ich war so sehr an Passivität gewöhnt, daran, mich von meinem Elend überwältigen zu lassen und im Selbstmitleid zu baden. Jetzt begann ich, Selbstmitleid als einen Luxus zu sehen, den ich mir nicht leisten konnte, der vielleicht sogar tödlich war. Bei American City Diner gab es an der Kasse einen Button zu kaufen, den ich, obwohl er vermutlich für Eltern von kleinen Kindern gedacht war, für mich ganz passend fand. Er trug das Wort «GEJAMMER» in einem roten Kreis mit einem diagonalen Balken. Darunter stand: «Jammern verboten.» Das wurde meine neue Liturgie. Ich wiederholte sie oft; ich mußte.

Ein Buch in meiner kleinen, aber wachsenden Bibliothek über Depressionen war ein Band mit dem Titel *Cognitive Therapy of Depression* (dt. Kognitive Therapie der Depression, Weinheim, 4. Auflage 1994) von Aaron T. Beck, A. John Rush, Brian F. Shaw und Gary Emery. Ich hatte es zunächst beiseite gelegt, da es schon 1979 erschienen war und ich es daher für möglicherweise veraltet hielt. Der Ausdruck «kognitive Therapie» war nicht neu. Ich assoziierte ihn vage mit einem alten Varieté-Gag. Patient: «Doktor, es tut weh, wenn ich das tue.» Arzt: «Nun, dann tun Sie es nicht» – also eine Technik, die den Leuten beibrachte, mit Unangenehmem umzugehen, indem sie es vermieden. Jetzt nahm ich das Buch zur Hand und fing an zu lesen; entweder fand ich es brauchbar, oder ich würde es wegwerfen. Es las sich zäh, besonders in den Anfangskapiteln – ein Meer von schwülstiger Prosa mit vielen Wörtern auf «ismus» und «isieren». Aber als ich mich weiter durchblätterte, wurde mir klar, daß es etwas hatte, was anderen psychiatrischen Büchern fehlte:

eine schrittweise Untersuchung der von Depressionen verursachten Denkgewohnheiten und praktische Vorschläge für ihre Veränderung.

So enthält das Kapitel mit der Überschrift «Depressogene Grundannahmen» etwa ein Beispiel für die verzerrten Prämissen, von denen depressive Menschen abhängig sind, ohne es zu merken. «Hauptprämisse: ‹Wenn ich nicht geliebt werde, bin ich wertlos.› Spezieller Fall: ‹Raymond liebt mich nicht.› Schlußfolgerung: ‹Ich bin wertlos.›» *Diese* Argumentation klang sehr bekannt; ich brauchte nur «Raymond» durch «Thomas» zu ersetzen. Sie schwarz auf weiß vor mir zu sehen ließ mich erkennen, wie manche meiner starren, absoluten «Regeln» unaufhaltsam zu katastrophalen Schlußfolgerungen geführt hatten. Es war hilfreich, die Fehler in dieser Denkweise intellektuell besser zu erfassen. Doch im Gegensatz zu allem, was ich immer über Therapie angenommen hatte, verhalf mir das Verständnis dessen, was ich tat, nicht dazu, damit aufzuhören. Wenn ich mich immer noch wertlos *fühlte*, was oft vorkam, so war das die Erklärung, die mein Gehirn hervorbrachte. Es war eine Frage intensiven Empfindens, angesichts dessen alle Logik nur ein schwächlicher Verbündeter war.

Ich las jeden Abend ein bißchen weiter in dem Buch. Wie bei einem Computermanual übersprang ich die Teile, die für mich nicht relevant waren, und konzentrierte mich auf das, was nützlich aussah. Auf diese Weise gelangte ich zu Kapitel 7, «Die Anwendung von verhaltenstherapeutischen Techniken». Manche der Vorschläge empfand ich als Effekthascherei. Einen Zähler am Handgelenk zu tragen, um meine «dysfunktionalen» Gedanken aufzuzeichnen, sagte mir nicht zu. Aber es wurden auch schriftliche Hausaufgaben erwähnt, zum Beispiel bestimmte tägliche «Aktivitäten» zu planen und meine Fortschritte in eine Tabelle einzutragen. Darauf sprang ich an. Die Idee, Dinge niederzuschreiben und

Tabellen zu führen, war ein Konzept, das jedem ehemaligen Streber zusagen mußte. Ich sprach mit Eleanor darüber und beschloß, mir selbst einige Hausaufgaben aufzugeben. Die Seite vom 3. April 1990 ist immer noch unter meinen Notizen: «Meine sechs Ziele für die nächsten sechs Monate».

Dieser Tag ist mir als besonders trostlos in Erinnerung – draußen schwül und warm, die Stadt eine Masse von blühenden Azaleen und Forsythien, Heiterkeit draußen und Düsterkeit in meinem Kopf. Marion Barrys Prozeß wegen Drogenbesitzes war für Anfang Juni im Bundesgericht angesetzt. Er zog internationale Aufmerksamkeit auf sich, und ich war einer der vier Reporter von der *Post*, die dafür eingeteilt waren. Mein Kollege Michael York und ich würden die tägliche Prozeßstory schreiben. Es bestand keine Chance, daß ich bis dahin «geheilt» sein würde, was immer das bedeutete. Mein Ziel war, nicht zu versagen.

Und so schrieb ich meine sechs Ziele auf.

Ziel Nummer eins war das wichtigste: auf andere Menschen zuzugehen und Freundschaften zu pflegen – nicht nur zu Menschen, mit denen ich zufällig ins Gespräch kam, sondern zu Menschen, von denen ich wußte, daß sie ein einigermaßen gesundes und ausgewogenes Leben führten.

Manche der faszinierendsten Menschen, die ich kannte, waren Alkoholiker oder Menschen mit Problemen wie ich. Ihr Leben war oft dramatisch und interessant, ihre Liebesaffären tragisch oder leidenschaftlich oder beides. Gesunde Menschen – Singles, die es gerne waren, Menschen mit Ehepartnern und Kindern, Menschen, die das gefunden hatten, was oft als gewöhnliche Liebe abgewertet wird – hatte ich als langweilig abgetan, selbst wenn ich sie um das Leben, das sie führten, insgeheim beneidete. Jetzt begann ich, sie näher zu betrachten, zu sehen, wie sie mit ihren eigenen Problemen fertig wurden, wie ihr tägliches Leben aussah. Sie schienen sich alle in einem grundlegenden Aspekt zu ähneln: In der einen oder anderen Weise waren sie alle nach außen orientiert. «Nach außen orientiert» bedeutete nicht «altruistisch», das heißt, es waren nicht unbedingt Menschen, die ihre Zeit in Volksküchen verbrachten. In mancherlei Hinsicht konzentrierten sich ihre Energien sogar ziemlich auf ihre eigenen Interessen, galten ihren eigenen Familien oder engen Freunden. Aber innerhalb dieser Grenzen, so sah ich jetzt, lebten Individuen, die nicht viel Zeit damit zubringen wollten oder es auch nicht brauchten, ihre eigene Psyche auseinanderzunehmen oder alten Schmerz zu analysieren. Sie waren zu sehr damit beschäftigt zu *leben* – ihr Arbeitspensum zu schaffen, eine Kasserolle zu machen, ein Kind in den Schlaf zu singen.

Die Jahre der Therapie hatten in mir einen blinden Glauben an die platonische Maxime erzeugt, nach der «das Leben, das nicht untersucht wird, nicht lebenswert ist». Aber was, wenn die logische Folge daraus ebenfalls zutraf? Was, wenn das ungelebte Leben nicht untersuchenswert war? War Selbstprüfung ein endloses Unterfangen, oder war es ein Mittel zu einem höheren Zweck?

Ich begann, soziale Risiken einzugehen. Ich begann, mit Offenheit zu experimentieren. Wenn mich einer mit echtem Interesse fragte, wie es mir ergangen war, versuchte ich nicht länger, diese Frage mit einem Achselzucken oder einer Lüge abzuwehren oder mit einer Art aggressiver Selbstbloßstellung nach dem Motto «Wenn Sie unbedingt etwas zum Tratschen brauchen, bitte» zu beantworten, wie ich es am Anfang getan hatte. «Um ehrlich zu sein, ich hatte in den letzten Monaten schwer mit Depressionen zu kämpfen», sagte ich jetzt. Es kam auf den Ton an; es war wichtig, es ganz schlicht zu sagen, nicht defensiv. Von jetzt an, versprach ich mir, würde ich diese Art Ehrlichkeit überall im Umgang mit anderen bewahren; es würde eine so schlichte Ehrlichkeit sein, wie es mir möglich war.

Und dann – dazu neige ich – verkehrte ich meine neue Regel ins Extreme. Einmal rief ich einen männlichen Bekannten an und erklärte ihm, daß ich unter anderem mit ihm essen gehen wolle, um ihm zu sagen, daß ich noch frei sei. (Er war es nicht. Er überlegt vermutlich noch heute, wie es zu dieser Enthüllung kam.) Manchmal sprach ich Freunde noch mal an, um eine Bemerkung zu klären, an die sie sich nicht einmal erinnern konnten. Und ein paarmal belemmerte ich Leute mit jener Art von unerwünschter Selbstoffenbarung, wie man sie sonst von besoffenen Fremden an der Bar kennt. Aber bei anderen Gelegenheiten begann ich zu spüren, daß, ganz im Gegensatz zu meinen Erwartungen, die Enthüllung dieser meiner Deformität doch tatsächlich dazu führte, daß die Leute mich mehr mochten. Ehrlichkeit scheint alles andere als gesprächstötend zu sein, nein, sie regt das Gespräch an. Merkwürdig, aber wahr. Einmal war ich abends mit einer Kollegin essen, die ich gerade richtig kennenlernte, und obwohl ich mich nicht genau erinnern kann, worüber wir sprachen, weiß ich noch, wie sie impulsiv ihre Arme um mich legte, als ich auf dem Weg nach draußen war. Ich war verlegen und erfreut; ich wußte gar nicht, wie mir geschah. Später sagte sie mir: «Du hast an diesem Abend so zerbrechlich gewirkt.»

Es war mir damals nicht klar, was dies bedeutete, aber rückblickend sah ich es als den Beginn einer neuen Erkenntnis – daß Freunde mehr sein konnten als Sicherheitsnetze für einsame Zeiten, daß wirkliche Freundschaft die Verschmelzung der kreativen Energien zweier verschiedener Menschen ist – sehr viel mehr als die Summe ihrer Teile. Nicht daß ich das noch nie zuvor erlebt hätte, aber wenn es dagewesen war, hatte ich es nicht zu schätzen gewußt. Jetzt fing ich an, es an unerwarteten Stellen zu entdecken – in einem alten Freund, dessen Wert ich übersehen hatte, in einem neuen Freund, dessen Wert ich gerade erst erkannte.

Hinter Ziel eins stand die ungeschriebene Prämisse, weniger selbstbezogen zu werden und mehr Bewußtsein für andere zu entwickeln, auf welchem Weg auch immer. Dies zu lernen war so, als würde ich Skifahren lernen. Ich mußte beobachten, wie andere es machten, es selbst riskieren und viel hinfallen.

Oft fand ich die einfachsten Tricks am nützlichsten. Zum Beispiel war ich es nicht gewöhnt, beim Aufzugfahren zu warten, wenn ich ein- und ausstieg. Sobald die Türen aufgingen, trat ich vor. *Platz da*, dachte ich, obwohl ich mein Verhalten verstandesmäßig weniger selbstsüchtig begründete, etwa so: *Diese Leute werden mehr Platz haben, wenn sie mich zuerst gehen lassen.* Jetzt versuchte ich, mich dazu zu trainieren, anderen den Vortritt zu lassen. Ich nannte das die «Aufzugregel». Sie veränderte mein Leben nicht, aber ich stellte fest, daß ich, wenn ich sie beachtete, andere Menschen bewußter wahrnahm – wo sie standen, ob sie etwas bei sich trugen, was für einen Gesichtsausdruck sie hatten. Und das war eine weitere kleine Ablenkung von meiner unerbittlichen Beschäftigung mit mir selbst. Ich begann, auf diese Weise auch an anderen Orten von meinen Mitmenschen Notiz zu nehmen – im Bus, auf der Straße. Sie gaben vielerlei von sich preis; für den Aufmerksamen sind wir alle dem Nacktsein viel näher, als wir glauben.

Die anderen Ziele waren etwas bodenständiger. Ziel Nummer zwei zum Beispiel: «Behalte deine Diät und dein Fitneßprogramm bei.» Ich machte oft die Erfahrung, daß zur Gymnastik zu gehen und mich auszutoben mich nicht entkräftete, sondern meine Energie zurückzubringen schien, selbst dann, wenn ich mich vorher erschöpft gefühlt hatte. Oder Ziel drei: «Widme dich intensiv deiner Arbeit. Sie ist dein Trost, sie ist deine Karriere. Sie ist *wichtig*.» Ich fühlte mich schuldig dafür, wie dürftig meine beruflichen Leistungen seit so vielen Monaten gewesen waren. Aber hier ging es nicht nur darum, Schuldgefühle zu beschwichtigen: Es ging um praktische Belange. Es gab keine Stiftungsgelder für meine Zukunft. Mich meiner Arbeit bei der *Post* zu widmen war der beste Weg zur Sicherung meiner finanziellen Stabilität, ganz zu schweigen von einer Krankenversicherung, die den 10 000-Dollar-Batzen von Krankenhausrechnung des Georgetown vom letzten Winter übernommen hatte. Und dann war da Ziel vier: «Mach mit der Therapie und den Medikamenten weiter.»

Ziel fünf lautete: «Bemühe dich ernsthaft, Männer kennenzulernen. Verhalte dich darin nicht passiv, es macht dich zum Opfer.» Dies klappte nicht, um es ganz unverblümt zu sagen. An der Tatsache, daß ich es überhaupt niederschrieb, konnte man abmessen, wie sehr ich mich selbst belog, was meine fortdauernde Besessenheit von Thomas betraf. Doch dieses Ziel zu haben zwang mich zumindest, mich aktiv zu bemühen, neue Leute kennenzulernen. Wenn ich nicht diese Fiktion gehabt hätte, auf die ich meine Anstrengungen gründete, wäre es viel schwerer gewesen, aus meinem gesellschaftlichen Exil auszubrechen. Leute, die ich kaum kannte, anzurufen und zum Essen einzuladen, kam mir vor wie eine Art emotionales Schnorren. Es war besonders vertrackt in einer Stadt wie Washington, wo man davon ausgeht, daß niemand mit jemand anderem essen geht, ohne ein konkretes Programm zu haben, über das man sprechen will. Mein Programm war: *Ich bin einsam, ich brauche Freunde.* Konnte man das sagen, ohne das Restaurant leerzufegen? Meiner Ansicht nach nicht. Doch nach Verabredungen zu fischen war komischerweise ein akzeptierter Zeitvertreib; die Leute betrachteten es entweder als eine Form, Beziehungen anzuknüpfen, oder als eine direkte Einladung ins Bett.

Ziel Nummer sechs war eine Inspiration, obwohl ich das erst viel später merken sollte: «Übernimm freiwillige Arbeiten, am besten mit Kindern.» Damals hatte ich es hingeschrieben, weil es sich gut anhörte und weil ich durch Thomas' Kinder entdeckt hatte, wie sehr Kinder einen von seiner unbarmherzigen Nabelschau ablenken konnten. Von allen Zielen sollte sich dieses als dasjenige mit der weitreichendsten Bedeutung erweisen. Aber das kam später.

Ich erinnerte mich, daß mir eine Freundin bei den Weight Watchers erzählt hatte, wöchentliche Auswertungen seien besser als tägliche, weil letztere zu sehr den momentanen Höhen und Tiefen unterlagen. So wurde der Samstagvormittag zu meinem wöchentlichen Auswertungstag. Doch als tägliche Aufgabe hatte ich mir gesetzt, wenigstens *eine Sache* zu tun, die einem dieser sechs Ziele zugute kam. Ich mußte keinen Erfolg haben, es ging nur darum, es ernsthaft zu versuchen. Es konnte so etwas sein, wie mich zum Essen zu verabreden, eine freiwillige Hilfsorganisation anzurufen und um Informationen und Beitrittsformulare zu bitten oder zum Sport zu gehen. Das einzige, was ich mir nicht gestattete, war freie Zeit. In meinem Plan gab es in diesem Stadium keine «Tage der geistigen Gesundheit». Ich hatte derart Angst davor, wieder in den Abgrund zu stürzen, daß ich es nicht wagte, irgendein Risiko einzugehen.

Eine Sache am Tag. Es hört sich nicht nach viel an, aber manchmal überstieg es fast meine Kräfte. Ein Bekannter aus dem Gericht lud mich an einem Samstag abend zu einer Party ein, und ich ging hin. Der Lärm und das heitere Geschwätz der Leute taten fast körperlich weh. Als ich da in diesem Raum stand, mit meinem Bier in der Hand, fühlte ich mich wie ein armes Geschöpf, das man gekocht und geschält hatte. Aber als ich an diesem Abend ins Bett ging, wußte ich, daß ich meine Tat für diesen Tag vollbracht hatte. Jeder Tag, an dem ich meine Sache erfolgreich bewältigte, war wieder ein kleiner Sieg über die Bestie.

Es gab auch positivere Erfahrungen. Ich meldete mich zu einem Freiwilligenprojekt, das «Weihnachten im April» hieß und von der *Post* gesponsert wurde. Dabei suchten sich die Mitarbeiter ein Haus aus, meist das eines älteren Menschen, in dem sie einen Tag lang strichen, reparierten, spachtelten, putzten und bohnerten. Der festgesetzte Samstag kam, und ich verfluchte mich morgens beim Aufwachen für dieses tollkühne Unternehmen, dieses sentimentale Weltverbesserertum, das mir ein ganzes Wochenende ruinieren würde. Ich verfluchte mich beim Anziehen, und ich verfluchte den Verkehr, während ich in eine schäbige Wohngegend in einem unbekannten Teil der Stadt fuhr. Was für eine saudumme Idee, sagte ich mir selbst, und dann drückte mir jemand einen Pinsel in die Hand. Am Ende des Tages merkte ich, daß ich ein ganzes Badezimmer frisch gestrichen und gelernt hatte, wie man Glasscheiben an einer Verandatür auswechselt. Und ich hatte ein wirklich ungewohntes Gefühl von *Nützlichkeit*.

Bei meinen wöchentlichen Auswertungen wies ich allem nach Gutdünken eine Zahl zu, je nachdem, wie gut ich darin gewesen zu sein glaubte. Bei jedem Ziel bewertete ich mit 0 bis 10, so daß 60 die Höchstpunktzahl war. Ich versuchte, die Punkte großzügig, aber ehrlich zu vergeben. Woche für Woche stellte ich fest, daß ich beim Addieren der Punkte zu einer Summe gelangte, die von mehr Erfolgen zeugte, als ich mir selbst zugestand. Hier war ein experimenteller Beweis für das, was Eleanor mir ständig erzählte – daß meine Wahrnehmungen verzerrt waren, daß ich sehr viel besser war, als ich glaubte. Und da es meine eigene Realitätsprüfung war, konnte ich unmöglich dagegen argumentieren.

Eine weitere Technik, die ich aus dem Buch von Beck übernahm, bezog Freunde mit ein. Wenn ich mich von Tränen und Ängsten überwältigt fühlte, rief ich Eleanor oder Thomas an, manchmal auch meine Freunde Tim und Priscilla in New York. Ihre Aufgabe war es, gezielt Dinge aufzulisten, die ich in der letzten Zeit getan und mir selbst nicht als Erfolg angerechnet hatte, aufzuzeigen, in welcher

Weise ich Fortschritte machte. Das erinnerte mich ein bißchen an das Schild, das ich im Suburban Hospital in der Nacht gesehen hatte, als ich dort aus der Psychiatrie flüchtete: «Valentinskarten ausschneiden und basteln»: Doch selbst solche einfältigen Übungen brachten etwas. Priscilla erinnerte mich daran: «Weißt du, du hast letzte Woche deine Wohnung geputzt, du bist nicht einfach im Bett geblieben.» Oder Eleanor sagte: «Ja, ich weiß, daß Sie jetzt Angst haben, aber Angst hat noch keinen umgebracht. Warten Sie einfach, und sie wird nachlassen.» Thomas hob zum Beispiel hervor: «Aber deine Durchsuchungs- und Beschlagnahmungsstory hat es auf die Titelseite geschafft. Ich habe jemanden in meiner Abteilung sagen hören, wie gut sie war.» Die einzige Regel lautete, daß der Kommentar eine unangreifbare Tatsache sein mußte. Allgemeine Aussagen konnte ich leicht mit einer anderen niederschlagen: «Aber du bist doch ein fabelhafter Mensch.» – «Nein, das bin ich nicht. Ich bin defekt.»

Die wertvollste Einzeltechnik aber war die, welche am geistlosesten klingt: mechanisches Wiederholen. Es konnte verbal oder schriftlich sein, ausgesprochen oder nur in Gedanken. Wenn eine Angstattacke kam, zog es meine Gedanken wie in einem Trichter nach unten, sie wurden enger und enger, bis sie sich auf einen winzigen Punkt wütender Energie konzentrierten. Früher waren die Attacken immer unaufhaltsam gewesen. Jetzt machte ich die Erfahrung, daß stupides Wiederholen sie aufhalten, manchmal sogar die Angst verschwinden lassen konnte. Wenn ich das vertraute hohle Gefühl in der Magengrube spürte, das erste Prickeln auf der Haut, versuchte ich schnell, mir einen Satz einfallen zu lassen, den ich wiederholen konnte. Es mußte eine konkrete, positive Botschaft sein, kein unsinniges Mantra, sondern etwas, das mir über einen schlechten Moment hinweghelfen würde. Manchmal schrieb ich es auf, wie ein Schüler bei einer Strafarbeit; ein andermal wiederholte ich es nur für mich.

«Es geht mir jeden Tag ein bißchen besser.»

«Ich *werde* eine Familie haben.»

Mit der Zeit fand ich heraus, daß es am wirkungsvollsten war, wenn ich die Botschaft mit irgendeiner körperlichen Aktivität verband – so daß ich beispielsweise auf dem Weg zur Arbeit die Worte im Rhythmus meiner Absätze auf dem Pflaster takten konnte. Die Worte erhielten dann eine Art poetisches Metrum. Der Satz mit der «Familie» zum Beispiel war ein Dreizeiler mit einem Takt pro Zeile und dem «Ich» als eine Art Auftakt:

«Ich WERDE eine/Familie/haben.»

Es war die Parris-Island-Methode, die Art, wie Marinerekruten sich durch 20-Meilen-Märsche mit fünfzig Pfund Gerät auf dem Rücken kämpften. Andere Beispiele waren Matrosenarbeitslieder oder der Singsang, den die afrikanischen Sklaven in den Baumwollfeldern des Südens benutzt hatten. Die Worte verstärkten die Handlung, und die Handlung verstärkte die Worte. Zusammengenommen war es so, als würde ein Bulldozer durch das Unterholz von Neuronen in meinem Gehirn brechen und eine neue Straße schaffen, wobei er die Pfade auslöschte, die vorher dort gewesen waren. Diese alten Pfade waren die automatischen negativen Gedanken gewesen – «Ich bin fehlerhaft» oder «Ich bin nicht liebenswert». Unerbittlich und unermüdlich hatten sie auf einer Ebene unterhalb des bewußten Denkens existiert, das es nicht vermochte, sie abzuwehren. Meine verzerrten Denkmuster in dem Buch von Beck auseinandergenommen zu sehen hatte mein intellektuelles Verständnis gefördert, aber nicht das eigentliche Problem an der Wurzel berührt.

Selbsteinsicht, Selbstanalyse – all die Techniken, die ich mir in all den Jahren traditioneller Gesprächstherapie so mühsam angeeignet hatte – halfen nichts. Logik auf Angst anzuwenden war so, als wollte man mit einem Bienenschwarm vernünftig reden. Die Instrumente der Psychotherapie waren nützlich, um zu analysieren, wie ich mit anderen Menschen umging. Aber die Depression war ein Problem, das in meinem Gehirn anfing; sämtliche Probleme, die ich damit haben mochte, mit anderen Menschen auszukommen – und das war nie mein schlimmstes Problem gewesen –, waren ein Symptom, nicht die Ursache. Das mechanische Wiederholen ging direkt an die Quelle der Fehlfunktion. Es war ein geistiges Jiu-Jitsu, eine Methode, meinem Gegner die Kraft zu nehmen und sie zu meiner Verteidigung zu nutzen. Es war eine rohe Methode – antiintellektuell insofern, daß sie nicht auf Analyse basierte –, aber sie funktionierte.

Später war ich verblüfft über die Ähnlichkeiten zwischen dem Ad-hoc-Programm, das ich in diesem Sommer für mich selbst aufgestellt hatte, und dem Zwölf-Schritte-Genesungsprogramm der Anonymen Alkoholiker und der Anonymen Drogensüchtigen. Ihre Ziele bewegten sich nahe an meinen: Ehrlichkeit in allen Dingen, besonders mir selbst gegenüber; ein klares Verständnis meiner Stärken und Schwächen; Überwindung von Defensivität und Stolz, um von anderen Hilfe annehmen zu können; die manchmal schmerzliche Abkehr von Leuten, die meine Bemühungen nicht unterstützen konnten.

Der Grund für die Ähnlichkeit liegt m. E. darin, daß Depression und Drogenmißbrauch in dem gleichen Verhalten wurzeln: Leugnung. Eine Depression ist in vielen Fällen der Auslöser für Drogenmißbrauch, einschließlich Alkoholismus – obgleich der Grad dieser Überschneidung und die Häufigkeit, mit der das eine zum anderen führt, umstritten ist. Die emotionale Taubheit einer Depression, bei der die emotionale Mitschwingungsfähigkeit allmählich dahinschwindet wie die Farben einer Fotografie, hat vieles mit der Leugnung des Drogenabhängigen gemein. Es gibt auch Unterschiede: Ein Drogenabhängiger muß sich etwas kaufen, um diese Taubheit herbeizuführen, während sich die Depression heimlich an das Gehirn heranschleicht. Sie ist ein veränderter Zustand, der sich langsamer entwickelt, ohne Chemikalien von außen. Doch der Effekt ist bei beiden Arten von Leugnung der gleiche: Der Betroffene erkennt nur noch verzögert, was er fühlt, und verliert den Blick dafür, wie sein emotionaler Zustand auf seine Mitmenschen wirkt.

Irgendwann wird Ehrlichkeit – fürchterliche, selbstverletzende, gnadenlose Ehrlichkeit – zum einzigen Gegenmittel, zum einzigen Wirkstoff, der stark genug ist, um das geistige Labyrinth, das durch all die Mauern des Leugnens entsteht, zu durchdringen. Der Unterschied liegt wiederum darin, daß es bei Suchtkrankheiten erforderlich zu sein scheint, daß diese Ehrlichkeit von außen nach innen wirkt – durch die schmerzlichen Konfrontationen in AA-Gruppentreffen oder bei «Interventionen» der Familie, wo der Süchtige von anderen buchstäblich in die Enge getrieben wird und man ihn nicht mehr davonkommen läßt.

Bei Depressionen muß die Ehrlichkeit im Innern beginnen. Der klassische Suchtkranke gibt sich für nichts die Schuld; der klassische Depressionskranke gibt sich – wenn auch vielleicht heimlich – für alles die Schuld. Einen depressiven Menschen unverblümt mit dem Schaden zu konfrontieren, den er sich und anderen zugefügt hat, kann eine verheerende Wirkung haben, wenn es zur falschen Zeit oder in harter und verurteilender Form kommt. Die Ehrlichkeit, die ich mir im Laufe dieses Sommers schmerzvoll selbst erwarb, war eine Variante jener Ehrlichkeit, die mir Thomas einige Monate zuvor, in meiner schlimmsten Verzweiflung, aufgedrängt hatte, und eine Fortsetzung der Reise, die ich im Krankenhaus begonnen hatte. Doch damals hatten sich Thomas' Konfrontationen angefühlt wie Salz auf meinen Wunden; ich hatte kaum die Kraft gehabt, dem standzuhalten.

Und doch hatte ich durch diesen Prozeß eine weitere Lektion gelernt, die sich als wesentlicher Aspekt meiner Heilung erwies: den Unterschied zwischen Sichschämen und Verantwortung übernehmen. Verletzt von Thomas' Vorwürfen, hatte ich mich nur geschämt – ein dem Wesen nach selbstbezogener Zustand, in dem sich meine Gedanken ausschließlich darauf konzentrierten, wie gräßlich *ich* mich wegen der Dinge fühlte, die *ich* verursacht hatte. Es war eine passive Verhaltensweise; es war eine Methode, mich in meinen Gefühlen zu suhlen, ohne etwas an ihnen zu ändern. Genau dieser Aspekt hatte Thomas so sehr erzürnt und hatte unsere Auseinandersetzungen bis zur Boshaftigkeit eskalieren lassen. Später konnte ich zurückblicken und sehen, was ich getan hatte: Ich *war* gleichgültig gegenüber den Kindern gewesen; ich *war* nur mit mir selbst beschäftigt gewesen; ich *hatte* emotional dichtgemacht, als Thomas mich um meine Liebe gebeten hatte. Seine Reaktionen waren ebenso destruktiv wie meine Krankheit, aber das änderte nichts an der Tatsache, daß er auf etwas Reales reagierte.

Im Rückblick darauf lernte ich zu sagen: *Ja, das ist passiert. Ich habe diese Dinge tatsächlich getan* – und lernte, daß die Scham darüber mich nicht umbringen würde. Das Zurückblicken selbst war eigentlich schon eine Art, Verantwortung für das Geschehene zu übernehmen. Ich war krank gewesen. Deswegen waren destruktive Dinge passiert, mir und den Menschen um mich herum. Mich deswegen zu schämen war erst der erste Schritt; die wichtigere Aufgabe war, zu versuchen, meine Krankheit und ihre Auswirkungen zu verstehen und alle mir möglichen Vorsichtsmaßregeln zu treffen, damit so etwas nicht wieder vorkam.

Diese feine, aber entscheidende Unterscheidung – zwischen Sichschämen und Verantwortung übernehmen – wurde mir durch etwas veranschaulicht, was sich etwa einen Monat nach meiner Entlassung aus dem Krankenhaus ereignete. Ironischerweise war es wieder eine Urteilsverkündung in einem Mordfall. Wie der Fall Linda Johnson, lief auch dieser vor dem D. C. Superior Court, und auch hier war das Opfer ein Kind.

Genauer gesagt, zwei Kinder. Padrica Hill hatte ihren dreijährigen Sohn und ihre achtjährige Tochter an einem Morgen im April 1988 in einem kokainbedingten paranoiden Zustand erwürgt. In dem unordentlichen Papierhaufen, der die öffentliche Gerichtsakte zu ihrem Fall bildete, fand ich die Ergebnisse eines von der Verteidigung in Auftrag gegebenen psychiatrischen Gutachtens: «Depression, rezidivierend, schwere Ausprägung, mit sekundärer Kokainabhängigkeit; Zustand nach Kokaindelirium.»

In dem Artikel, den ich für die *Post* schrieb, zitierte ich, was Padrica Hill an diesem Verhandlungstag zu Richter Ricardo Urbina gesagt hatte: «Ich fühle nicht oft Freude», erzählte sie Urbina, «meistens fühle ich mich total traurig. Aber meine Kinder durchbrachen diese Traurigkeit.» Sie wisse nicht, warum sie Crack genommen, warum sie die Morde verübt habe, fuhr sie fort. «‹Es tut mir leid› paßt nicht ... tun Sie, was Sie tun müssen, Euer Ehren.» Dann setzte sie sich wieder, legte den Kopf auf die Arme und schluchzte.

Bei ihr hörte ich kein selbstverteidigendes Flehen in der Stimme. Dies war die verzweifelte Annahme einer entsetzlichen Wahrheit. Anders als Linda Johnson hatte Padrica Hill nicht viel zu sagen; ihre Erklärung dauerte keine dreißig Sekunden, und sie bat um nichts. Bei Linda Johnson hatte ich Wut über ihre Frechheit verspürt: Wie konnte sie es wagen, ein Baby zu töten und dann um unser Mitleid zu betteln? Padrica Hill verstand, daß ihre eigenen Gefühle angesichts der Ungeheuerlichkeit ihrer Tat belanglos waren: ‹Es tut mir leid› paßt nicht.» Sie bat um nichts; sie erwartete die Konsequenzen.

Urbina verurteilte sie zu fünfundzwanzig Jahren. «Wenn es jemals einen Fall gab, der ein plastisches, dramatisches und tragisches Beispiel dafür ist, wie Drogen töten können, dann ist es dieser», sagte er. Ich sah, was er meinte, aber in diesem Fall fand ich seine Formulierung nur halb richtig. Für Padrica Hill waren die Drogen keine isolierte Wahl, sondern eine Reaktion auf ihre Depressionen. Zu sagen, daß nur einer dieser Faktoren ihre Kinder getötet hatte, war so, als würde man sagen, ein Gewehr könne ohne Kugel schießen.

Dies war mir nicht alles zu diesem Zeitpunkt klar. Tatsächlich war da nur ein Schimmer des Verstehens. An dem Tag, als ich über Padrica Hills Verurteilung berichtete, war ich noch weit davon entfernt, den Unterschied, den ich sah, voll zu erfassen. Aber wie ich es schon so oft getan hatte, legte ich ihn erst einmal in meinem Kopf ab.

Mit diesen Mitteln – unvollkommenen Einsichten, geistigen Tricks, selbsterteilten Hausaufgaben, Antidepressiva und der Hilfe einer guten Psychiaterin – schaffte ich es durch den Sommer des Prozesses gegen Marion Barry.

Später zählte ich die Zeitungsausschnitte: fünfunddreißig Tage in diesem Sommer, an denen mein Name auf der Titelseite stand, kleinere Artikel im Innenteil nicht mitgezählt. Jeden Morgen stand ich auf und verbrachte fast den ganzen Tag im Gericht, hörte Aussagen, verfolgte Verdachtsmomente, schnappte mir Leute zum Interviewen auf dem Gang, beantwortete zahllose Anfragen aus der Lokalredaktion. Am Nachmittag war ich gewöhnlich wieder in der Redaktion und schrieb den Vorspann für den Artikel des nächsten Tages, während Mike noch im Gericht blieb, um die Vorgänge dort bis zum Ende des Verhandlungstages weiterzuverfolgen. Wenn er fertig war, etwa gegen halb sechs, baute ich sein Material in das ein, was ich schon für die erste Ausgabe geschrieben hatte. Wenn das geschafft war, gingen wir gewöhnlich an eine gemächlichere Überarbeitung für die späteren Ausgaben oder versuchten, hartnäckige Löcher zu stopfen, die sich im Laufe des Tages ergeben hatten. Irgendwann besprachen sich noch alle mit der Sache befaßten Reporter untereinander oder mit den Redakteuren oder alle gemeinsam, um zu überlegen, wer am nächsten Tag was machen würde. An den meisten Abenden kam keiner von uns vor neun nach Hause, und ich glaube, ich hatte zwei Monate lang kein freies Wochenende.

Harte Arbeit war für mich aber kein heroischer Akt. Es war Selbsterhaltung. Thomas zog sich aus meinem Leben zurück. Ohne die Arbeit als Ablenkung wäre ich untergegangen. Ich trieb mich so hart an, daß meine Redakteure sich Sorgen machten – vermutlich befürchteten sie, eine wichtige Story törichterweise jemandem mit einem psychischen Knacks zugeteilt zu haben. Ich war gereizt und defensiv, fest entschlossen, ihnen zu beweisen, daß sie unrecht hatten. Tatsächlich waren meine Redakteure ein Musterbeispiel des Verständnisses. Ich arbeitete hart, also riskierten sie es mit mir. Aber sie hatten keine Ahnung, worauf sie sich einließen.

Kurz vor Weihnachten hatte ich zum ersten Mal Bekanntschaft mit einem rätselhaften Gesundheitsproblem gemacht: eine Attacke schwerer, krampfartiger Bauchschmerzen, die sich knapp oberhalb des Nabels konzentrierten. Sie hatten mich die ganze Nacht wachgehalten, ich hatte erbrochen und mich in periodisch wiederkehrenden Schmerzen gewunden. Am nächsten Morgen hatten sie auf mysteriöse Weise nachgelassen. Seither waren diese Attacken allmählich immer häufiger aufgetreten, und ein paarmal mußte ich der Schmerzen wegen mitten in der Nacht ins Krankenhaus in die Notaufnahme. In diesem Frühjahr überwies mich mein Internist an einen Gastroenterologen, der ein Sonogramm machen ließ und Gallensteine entdeckte. Ich war nicht gerade entzückt über die Aussicht auf eine Operation – es schien, als würde ich neuerdings genausoviel Zeit in Krankenhäusern verbringen wie unmittelbar nach meinem Unfall –, doch wenigstens versprach sie, mich von meinem mysteriösen Leiden zu befreien. Es gab eine Komplikation: Die Unterleibsoperation wegen des Unfalls vor zweiundzwanzig Jahren hatte Narbengewebe hinterlassen. Das hieß, keine fixe «Pflasterchirurgie», wie heute in den meisten Fällen bei Operationen zur Entfernung der Gallenblase üblich, sondern ein ausgewachsener Unterleibsschnitt.

«Ich muß wieder bei der Arbeit sein, wenn die Geschworenenauswahl abgeschlossen ist», sagte ich dem Chirurgen.

«Kinderspiel», meinte er. «Wir haben Sie hier schnell wieder raus.»

Wieder wollte meine Mutter kommen; wieder lehnte ich ab. Ich dachte nur an meine Arbeit und wollte das hier nur hinter mich bringen. Keine liebende Mutter, keine träge Genesungszeit für mich. Eines Morgens Anfang Juni, noch bevor es dämmerte, nahm ich ein Taxi zum Georgetown Hospital, meldete mich an und erwachte ein paar Stunden später mit einer Gallenblase weniger. Zwei Tage später ging ich nach Hause. Die postoperativen Schmerzen waren viel schlimmer, als ich es mir vorgestellt hatte, doch noch an diesem Wochenende machte ich meinen ersten vorsichtigen Spaziergang die Straße hinauf.

Die Ärzte hatten mir geraten, mir drei Wochen Genesungszeit zu gönnen. Diesen Rat hätte ich vielleicht befolgt, wenn da nicht eines gewesen wäre: Der Mangel an körperlicher Aktivität verschlimmerte meine depressionsbedingten Angstzustände. Mich nicht zu bewegen war eine geistige Folter, die weit schlimmer war als die Schmerzen in meinem Bauch. Am nächsten Donnerstag, genau eine Woche nach meiner Operation, saß ich wieder an meinem Schreibtisch in der Redaktion. Ich trug einen weiten Baumwollpullover, um die dicken Verbände zu verbergen, die um meinen Rumpf gewickelt waren.

Am späten Nachmittag sah ich an mir herunter und erstarrte. Über meine Mitte breitete sich ein dunkler, rötlicher Fleck aus. Ich hatte mich zuviel bewegt, und der Schnitt hatte angefangen zu bluten. Ich schob meinen Stuhl näher an den Schreibtisch, um meinen Pullover zu verstecken, und versuchte zu überlegen, was ich tun sollte. Ich konnte mir die makabre Sensation vorstellen, die es auslösen würde, wenn ich jetzt von meinem Schreibtisch aufstand und «Hilfe!» krächzte. Aber ungerührt zur Tür hinauszuspazieren schien auch nicht das richtige zu sein; ich sah aus, als wäre ich gerade angeschossen worden. Schließlich griff ich zum Hörer und rief meinen zuständigen Redakteur John Mintz an, der etwa zehn Meter entfernt saß.

«Du mußt herüberkommen», sagte ich und legte auf. John mußte vor Redaktionsschluß abgeben und hätte normalerweise gereizt gefragt: «Was ist los?», aber irgend etwas in meiner Stimme muß ihm gesagt haben, daß das ein Ausnahmefall war. Er erschien ein paar Sekunden später. Als er mich sah, wurde er ganz bleich im Gesicht.

«Bleib hier sitzen», sagte er. «Beweg dich nicht.» Ich tat, was er sagte, und kam mir richtig dumm dabei vor. Das Auftauchen von Körperflüssigkeiten am Arbeitsplatz wird in Etikettebüchern nicht abgehandelt, daher hatte ich keine Ahnung, was ich sagen oder tun sollte. Es kam mir vor, als hätte ich irgendein seltsames weibliches Problem entwickelt, dem noch nie jemand begegnet war. Kurz darauf war John wieder da, mit unserer Chefin Mary Jo Meisner.

«Kommen Sie mit», sagte sie. Ich nahm mein Portemonnaie und einen Aktenordner mit, den ich mir vor den Bauch hielt, und folgte ihr kleinlaut zur Tür hinaus. Wir fuhren zum Georgetown Hospital in die Notaufnahme, die mir allmählich richtig vertraut vorkam. Mary Jo saß im Untersuchungsraum wie eine strenge Erzieherin, während ein Assistenzarzt nachschaute und uns versicherte, daß es nur der Schnitt sei, der nachblutete, nichts Besorgniserregendes. Er flickte mich mit einem neuen Verband wieder zusammen, und wir fuhren in die Redaktion zurück. Mary Jo ging wieder in die Ressortleitung, und ich ging an meinen Schreibtisch zurück, um den Artikel zu beenden, an dem ich gearbeitet hatte. Aber sobald der schlimmste Abgabedruck vorbei war, kam Mary Jo zurück und führte mich in das nächste leere Büro. Wir müßten miteinander sprechen, sagte sie.

Milton Coleman, der das Lokalressort der *Post* leitete, mache sich Sorgen um mich, sagte sie. *Sie* mache sich Sorgen um mich. Auch schon vor dem heutigen Unfall sei deutlich gewesen, daß ich überanstrengt sei. Aber das hier – direkt nach der Operation wieder ins Büro zu kommen –, das sei mehr als besorgniserregend. Das sei *sonderbar.*

«Sie sehen einfach nicht gut aus», sagte sie. Ihr Gesicht war ernst. «Sie sollten nach Hause gehen.» *Ja*, dachte ich, *gerade lange genug, damit sich jemand anders meine Story krallen kann.*

«In Ordnung», antwortete ich. «Es tut mir leid, was hier passiert ist, aber –» Doch Mary Jo wollte nichts davon hören. Widerwillig folgte ich ihren Anweisungen und ging nach Hause. Ich hielt es drei Tage dort aus, verkrochen in meiner stickigen Wohnung, ohne irgendwo hinzugehen oder jemanden zu sehen. Die erzwungene Untätigkeit verstärkte meine Angst bis ins Unerträgliche; ich konnte nicht lesen, nicht einmal schlafen. Am nächsten Montag war ich wieder im Büro. Diesmal hielten sich Mary Jo und Milton wohlweislich raus.

Die Geschworenenauswahl im Kokainprozeß gegen den Bürgermeister war abgeschlossen, und der erste Aussagetag stand unmittelbar bevor. Es ging um so viel – für mich, für die Zeitung, für die Stadt.

Das Verfahren zog sich über einen ganzen berüchtigten Washingtoner Sommer hin, in einer Atmosphäre der Spannung zwischen den überwiegend weißen Nachrichtenmedien und Barrys überwiegend schwarzen Anhängern. Die gleichen Spannungen erfüllten die Redaktionen der *Post*; es gab oft hitzige Debatten über die Grundtendenz eines Artikels, über die Bedeutungsnuancen bestimmter Wörter, darüber, ob eine bestimmte Tatsache hervorgehoben werden sollte oder nicht. Auch Milton und Mary Jo entfernten sich immer mehr voneinander. Manchmal führten sie ihre Streitgespräche über meinen Computerterminal hinweg, während ich versuchte zu schreiben. Die starke Emotionalität wurde besonders deutlich, als im Gerichtssaal das FBI-Video gezeigt wurde, auf dem man Barry Crack rauchen sah. Von den Pressebänken aus konnte ich das kollektive Einatmen aller Zuschauer hören, als wären wir alle gleichzeitig in den Magen geboxt worden.

Ich sah den Bürgermeister auf meine Weise: als einen Menschen, der seine eigene Schwäche so sehr fürchtete, daß er sich einfach nicht so sehen *konnte*, wie er wirklich war. Wo andere Trotz gegen ein schwarzenfeindliches Rechtssystem sahen, sah ich Feigheit. Jedesmal, wenn er seinen Anhängern fröhlich zuwinkte, als wäre der Prozeß eine Wahlkampfveranstaltung, machte mich das wütend, aber gleichzeitig schämte ich mich. Für den Bürgermeister war ich nur eine weitere Repräsentantin des weißen Medienestablishments, die hier war, um seine Erniedrigung aufzuzeichnen. Er hatte keine Ahnung, wieviel wir gemeinsam hatten.

Das alles – meine eigenen Gefühle, die Spannung um mich herum – registrierte ich damals etwa so, wie ein Schlafwandler die Temperatur. Eines Nachmittags saß ich in der Redaktion an einem Artikel, der zu Redaktionsschluß fertig sein mußte, und plagte mich mit dem Einstieg herum. Milton wollte den «Blick aufs große Ganze»; Mary Jo wollte fitzelige Einzelheiten der Aussagen vom Tage. Nachdem ich den Anfang drei- oder viermal umgeschrieben hatte, ging ich mir einen Kaffee holen und ließ sie die Sache ausdiskutieren. «Wie viele *Post*-Reporter braucht man, um einen Barry-Artikel zu schreiben?» scherzte ich später bei meinen Kollegen. «Nur einen. Aber mindestens drei Redakteure, die seine Finger auf den Tasten bewegen.» Abstand wahren war in mancher Hinsicht das Beste, was man tun konnte.

Das Urteil erging an einem Donnerstag Ende August am späten Nachmittag. Dummerweise hatte ich das Gericht verlassen, um zu Hause auf den Kabelfernsehinstallateur zu warten. Der kam fünf Minuten bevor die Redaktion anrief. Ich ließ ihn in meiner Wohnung allein, die Türen unverschlossen, einen unterschriebenen Blankoscheck auf dem Küchentisch (zum Glück war er ein ehrlicher Mensch), und schaffte es mit der U-Bahn in sechzehn Minuten zum Gericht. An den Rest dieses Tages erinnere ich mich nur noch verschwommen, ebenso wie an die darauffolgende Woche. Wir vier, die über den Prozeß berichtet hatten – Mike, Elsa, Bart und ich –, wurden beauftragt, die Geschworenen zu interviewen, was nicht leicht war, da sie alle untergetaucht waren. Ich verbrachte die Woche damit, Wohngegenden zu inspizieren wie ein Einbrecher, an Türen zu klopfen, die niemand öffnete, feindliche Blicke zu kassieren, wenn ich mich als Reporterin von der *Post* zu erkennen gab. Am Ende der Woche gab ich es auf; nicht einer hatte sich zu einem Gespräch mit mir bereit gefunden.

Und dann war es vorbei – der tägliche Redaktionsschluß, die Adrenalinschocks, das ganze soziale Konstrukt, das mich aufrechterhalten hatte. Leise implodierte es um mich herum, und plötzlich war da nur Washington im August, wochenlanger Freizeitausgleich für angehäufte Überstunden, der Alltag. Thomas war verreist, mit irgend jemand anderem. Ich wußte nicht, was er tat, und wollte es auch nicht wissen.

Ich wollte weg, aber ich hatte niemanden, mit dem ich wegfahren konnte. Selbst Eleanor war für ein paar Tage nicht in der Stadt. Früher in diesem Sommer hatte sie mir empfohlen, das Lithium abzusetzen, und in letzter Zeit hatte ich darauf gedrängt, auch das Imipramin absetzen zu dürfen. Ich hatte genug von seinen Nebenwirkungen und wollte die Medikamente wechseln. Sie hatte zögernd zugestimmt. Wir hatten die Dosis ganz allmählich reduziert, und jetzt nahm ich praktisch keine Medikamente mehr.

Und dann luden mich meine Freunde Tim und Priscilla ein, mit ihnen und ihrem Baby einen Monat nach Cape Cod zu fahren. Dankbar floh ich.

Diesmal sah ich die Bestie überhaupt nicht kommen. Ich wußte, daß sie da war, aber ich dachte, sie sei eingesperrt oder habe sich zurückgezogen. Die Wucht, mit der sie angriff, war um so überwältigender, weil ich mir einbildete, ich amüsierte mich gut. Wir wohnten bei Tims Mutter, in einem Komplex aus getünchten New-England-Holzhäusern mit einer Rasenfläche davor, nur ein paar Meter von dem See entfernt, in dem Tim als Junge Segeln gelernt hatte. Es waren Theaterleute aus New York da, Freunde von Tim und Priscilla, ihr kleines Baby – damals kaum zwei Monate alt – und seine neue Kinderfrau Philomene. In Tims Familie konnten alle gut kochen, und so gab es jeden Abend ein Festmahl: frische Muscheln, Hühnerpasteten, Mais, frischen Obstkuchen – und Wein. Reichlich Alkohol. Wenn der Tag zur Neige ging, tranken wir draußen auf dem Rasen Gin und Tonic, zum Abendessen gab es Wein und danach noch mehr Gin-Tonic oder auch mal Brandy, wenn der Abend frisch war. Ich achtete nicht darauf, wieviel ich trank, da ich nie wirklich betrunken war. Aber ich trank viel – viel zuviel für jemanden, der versucht, sich von einer Depression zu erholen. Ich trank gegen ein wachsendes Gefühl der Anspannung an.

Und dann, am 26. August – einen Tag vor meinem fünfunddreißigsten Geburtstag –, reiste ich ab. Ich fühlte mich nicht mehr wohl, als hätte ich bei meinen Freunden schmarotzt – oder, genauer gesagt, eine ewige und erniedrigende Adoleszenz durchlebt. Ich, die ich in meinem schmalen Bett schlief, während Tim und Priscilla mit Familie und Freunden und Baby und Schwiegereltern jonglierten, alles, was eben so zum Erwachsenenleben dazugehört. Wann würde *ich* erwachsen werden? Und dann kam mir der Gedanke, daß ich selbständiger sein sollte; ich sollte allein reisen, allein zurechtkommen und eine unabhängige Frau von Welt sein. Herrgott, ich war fast fünfunddreißig Jahre alt – höchste Zeit, aus dem Dornröschenschlaf zu erwachen. Ich verabschiedete mich unvermittelt von Tim und Priscilla, besorgte mir in Hyannis Port einen Leihwagen, fuhr nach Woods Hole und nahm mir ein Zimmer in einem Motel.

Ich hatte die vage Idee, mir das Marine-Institut anzuschauen, aber im nachhinein wurde mir klar, daß mich ein böser, selbstzerstörerischer Trieb an diesen Ort gebracht hatte. Thomas hatte mir von einem Urlaub erzählt, den er mit seiner Frau und seinen Kindern lange vor ihrem Tod hier verbracht hatte. Ich fuhr durch die Stadt, stellte mir vor, wo sie entlangspaziert waren, sah sie überall – die Kinder noch so klein, Symbole der süßen Einheit von Ehe und Familie, die ich, wie es schien, niemals haben würde und auch nicht verdiente. So viel Mühe, so viel Hoffnungen, so viel Schmerz, alles umsonst. Ich war fünfunddreißig Jahre alt, und ich war allein.

Es war ein Schlag – nicht der Ausbruch einer ausgewachsenen Depression, sondern eine akute Phase geistigen Schmerzes, eine intensive, zweiundsiebzigstündige Version der tödlichen Verzweiflung des letzten Winters. Ich hatte mich selbst soweit gebracht, indem ich mich abgelenkt hatte, vor der emotionalen Woge geflüchtet war, die mit dem Ende eines anstrengenden Auftrags kommt. Jetzt dämmerte es mir, daß ich alleine an einem fremden Ort war, daß es mir immer noch nicht gutging, daß es in Washington nichts gab, worauf ich mich freuen konnte. Und in der letzten Woche hatte ich das alles dann mit starken, täglichen Alkoholdosen zugeschüttet. Die Gin-Tonics waren eine wohlverdiente Pause, sagte ich mir. Ich war im Urlaub, durfte mich erholen. In Wahrheit erholte ich mich überhaupt nicht, ich betäubte mich. Der Alkohol war eine Zumutung für eine Körperchemie, die ohnehin schon schwer aus dem Gleichgewicht war.

Das war mir damals nicht bewußt. Die meiste Zeit in dieser Woche hatte ich mich sogar wohl gefühlt. Jetzt, als ich da in meinem holzgetäfelten Motelzimmer saß, spürte ich, wie ich wieder in den Abgrund stürzte. Der geistige Schmerz war körperlich, als ob mein Knochenmark zu Staub zermalmt würde. Und diese heftige Einsamkeit war nur die Einsamkeit des Augenblicks; die Einsamkeit der Jahre, die vor mir lagen, war ein Grauen, das ich gar nicht beschreiben kann. Für mich würde es immer so sein, immer würde ich vom süßen Glück menschlicher Liebe abgeschnitten sein. Ich hätte alles gegeben, um eine Chance auf diese Liebe zu haben; ja, ich *hatte* Thomas und den Kindern alles gegeben, und ich hatte sie verloren. Ich hatte vermutlich viele andere Chancen vertan, ohne sie überhaupt zu erkennen, oder wenn, dann zu spät. Es war meine Lebensgeschichte, diese Beziehungsunfähigkeit.

In diesem Moment hätte mir jeder menschliche Trost genügt, einfach jeder. Ein Mann, eine Frau, ein Kind – ganz egal; hier ging es nicht um Sex. Nur der Arm eines Fremden, um meine Hüfte gelegt, nackte Haut gegen meine. Irgendwas, nur für eine Nacht.

Ich hatte im Motelrestaurant schon einen Gin-Tonic gehabt. Ich starrte auf die Flasche Imipramin, die ich bei mir hatte (die Pillen, die noch vom letzten Rezept übrig waren), und dachte daran, mir im Spirituosenladen unten an der Straße genug Stoff zu besorgen, um die Sache zu Ende zu bringen. Das war er, dachte ich, der Gegenangriff, den die Bestie geplant hatte. Dies war der Punkt, an dem ich um die totale Kapitulation verhandeln würde. Schluß damit, ich wollte keine aussichtslosen Schlachten mehr schlagen. Ich hatte mein Bestes getan, und ich hatte verloren. Morgen würde ich fünfunddreißig. Ich hatte ein paar Dinge in meinem Leben erreicht, genug, um das Gefühl zu haben, daß es nicht verschwendet gewesen war. Aber wenn das der Schmerz war, mit dem ich würde leben müssen, dann war es Zeit, den Weg zu wählen, den ich mir schon so klar überlegt hatte. Es war Zeit zu gehen.

Was dann geschah, war ein praktischer Gedanke. Ich erinnerte mich an meinen Sicherheitsplan. Ich sollte Leute anrufen, wenn dies passierte.

Als erstes rief ich Thomas zu Hause an. Es war schon spät, etwa zehn, und nach ein paar Sekunden merkte ich an seiner Stimme, daß er nicht allein war. Ich legte auf. *Was fällt ihm ein? Bei Gott, das wird er mir büßen.* Ich rief noch mal an. «Ich wollte dir nur sagen, daß du nie wieder von mir hören wirst», begann ich, und er sagte kalt und wütend: «Leg auf, und ruf mich nie mehr an.» *Klick.*

Ich spürte schon keinen Schmerz mehr. Ich rief Eleanor an und hinterließ eine Nachricht auf ihrem Anrufbeantworter. Ich rief meinen Freund Arthur an, und wir sprachen eine Weile miteinander. Ich brachte es nicht fertig, ihm zu sagen, was wirklich mit mir los war. Ich sagte nur, daß ich mal wieder den Moralischen hätte. Er versuchte, mich aufzuheitern, und nach einer Weile tat ich so, als sei es ihm gelungen, und legte auf. Ich rief Robin an; niemand da. Dann saß ich da und starrte auf das Telefon. Nach einer Weile – eine halbe Stunde? eine Stunde? – klingelte es. Es war Thomas. Es gab nur zwei oder drei Hotels in Woods Hole, und er war offenbar die Liste durchgegangen.

«Komm zurück nach Washington», sagte er. Diesmal spürte ich, daß er allein war, aber ich wagte nicht zu fragen. Seine Stimme klang angespannt und immer noch verärgert. Ich sagte, daß ich das tun würde, in ein, zwei Tagen vielleicht. Ich legte auf. Dann, wieder nach einer Weile, klingelte das Telefon erneut. Es war Eleanor.

«Komm nach Hause», sagte sie, als ich ihr von den Gin-Tonics und der Flasche Imipramin erzählte, die ich bereitstehen hatte. «Sofort. Auf der Stelle.»

Ich nahm den ersten Flug am nächsten Morgen. Am Nachmittag war ich wieder in Washington, an der Ladentheke meiner Stammapotheke, wohin Eleanor telefonisch eine neue Verschreibung durchgegeben hatte. Ich nahm die Flasche mit nach Hause. Etwa um halb fünf schluckte ich die erste von den kleinen grün-weißen Pillen. Es war Prozac.

Wie beschreibt man das allmähliche Nachlassen von Schmerz? Wie beschreibt man die Abwesenheit von etwas? Das Gehirn hat keine Endorphine; rein technisch fühlt es nichts. Und doch ist die Erinnerung eine Form des Schmerzes. Selbst die Erinnerung an glückliche Zeiten enthält Elemente des Kummers, die wir Nostalgie nennen. Es ist alles ein und dasselbe – Milliarden von Neuronen, die in einer milliardstel Sekunde losfeuern –, und wenn es aufhört, verschwindet der Schmerz und die Erinnerung mit ihm.

An ein gebrochenes Bein kann man sich erinnern, es lokalisieren: «Es tat genau unter dem Knie weh, es pochte, mir wurde ganz flau.» Aber an geistigen Schmerz erinnert man sich wie an Träume – fragmentarische, ungebetene Einsichten, wie wenn man in einen Brunnen schaute und die verschwommene Spiegelung des eigenen Gesichts sähe – ganz kurz nur, bevor sich das Wasser kräuselt.

Das Prozac bewirkte, was das Imipramin und das Lithium nur ansatzweise geschafft hatten: Es veränderte, oder reparierte, die grundlegende Funktionsweise meines Gehirns. Es bewirkte nicht, daß es mir gutging. Aber es ermöglichte mir zu genesen – was jetzt sogar wahrscheinlich wurde, wenn man die Arbeit bedenkt, die ich geleistet hatte, und die Therapie, die ich erhielt.

Das erste Anzeichen dafür war nicht etwas, das geschah, sondern die Tatstache, daß etwas nicht geschah.

Es war an einem Nachmittag, etwa drei Tage nachdem ich mit Prozac angefangen hatte. Ich saß in meinem Wohnzimmer und las ein Buch, als es in meinem Kopf geschah: ein Augenblick Stille. Erst war dieses Summen in meinem Gehirn noch da, und dann war es weg. Ich war ein Körper, den es an die Wasseroberfläche trieb, und dann spürte ich die Luft im Gesicht und tat zum ersten Mal seit langem einen tiefen Zug kühlen Sauerstoffs. Ich zögerte nicht und dachte nicht nach. Ich stand vom Sofa auf, ging zum Telefon und rief Thomas an.

«Ich bin mir nicht sicher, und vielleicht bilde ich es mir auch nur ein», sagte ich, «aber ich glaube, es geht mir besser.»

Er lachte leise. «Ja, so wirken diese neueren Medikamente», meinte er. «Sie können sehr dramatisch sein.»

«Nun, ich dachte, es würde dich vielleicht interessieren», sagte ich und legte auf.

Und für lange Zeit war es das. Das Summen kam im Laufe dieses Tages zurück, das alte hohle Gefühl war wieder da. Doch dann, ein paar Tage später, gab es einen weiteren tiefen, kühlen Atemzug. Und dann noch einen.

Da war kein Blitz, kein Donnerschlag, nichts irgendwie Dramatisches. Ich nahm noch zwei Wochen frei. Ich wußte inzwischen genug, um wirklich erschrocken darüber zu sein, was in Woods Hole passiert war. Ich war gründlich zur Einsicht gekommen und paßte besser auf mich auf. Ich behandelte mich wie einen Invaliden. Ich blieb zu Hause und las Bücher, und unmerklich wurde das Summen in meinem Kopf allmählich leiser.

Nach zwei Wochen ging ich wieder arbeiten, und es lief ganz gut. Ich schrieb wieder über das Bundesgericht – meist ganz gewöhnliche Artikel, ein paar Nachträge zum Barry-Prozeß. Das Übliche. Der September kam und ging.

Und dann, an einem Tag im frühen Oktober, verließ ich nach der Arbeit das Gerichtsgebäude und war mit den Gedanken bei einer Sache, die ich ins Büro mitnehmen mußte, und ob ich mit der U-Bahn fahren oder mir ein Taxi nehmen sollte. Doch dann dachte ich: *Keins von beidem. Ich werde einfach zu Fuß gehen. Ich möchte in der Sonne gehen.*

Ich spürte ein leichtes Prickeln auf der Haut; es war ein angenehmes Gefühl. Es war später Nachmittag, die Sonne stand noch relativ hoch. Die Blätter begannen sich zu verfärben. Die Luft war warm, aber es wehte eine tüchtige Brise, und die Kühle der kommenden Nacht deutete sich an – eine Wohltat nach Monaten der schwülen Hitze. Ich stand auf der Indiana Avenue und blickte nach Westen. Vor mir neigte sich die Straße zur Pennsylvania Avenue hin, einem Marmorboulevard, dessen Gebäude sich scharf gegen den klaren Herbsthimmel abzeichneten. Das Licht war kupferfarben. All diese Dinge bemerkte ich wie jemand, der nach einem langen Schlaf gerade wieder zu sich kommt. Es kam mir bekannt vor; es erinnerte mich an etwas, das vor ziemlich langer Zeit passiert war. *(Das Licht durch das Fenster – Die Arme meiner Mutter um mich – Ich lache –.)* Auf einmal erkannte ich: Das war Freude, dieses Gefühl. Ganz gewöhnliche Freude.

Hallo, alter Freund, schien mein Gehirn zu sagen. *Ebenfalls hallo*, sagte ich. Und dann schaute ich hoch, in die geschäftige Luft über mir – hell, lebendig, ein lichterfüllter Raum, der in die Unendlichkeit reichte.

Kapitel 7

Das Leben wurde nicht leichter. Aber es wurde leichter zu leben.

Als Kind war ich der Erde verbunden gewesen, wenn ich meinem Großvater und seinem Muli über das frisch gepflügte Feld folgte, wenn ich in der Nachmittagssonne vor der Scheune im Gras döste und mir einbildete, ich könnte fühlen, wie sich die Erde auf ihrer Achse um einen Grad drehte. Es war eine Verbundenheit, die ich später verloren hatte, als ich nur noch in Städten lebte und künstliche Luft atmete. Aber solange sie da war, hatte ich die sonderbare Fähigkeit zu spüren, wenn es anfing zu regnen, selbst wenn ich mich irgendwo tief drinnen in einem fensterlosen Gebäude befand. Ich spürte es – da war irgendeine Veränderung in der statischen Ladung der Luft, als ob ein Geist meine Wange berührte. «Es regnet», sagte ich dann, und die Leute würden überrascht aufsehen und zu einem Fenster gehen: Tatsächlich, es regnet.

Genauso war es mit den Veränderungen in meinem Gehirn, die ab Herbst 1990 meine ersten sicheren Schritte in Richtung Gesundung markierten. Die Veränderungen begannen in einem Raum, der nicht größer war als ein Molekül.

Jeden Morgen hielt ich ein bis drei grün-weiße Kapseln in meiner Hand. Jeden Morgen schluckte ich diese Dosis, und ein paar Milliarden Fluoxetinmoleküle – eine komplizierte Anordnung aus Kohlenstoff-, Wasserstoff-, Stickstoff-, Sauerstoff-, Fluor- und Chloratomen – arbeiteten sich zu meinem Gehirn durch. Dort angelangt, suchten sie sich ihren Weg zu bestimmten Stellen an den Enden bestimmter Nervenzellen, deren Aufgabe es ist, einen Neurotransmitter zu absorbieren, den man Serotonin nennt. Dort fügen sich die Fluoxetinmoleküle nach dem Schlüssel-Schloß-Prinzip an eine Stelle ein, die normalerweise für Serotonin reserviert ist. Dadurch wird die Wiederaufnahme von Serotonin blockiert, wodurch die Anzahl verfügbarer Serotoninmoleküle in der Synapse steigt. Satchel Paige hätte es vielleicht so formuliert: Dies war eine Pille, die meine Hirnsäfte aufrührte.

Es war kein magischer Effekt. Ich war das Produkt derselben Umgebung, mit denselben Wertvorstellungen, demselben IQ, demselben Empfindungsvermögen. Der Unterschied war, daß ich mich *stabil* fühlte. Widerstandsfähig. Nicht glücklich, nicht selig, nicht gefühllos, nicht überdreht. Einfach ich selbst.

Es dauerte eine Weile. Zuerst fühlte ich mich wie ein Wanderer durch eine sturmverwüstete Landschaft. Dabei sah ich Dinge, die bekannt aussahen, aber merkwürdig schief. Ich versuchte immer wieder, meine Schritte zurückzuverfolgen, fand alte Pfade versperrt oder in neue Richtungen verzweigt.

Ich hoffte immer noch auf eine neue Chance mit Thomas – und eine Zeitlang schien das sogar möglich. Wir sahen uns im nächsten Jahr häufig, und im Herbst 1991 sprachen wir wieder vom Zusammenleben. Thomas schlug vor, ich sollte nach Weihnachten einziehen, das ich mit ihm und den Kindern bei seinen Eltern in Montreal verbringen sollte. Manches in unserer Beziehung schien jetzt ganz anders zu sein. Da war weniger Spannung zwischen uns, was ich begrüßte, ohne zu erkennen, daß Spannung ein Maß für unsere Verbundenheit gewesen war. Die Verantwortung für zwei Kinder, die mich überwältigt hatte, als ich Thomas kennenlernte, erschien mir jetzt anstrengend, aber machbar. Das lag zum Teil daran, daß ich gesünder und selbstbewußter war; zum Teil kam es aber auch daher, daß die Kinder größer wurden.

Peter, inzwischen acht, setzte seine souveräne Odyssee

durch die Kindheit fort. Ihm machte alles Spaß, selbst in der Dämmerung rücklings im Gras zu liegen und Leuchtkäfer zu zählen. Melissa, die jetzt elf war, bewegte sich auf die Pubertät zu, eine Knospe kurz vor dem Aufgehen, ein Kind von beginnender Schönheit und starken Leidenschaften. Eines Abends, als alle anderen nicht da waren – Thomas war geschäftlich unterwegs, Peter übernachtete bei einem Freund –, saßen wir beide noch lange auf der Veranda und unterhielten uns über die Schule. Da hörte ich plötzlich ihre Stimme in der Dunkelheit sagen: «Ich bin glücklich, wie ich hier so mit dir sitze.»

«Ich auch», sagte ich. Und es stimmte: Irgendwie waren wir Freunde geworden.

Mehr noch: Zum ersten Mal fühlte ich mich wie ein Elternteil oder zumindest so, wie ich dachte, daß man sich als Elternteil fühlt. Melissa und Peter waren irgendwie auch «meine» Kinder geworden – obwohl ich mich immer wieder daran erinnerte, daß das nicht stimmte: Nicht nur, daß ich mit ihrem Vater nicht rechtlich verbunden war, ihre richtige Mutter konnte niemand ersetzen. Das war mir bewußt, und doch fühlte ich mich diesen Kindern in einer Weise verbunden, die es in Ordnung erscheinen ließ, daß ich mich freute, als Melissa ihren ersten Anruf von einem Jungen bekam oder als Peters Noten im Lesen besser wurden. Thomas' Kinder hatten mich, zappelnd und schreiend, aus meiner Selbstversunkenheit gezerrt; zeitweise hatte ich ihnen das sehr übelgenommen. Jetzt empfand ich es anders. Und sie brauchten mich. An einem Abend erwähnte Melissa ein Detail über den Tod ihrer Mutter, von dem Peter vermutlich auch schon gehört hatte, das er aber nie richtig verarbeitet hatte, weil er noch zu klein war. Peter wurde sehr still. Dann fing er an zu schluchzen. Melissa, ganz entgegen ihrer sonstigen Art, sprach nicht mit ihm. Ich sah, daß sie mit ihren eigenen Gefühlen rang. Ich ging zu Peter und setzte mich auf den Küchenboden, dort, wo er gegen den Kühlschrank gelehnt stand. Ohne etwas zu sagen, kroch er auf meinen Schoß, rollte sich zusammen und weinte weiter. Ich legte meine Arme um ihn. Wir blieben lange so sitzen.

Später an diesem Abend, als er in sein Etagenbett kletterte, sagte er etwas Verblüffendes: «Dafür, daß ich erst acht bin, habe ich schon von vielen Menschen Abschied genommen.» Eine dieser phantastischen Erkenntnisse, die Kinder manchmal haben. Am liebsten hätte ich gesagt: «Von mir wirst du nicht Abschied nehmen müssen», aber ich tat es nicht. Ich fürchtete, daß es vielleicht nicht stimmte.

Zwischen mir und Thomas war einiges nicht in Ordnung. Es war paradox, wenn man bedenkt, wie hart ich daran gearbeitet hatte, gesund zu werden, aber mir schien es manchmal so, als sei er in die Tracy verliebt gewesen, die ich früher war – die hilfsbedürftige, kranke, abzüglich einiger ihrer weniger attraktiven Charakterzüge. Die Lösung des Problems war einfach und unvermeidlich – doch da war unsere verquickte Vorgeschichte, die emotionale Intensität dessen, was wir zusammen durchgemacht hatten. Und da war meine wachsende Zuneigung zu Peter und Melissa. Die einfachste Lösung war die schwierigste.

Am Ende geschah es langsam und auf bittere Art komisch. Es begann mit einem Streit über meine schlechten Fahrkünste an Neujahr 1992, als wir von Montreal nach Hause fuhren. Im nächsten halben Jahr wurde er immer mißmutiger und distanzierter. Da waren die nächtlichen Anrufe, die er nicht erklärte, mysteriöse «freie Abende», die ich nicht zu hinterfragen wagte. *Du mußt ihm einfach vertrauen*, sagte ich mir, obwohl mein Instinkt mir sagte, daß ich alarmiert sein sollte. Ich vermied das Nachdenken, indem ich mich ständig beschäftigt hielt. Das fiel mir leicht, denn Thomas hatte nach und nach viele Alltagsentscheidungen an mich abgetreten. Ich machte den Speiseplan für die Kinder, ging mit ihnen einkaufen, ging zu Elternabenden, wenn er verreist war. Ich plante sogar den Familienurlaub, eine Reise nach Südamerika, von der Thomas und die Kinder bestimmt schon seit einem Jahr gesprochen hatten. Thomas wurde mir von Tag zu Tag fremder. Und doch wagte ich es nur ein einziges Mal, ihn darauf anzusprechen, daß unsere Beziehung allmählich zerbröckelte.

«Dann verläßt du mich also», sagte er platt.

«Nein», sagte ich frustriert. «Ich sage nur, daß wir miteinander reden müssen.» Und dann warteten wir beide darauf, daß der andere sagte, was gesagt werden sollte, aber keiner von uns hatte den Mut dazu.

Im Juni 1992 eröffnete mir Thomas, er interessiere sich für eine andere Frau und wolle «eine Pause machen». Die Reise nach Südamerika war für den nächsten Monat geplant. Ich hatte die Hotels gebucht, meinen Urlaub entsprechend gelegt, die komplizierte Flugroute organisiert. Wer würde mein Ticket benutzen? fragte ich Thomas. «Niemand benutzt dein Scheißticket», sagte er knapp. Doch am Tag vor ihrer Abreise ging ich in die Stadt in das Reisebüro, über das ich gebucht hatte. Die Dame hinter dem Ladentisch war inzwischen ein bekanntes Gesicht. Ich bat sie, die Reiseroute noch einmal zu checken. Und da hatten wir es: den Namen einer anderen Frau auf dem Flugticket, das ich für mich reserviert hatte.

Die Dame war zwar im Büro gewesen, als Thomas vorbeigekommen war, um die Änderung zu machen, aber sie hatte die Bedeutung dieser Aktion nicht erkannt. Jetzt sah sie aus, als wollte sie in Tränen ausbrechen. Immer wieder sagte sie: «Aber er wirkte so *nett.*» Dann fiel mir ein, daß die Tickets auf meine American-Express-Karte gekauft waren. Thomas hatte mir das Geld für alle Tickets wiedergegeben; ich war gerade nicht flüssig, und er war einverstanden, daß ich ihm das Geld für mein Ticket einstweilen schuldig blieb. Soweit es American Express betraf, gehörten diese Tickets also immer noch mir. Könnte ich das vierte Ticket stornieren? fragte ich. Bedauerlicherweise nicht, sagte sie. Ich könne nicht ein einzelnes Ticket stornieren, ohne den gesamten Vorgang zu stornieren.

«Na schön», sagte ich. Ich war so sauer wie nie zuvor in meinem Leben. «Stornieren Sie alles. Können Sie das?» Sie nickte. Ich drehte mich um und wollte gehen. Doch dann dachte ich an Peter und Melissa und brachte es nicht fertig.

«Macht nichts», sagte ich zu der Dame, die erleichtert aussah. «Richten Sie einfach in Mr. McCrarys Büro aus, daß das Ticket für seine Gefährtin von mir storniert worden sei. Sagen Sie ihm nur das.» Sie nickte; sie verstand.

Es war ein paar Minuten nach sechs, das Reisebüro schloß, und das Flugzeug sollte am nächsten Morgen gegen zehn gehen. Bis ich eine Stunde später nach Hause kam, hatte Thomas bereits vier oder fünf Nachrichten auf meinen Anrufbeantworter gesprochen, eine cholerischer als die andere. Er konnte, überlegte ich mir, frühestens in zwölf Stunden jemand im Reisebüro erreichen und sich Klarheit verschaffen. Bis dahin hoffte ich, daß ihm ein Blutgefäß platzen würde. Ich hoffte, man würde ihn am nächsten Morgen mit dem Telefonhörer in der Hand finden, die Augen vor Zorn hervorgetreten, mausetot. Wie ich da stand und ihn mir tot vorstellte, klingelte das Telefon erneut. Ich riß den Stecker aus der Wand, ging ins Bett und heulte mich in den Schlaf.

Danach gab es nicht mehr viel zu sagen. Er entschuldigte sich; er wollte, daß wir Freunde blieben. Ich legte einfach auf. Ich war so sauer, daß ich nicht einmal mehr zu ihm ging, um meine Sachen zu holen, und auch nicht, um mich von den Kindern zu verabschieden. Eine Zeitlang hätte ich ihn am liebsten umgebracht. Seltsam, dieser Wunsch, jemanden zu töten, den man geliebt hatte, aber ich dachte ernsthaft darüber nach. Ich dachte, ich würde vielleicht damit davonkommen, daß ich auf vorübergehende Geistesgestörtheit plädierte. Mit meiner psychiatrischen Vorgeschichte und einer Erklärung von American Express (die mir inzwischen aufmerksamerweise einen Beleg über das Ticket für die andere Frau zugesandt hatten, für meine Akten) – welches Geschworenengericht würde mich da verurteilen? Alles, was nicht Zorn war, war Kummer. Ich vermißte die Kinder. Ich träumte von ihnen, Fetzen, in denen ich Peter in den Armen hielt oder Melissa entzückt über einen Witz lachen hörte. Schließlich schrieb ich jedem von ihnen einen Abschiedsbrief.

«Sollte ich jemals einen kleinen Jungen haben, dann soll er so sein wie du», schrieb ich Peter. Melissa sagte ich, daß ich ehrlich sein wollte: Ich konnte mich an unsere Reibereien erinnern und sie sicherlich auch – aber sie sollte wissen, daß dieser Abend, an dem wir beide uns auf der Veranda miteinander unterhalten hatten, mich glücklich gemacht hatte, daß ich den Zugang, den ich zu ihr gefunden hatte, um so mehr schätzte, da ich nie gedacht hatte, daß wir so weit kommen würden. Dann schickte ich die Briefe ab; es war das Beste, was ich tun konnte.

Ab und zu kam wieder einer der alten depressiven Gedanken hoch: *Es muß etwas mit mir nicht stimmen, sonst hätte er mich nicht so behandeln können.* Doch diese Gedanken wurden zunehmend von einer realistischeren Sicht verdrängt. Er hatte mich schlecht behandelt, ja – aber ich hatte es zugelassen. Zum ersten Mal löste das Ende einer Beziehung keine Orgie der Selbstvorwürfe bei mir aus – nur einen sauberen, gesunden Haß gegen diesen Menschen, der mich verletzt hatte. Und selbst mein Kummer schien einen Boden zu haben. Da war kein bodenloser Abgrund. Selbst in dunklen Augenblicken hielt ich an einer Perspektive fest, die mir früher immer entglitten war: *Dies wird nicht ewig dauern*, konnte ich mir sagen. Das war der grundlegende Unterschied zwischen Depression und Trauer.

Dennoch war die Grenze fließend. Ich hatte immer noch angsterfüllte Zeiten, Wochen, in denen meine verzweifelten Gedanken sich in langsamen, mühseligen Kreisen bewegten. In solchen Zeiten empfahl mir Eleanor manchmal, meine Dosis Prozac ein paar Wochen lang zu erhöhen, auf vierzig oder sogar sechzig Milligramm am Tag anstatt der üblichen zwanzig. Aber im Laufe der Zeit riet sie mir, einfach abzuwarten.

Eines Tages kam ich an einem Geschäft für Künstlerbedarf in der Nähe meiner Wohnung vorbei und ging spontan hinein. Ich kaufte einen Skizzenblock und eine Handvoll weicher Bleistifte, einen Spitzer und einen Radiergummi. Es war ein Gefühl, das ich seit der Kindheit nicht mehr gehabt hatte, das Bedürfnis, Linien auf Papier zu zeichnen. Ich gewöhnte mir an, morgens früh aufzustehen, um vor der Arbeit noch zeichnen zu können. Ich experimentierte mit Formen und Farben. Ich versuchte, die Umrisse meiner Katze mit nur zwei oder drei Bleistiftstrichen einzufangen. Manchmal stahlen sich auch Worte auf diese Seiten, aber Worte waren jetzt nur von flüchtiger Bedeutung. Früher hätte ich alles endlos erklärt und gerechtfertigt. Jetzt zeichnete ich einfach. Einsamkeit war eine schlafende Katze auf meinem leeren Bett, mein eigenes Gesicht im Spiegel, die schattenhafte Masse einer Vitrine in einem düsteren Raum um vier Uhr morgens. Die Bilder umgingen alles andere. Das Zeichnen half mir zu fühlen.

Depressionen, das wußte ich nur zu gut, bestehen nicht einfach darin, daß man sich traurig fühlt; oft kündigen sie sich dadurch an, daß man nichts mehr fühlt. Meine Skizzenbücher wurden zu einer Art Tagebuch, zu einem Instrument der täglichen Selbstbeobachtung, das mir dabei half, nicht in diese Gefühllosigkeit zu schlittern. Es schützte mich auch vor zu starker Introvertiertheit. Zeichnen verlangt *Sehen*, und dazu muß man sich auf die Außenwelt konzentrieren –

und sei es auch nur auf irgendein banales Objekt, nur für ein paar Minuten. Es bot einen Mittelweg zwischen der antiken Ermahnung Platons – «Das Leben, das nicht untersucht wird, ist nicht lebenswert» – und deren Umkehrung: «Das ungelebte Leben ist nicht untersuchenswert.»

Langsam, ganz langsam begann ich, die Dinge objektiver zu betrachten. Ich fand sogar eine Art schwarzen Humors darin, wie die Sache mit Thomas geendet hatte. Es war schon eine spektakuläre Art, abgeschoben zu werden. Thomas glaubte daran, daß alles, was es wert war, getan zu werden, auch gut getan werden sollte, und ich mußte zugeben, daß er am Ende seinem Credo gerecht geworden war. Im Laufe der Zeit fing ich an, die Geschichte zu überdenken, mir vorzustellen, ich würde sie erzählen. Dabei feilte ich an bestimmten Einzelheiten, um sie besser zu machen, so wie man in den Südstaaten Geschichten erzählt, mit einer gewissen dichterischen Freiheit eben. «Ich hatte mal einen Geliebten, der mich wegen einer anderen Frau verließ», sagte ich also, «und er nahm sie auf meine American-Express-Karte mit nach Südamerika.» Das war nicht einmal so weit von der Wahrheit entfernt.

Doch die Affäre mit Thomas trotzte all meinen Versuchen, sie sauber zusammenzufassen. Sie war vielschichtig und brutal gewesen: Durch ihn hatte ich eine wichtige Lektion gelernt, nämlich daß Intelligenz, Brutalität und Mitgefühl durchaus in ein und demselben Menschen koexistieren können. Er hatte mein Leben gerettet, indem er die Schwere meiner Depression erkannt und mich damals ins Krankenhaus gebracht hatte; er hatte mir geholfen, mir mein Leben zurückzuerobern, indem er mich an Bücher heranführte, die mir halfen, den Feind zu verstehen, mit dem ich konfrontiert war. Er hatte aber auch meine Selbstachtung zerstört, immer wieder, mit einer Art verbaler Grausamkeit, wie ich ihr noch nie begegnet war. Er hatte mich betrogen. Und er hatte mich eine Menge darüber gelehrt, wieviel Verletzung, Mißhandlung und Untreue ich tolerieren konnte. Es würde mich nie wieder schockieren, wenn eine Frau an einer ungesunden Beziehung mitstrickte; es würde mich nie wieder schockieren, wenn sich irgendeine Säule der Gesellschaft grausam benahm. Thomas lehrte mich einiges vom Besten und vom Schlimmsten, was Männer und Frauen einander antun können.

Doch das Wichtigste, was ich daraus zog, war einfach: *Nächstes Mal*, sagte ich mir, *finde ich einen Mann, der gut zu mir ist.*

Bei der Arbeit hatte ich innerhalb der Lokalredaktion in das sogenannte Projektteam gewechselt. Während dieses ganzen turbulenten Sommers und der Trennung von Thomas recherchierte ich über jugendliche Schießerei-Opfer. Mehrere Wochen lang begleitete ich Notarzttrupps, mit denen ich bis in die Morgenstunden in der Stadt unterwegs war, sah Hunderte von Betrunkenen und Kranken und natürlich junge Männer, die in Blutlachen auf dem Gehsteig lagen. Es schien bei diesen Schießereien stets drei Uhr morgens zu sein, und es schien sich auch immer dieselbe Menschenmenge zu versammeln – dieselben verdutzten Teenager, dieselben Zivilpolisten, dieselben kleinen Kinder, die zwischen den Erwachsenen hin- und hertanzten. Manche Notarzttrupps trugen kugelsichere Westen; es sei schon vorgekommen, erzählten sie mir, daß der Schütze in der Menge lauerte und sicherstellen wollte, daß sein Opfer auch wirklich tot war. Und diese Kerle waren berüchtigt dafür, daß sie nicht sehr treffsicher waren. Die nächtlichen Szenen von Chaos und Tragödie lenkten mich, wenn auch nur kurz, von mir selbst und meinen eigenen Problemen ab, und sie paßten zu dem ungeordneten Leben, das ich führte. Ich schlief zu seltsamen Zeiten, sah mir bis zum Morgengrauen Leihvideos an und aß um zwölf Uhr mittags kalte Pizza zum Frühstück. Es war ein brutaler Auftrag, aber er führte mich zu einer Story über die Erschießung eines Teenagers und ihre Folgen, die mich rasch ganz in Anspruch nahm. Später sollten meine Redakteure sie für den Pulitzerpreis vorschlagen.

In einer besonders schrecklichen Nacht lasen wir eine Frau auf, die auf dem Anacostia-Freeway in ein Auto gelaufen war. Während die Sanitäter sich bemühten, sie im vierspurig vorbeirasenden Verkehr in den Krankenwagen einzuladen, schaffte sie es, ein paar Fetzen ihrer Geschichte zu erzählen: Sie war im Wald neben der Autobahn gewesen, und dort war sie von einem Mann angegriffen worden. Es war nicht klar, was sie da im Wald gemacht hatte und ob sie vergewaltigt worden war, aber um dem Mann zu entkommen, hatte sie versucht, über die Autobahn zu rennen. Der Fahrer, der sie überfuhr, hatte nicht angehalten. Rein zufällig fuhr ein Krankenwagen, der nicht im Einsatz war, ein paar Minuten später dieselbe Straße entlang und fand sie dort. Die Autos machten eine wilde Slalomfahrt um sie herum. Sie hatte ein gebrochenes Becken und offenbar innere Verletzungen von der Art, wie ich sie selbst vor vielen Jahren gehabt hatte, als ich von einem Auto erfaßt worden war.

Es war zwei Uhr morgens, bis der Hubschrauber vom Washington Hospital Center kam und sie mitnahm, lange nach dem letzten Redaktionsschluß der *Post*. Ich ging nach Hause und schenkte mir als erstes einen ordentlichen Scotch ein. Dann saß ich im dunklen Wohnzimmer, während der Alkohol in meine Adern kroch. Ich trank noch einen, und nach einer Weile hörten meine Hände auf zu zittern, und das geistige Bild dessen, was ich gesehen hatte, verblaßte ein bißchen. Als ich ins Bett ging, wurde der Himmel schon hell.

Als ich am Nachmittag aufwachte, tat mein ganzer Körper weh. Es war keine Grippe, das wußte ich. Es war der Streß – und ein übler Kater.

Es war nicht der erste. Ich hatte viele Kater in diesem Sommer. Gewöhnlich hatte ich nicht einmal Scotch im Haus, aber auch das hatte sich vor ein paar Wochen geändert: Ein schneller Scotch nach einer Nacht mit dem Notarztteam war sehr viel entspannender und weit wirksamer, als ein Glas Weißwein zu schlürfen. Doch diesmal, noch schockiert von dem, was ich in der letzten Nacht erlebt hatte, erkannte ich, daß ich wieder angefangen hatte, den Alkohol als Streßbewältigung zu mißbrauchen.

Das ist wirklich verrückt, dachte ich. *Ich kann so nicht weitermachen.*

Dieser langsame Abwärtsrutsch, auf dem ich mich befand – vom gelegentlichen Alkoholgebrauch zum gelegentlichen Mißbrauch und schließlich zur Abhängigkeit – war eine Geschichte, die ich in diesem Sommer überall um mich herum erlebte. Alkohol ist das beste frei käufliche Heilmittel gegen Anspannung und Angst, und für Polizisten und Sanitäter ist er oft ein willkommener Tröster. Ich war bereits in einem Notarztwagen mitgefahren, dessen Fahrer – wie ich zu spät erkannte – den ganzen Abend immer wieder auf der Toilette verschwunden war, um zu trinken. Über rote Ampeln in einem Krankenwagen zu rasen, der von einem Betrunkenen gefahren wird, war ein Erlebnis, das ich nie vergessen würde. Die Sanitäter, mit denen ich darüber sprach, waren ehrlich. Es sei ein chronisches Problem; in ihrem Beruf hätte jeder entweder selbst ein Alkoholproblem oder kenne jemanden, der eins hätte, und für viele gälte beides.

Im Unterschied zu ihnen konnte ich diesen Auftrag beenden, wenn er meine Gesundheit beeinträchtigte. Und ich glaubte, daß ich das tun sollte. Meine Recherchen hatte ich glücklicherweise abgeschlossen. Doch in einem anderen Sinne unterschied sich meine Lage gar nicht so sehr von der ihren. Durch mein jahrzehntealtes Muster wiederkehrender depressiver Episoden litt ich ebenfalls häufig unter Ängsten.

Es kommt nicht darauf an, ob ein Beruf oder eine Krankheit die Ursache ist; permanent einer gewissen psychischen Qual ausgesetzt zu sein erzeugt eine große Versuchung zur «Selbstmedikation» – dazu, etwas zu finden, was die Symptome kurzfristig kuriert, und einfach weiterzumachen. Theoretisch wußte ich das seit Jahren. Ich gab sogar zu, daß ich den Alkohol schon einige wichtige Male mißbraucht hatte. Aber ich in Gefahr, zur Alkoholikerin zu werden?

Mit einem intensiven Schamgefühl brachte ich das Thema schließlich bei Eleanor zur Sprache. Ihr Rat war einfach: Hör auf zu trinken. Jede kurzfristige Erleichterung, die mir der Alkohol verschaffte, müßte ich durch seine langfristige depressionsfördernde Wirkung teuer bezahlen.

Ich rang um Abgrenzungen; ich versuchte zu relativieren und zu rationalisieren, einen Grund zu finden, weshalb ich den Scotch loswerden mußte, aber die Flasche Chardonnay im Kühlschrank behalten konnte. Doch diese falschen Unterscheidungen hielten nicht einmal einer oberflächlichen Prüfung stand. «Ich bin keine Alkoholikerin», sagte ich schließlich, «aber ich fürchte, ich bin in Gefahr, eine zu werden.» Und Eleanor pflichtete mir heftig nickend bei.

Dennoch wußte ich, daß die Versuchung, zum Alkohol zu greifen, immer noch groß sein würde, solange ich kein anderes Mittel hatte, um mit meinen Ängsten fertig zu werden. Vor die nackte Wahl gestellt, meine Ängste entweder mit Alkohol zu bekämpfen oder ihn aufzugeben und zu leiden, fürchtete ich, daß der Alkohol zu einem zu großen Thema würde. Das kam mir auf seine Art auch wieder wie eine Form der Abhängigkeit vor; so oder so wurde der Alkohol zum Mittelpunkt meiner Gedanken. Eleanors Lösung für dieses Problem erschien mir zuerst kaum besser: angstlösende Medikamente.

Na toll, dachte ich. *Ich kann wählen, ob ich zum Säufer oder zum Pillenschlucker werden will.* Aber als ich mit Eleanor darüber sprach, machte ihre Logik allmählich doch einen Sinn. Sie empfahl ein Medikament namens Klonopin, das zur Klasse der Benzodiazepine gehört. Zu dieser Kategorie von Medikamenten zählten noch andere, von denen ich gehört hatte, zum Beispiel Valium und Xanax – letzteres hatte ich im Herbst 1989 für kurze Zeit genommen. Ich wußte, daß solche Medikamente abhängig machen konnten. Der Unterschied, erklärte Eleanor, war jedoch, daß Klonopin sehr viel langsamer ins Blut gelangte als die meisten Benzodiapine. Dies sei wichtig, denn bei der Entwicklung einer Abhängigkeit von einem Medikament spielt der Effekt des «schnellen Kicks», also die augenblickliche Erleichterung durch schnell wirkende chemische Verbindungen, eine große Rolle. Diese Verbindungen seien es meist auch, die eine Art Minientzug hervorrufen, wenn ihre Wirkung nachläßt. Dies wiederum könnte das psychische Verlangen nach mehr auslösen. In manchen Fällen wären die rascher wirkenden Präparate, wie Xanax etwa, sinnvoll. Aber zur Behandlung chronischer und wiederkehrender Angstzustände über längere Zeit hinweg sei das Abhängigkeitsrisiko bei ihnen viel größer.

Die Tatsache, daß Klonopin erst nach zwanzig bis dreißig Minuten ins Blut gelangt, machte es geeignet für schlimme Angstphasen, verführte aber nicht dazu, bei jedem Anzeichen von Nervosität gleich eine Pille einzuwerfen. Ich wußte schon, daß ich meine Ängste ganz gut kognitiv therapieren konnte, indem ich sie aufzeichnete – mir notierte, wann sie angefangen hatten und wann sie nachließen. Auf diese Weise erinnerte ich mich selbst daran, daß die meisten Angstattakken nur kurze Zeit dauern. Klonopin sollte ich nur in den Fällen nehmen, in denen die Angst nach einer Viertelstunde oder so nicht nachließ, sagte Eleanor. Und selbst das sei eine vorübergehende Maßnahme, warnte sie. Das Rezept würde nicht automatisch erneuert. Wenn ich feststellte, daß ich mehr als ein Milligramm pro Tag einnahm, sollte ich ihr Bescheid sagen.

Diese Herangehensweise kam meiner pragmatischen Natur entgegen. Wie so viele war auch ich anfangs sehr mißtrauisch gegenüber verschreibungspflichtigen Medikamenten gewesen. Ich setzte sie mit Medikamentenmißbrauch oder hoffnungslosen Fällen gleich. Und meine anfänglichen Erfahrungen hatten meine Vorbehalte nicht zerstreuen können. Aber im Laufe der Jahre lernte ich, daß psychoaktive Medikamente, verantwortungsvoll eingesetzt, oft genau das taten, was sie versprachen: Schmerz lindern und heilen. Manchmal, die Erfahrung hatte ich gemacht, konnten sie sogar so etwas wie Wunder vollbringen.

Manche mögen es so sehen, daß ich mich auf dem besten Wege befand, mich zum Sklaven der Chemie zu machen. Nachdem ich eine Krücke gefunden hatte, nämlich Prozac, hatte ich sie jetzt durch eine zweite ergänzt. Aber für mich war die Einnahme dieser Medikamente nichts anderes, als wenn ein Diabetiker Insulin nimmt oder ein Epileptiker anfallshemmende Präparate. Sicher, diese Sicht impliziert, daß Depressionen und ihre geistigen Begleitsymptome klar erkennbare und beobachtbare physische Leiden sind – was nicht ganz zutrifft. Aber durch moderne Techniken wie PET und andere Verfahren zur Untersuchung des Gehirns wird es von Tag zu Tag zutreffender.

Doch obwohl ich noch intensiver über die Hirnforschung zu lesen begann, basierte mein neues Vertrauen in Medikamente eigentlich nicht auf etwas Rationalem. Es war eine Art körperliches Wissen, das ich aus meinen Erfahrungen vor und nach Prozac gewonnen hatte. Diese kleinen grün-weißen Kapseln bewirkten nicht, daß ich mich «anders» fühlte. Sie bewirkten, daß ich mich *weniger* «anders» fühlte – besser fähig, meine schwarzen Stimmungen zu überwinden und der Mensch zu sein, der ich wirklich war. Dieses Wissen wurde nicht durch Beweise bestätigt, sondern nur durch mein eigenes subjektives Gefühl, daß das unsichtbare Gewicht, das ich seit Jahren mit mir herumgeschleppt hatte, jetzt weg war. Wie das passiert war, konnte ich nicht sagen; wie ich es beweisen sollte, wußte ich erst recht nicht. Aber ich wußte irgendwo tief in meinen Knochen, zumindest für den Moment, daß ich mit Prozac mehr «ich selbst» war als ohne.

Und so gesellte sich für eine gewisse Zeit ein Fläschchen mit orangefarbenen Pillen zu den grün-weißen in meinem Arzneischrank und ersetzte den Alkohol im Wohnzimmer. Im Laufe der Monate machte ich alle üblichen Stadien der Trauer durch: Wut, Leugnung, Traurigkeit, Verhandeln und schließlich Hinnahme. Tatsächlich war meine Reaktion auf den Verlust der Beziehung zu Thomas und seinen Kindern eine ganz normale: die eines emotional stabilen Menschen, der einen schweren Schlag erlitten hat – nicht mehr und nicht weniger. So wurden die orangefarbenen Pillen eine Weile eingesetzt und dann nicht mehr. An irgendeinem Punkt seit diesem Augenblick auf der Indiana Avenue, als ich mein Gesicht zur Sonne gewandt hatte, war ich vom Depressionsopfer zur Überlebenden geworden.

Es war eine seltsame Übergangszeit, diese Phase zwischen dem Herbst 1990 und dem Sommer 1992. Sie begann an dem Punkt, als ich meine ersten stetigen Schritte auf dem Weg der Gesundung machte, und endete, als ich mich von dem Menschen trennte, der mich auf einem Großteil dieses Weges begleitet hatte. Und doch tröstete ich mich während dieser ganzen Zeit mit dem Gedanken: *Was auch passiert, es wird in Ordnung sein.* Zum ersten Mal im Leben, abgesehen von einigen wortlosen Momenten kindlicher Sicherheit, noch bevor ich mein besonderes Verhängnis kennenlernte, glaubte ich daran. Mit oder ohne Thomas, ich würde überleben; mein Glück hing nicht von ihm ab. Ich sah nicht länger meinen Untergang kommen, wenn ich verlassen würde.

Das untragbare Gewicht hob sich in kleinen Schritten, Tag für Tag. Mit Erstaunen erkannte ich, wie schwer es gewesen war; mit Erstaunen wurde mir klar, wieviel Mühe es gekostet hatte, es zu tragen. Zum ersten Mal im Leben entwikkelte ich ein gewisses wackliges Vertrauen in die Zukunft.

Noch etwas anderes geschah: Die Zeit schien sich auszudehnen. Ich war nicht mehr ständig mit Stimmungsschwankungen, Ängsten und den diversen Lebenskrisen beschäftigt, die aus diesen geistigen Zuständen entstehen. Ich verbrachte nicht mehr eine Unmenge an Zeit damit, in mich zu schauen und zu analysieren, warum ich unglücklich war. Der Tag schien auf einmal mehr Stunden zu haben, und während dieser Stunden schien ich mehr Energie zu haben als früher. Da ich von Natur aus viel Energie besaß, hatte ich es trotz des Handikaps einer chronischen Depression, die mich manchmal völlig lahmgelegt hatte, geschafft, Karriere zu machen. Jetzt, da sich dieses Gewicht allmählich hob, hatte ich sogar Energien übrig.

Und ich wollte gebraucht werden.

Bis zu meiner Erfahrung mit Peter und Melissa hatte meine Vorstellung davon, gebraucht zu werden, zweierlei Formen angenommen. Bei der einen dachte ich an ein Martyrium – einen Mann zu finden und mich für ihn unentbehrlich zu machen. Bei der anderen stand Selbstschutz im Vordergrund – mich von Leuten fernzuhalten, die ihre eigene Hilflosigkeit dazu einsetzen könnten, von mir Liebe und Sicherheit zu verlangen. Doch bei Thomas' Kindern hatte ich gelernt, daß gebraucht zu werden weder eine emotionale Entschädigung noch die Begegnung mit einem Blutsauger war. Es war einfach ein sehr schönes Gefühl. Einmal verletzte sich Peter auf dem Spielplatz und kam zu mir gelaufen, sein Gesicht tränenüberströmt. Ohne nachzudenken, ließ ich mich auf die Knie fallen und breitete meine Arme aus, und als er in meine Arme fiel, erklang etwas in meinem Inneren wie eine Glocke, die tief unter Wasser läutet.

Dieses Gefühl wollte ich wiederhaben.

Die alten Methoden, die Zeit zu füllen, funktionierten nicht mehr. Einfach länger zu arbeiten war nicht die Lösung – ebensowenig wie Einkaufen, Gymnastik oder Lesen. «Weißt du, was du probieren solltest?» sagte Robin, deren geschäftige Wochenenden mich arbeitslos aussehen ließen. «Geh zu Elizabeth Arden,und laß dir eine kosmetische Gesichtsbehandlung machen. Das ist so ein Genuß!» Aber ich hatte kein Bedürfnis, mich zu verwöhnen. Statt dessen meldete ich mich zu einem Tauchkurs an. Das war auch nicht die Lösung. Wonach ich mich sehnte, war eine Verbindung zu einem anderen Menschen. Ich wollte das, was mir Hugo im Krankenhaus und Peter auf dem Spielplatz angeboten hatten. Ich wollte raus aus meinem eigenen Kopf.

Ich hatte es versucht. Doch in diesen Gruppentherapiesitzungen vor Jahren in Atlanta hatte ich es als gräßlich empfunden, die Kluft zwischen mir und einem anderen Menschen zu überwinden. Jeder noch so kleine Schritt aus meinem eigenen Bewußtsein heraus schien vom klirrenden Geräusch von zerbrechendem Glas begleitet zu sein. Es war eine ungeheure Überwindung, meinen schalldichten Kasten zu verlassen. Dasselbe konnte ich auch in den Augen der anderen lesen. Wie ich hegten sie die innere Gewißheit, daß etwas mit ihnen nicht stimmte; wie ich verteidigten sie sich mit übertriebener Scham über ihre Unvollkommenheit oder mit wütender, defensiver Feindseligkeit. Uns zu öffnen war, als würden wir eine Liebkosung auf verbranntem Fleisch erdulden. Und doch war es das, worum es ging: dem Gefängnis des eigenen Ichs zu entfliehen.

Es ging nicht nur um irgendeinen transzendentalen Augenblick der Verbundenheit; es ging um Unsterblichkeit. Eine Sache, die ich aus dem Zusammensein mit Thomas'

Kindern gelernt hatte, war, daß sie meine banalsten Ideen und Daseinsformen reflektierten. Zum Beispiel erzählte ich Peter einmal einen Witz. «Warum ging das Huhn über die Straße? Um dem Opossum zu zeigen, daß man es schaffen *kann.*» Nachdem ich ihm erklärt hatte, daß tote Opossums im Süden ein häufiger Anblick auf den Landstraßen sind, fand er den Witz sehr komisch und erzählte ihn oft. Thomas, ein vornehmer Städter ohne Sinn für südlich-derben Humor, würde diesen Opossum-Witz wohl noch lange zu hören bekommen. Ich hatte meinen Stempel auf Peter hinterlassen, und er war nie mein Kind gewesen.

Nach einigem Nachdenken kam ich auf eine Idee, die eigentlich naheliegend erschien: Ich bot mich als Mentorin für einen Schüler oder eine Schülerin von der High-School an.

Sie hieß Lisa, und sie war ganz und gar nicht das, was ich erwartet hatte. Sie war eine Einserkandidatin, die bereits von mehreren Colleges umworben wurde. Außerdem war sie so umwerfend schön, daß ich einmal, als wir zusammen essen waren, miterlebte, wie ein fremder Mann zu uns herüberkam und seine Visitenkarte neben ihren Teller legte, in der eitlen Hoffnung, diese selbstsichere Siebzehnjährige würde ihm Beachtung schenken. Lisa gab sich blasiert; es sei nicht das erste Mal, sagte sie. Ich hatte erwartet, einen Teenager kennenzulernen, der ein Opfer der Armut war oder von seinen Eltern vernachlässigt wurde oder beides. Lisa aber kam aus einer liebenden, stabilen, gutsituierten Familie. Ich konnte mir nicht vorstellen, was sie von mir brauchte. Ich fragte mich auch, was ihre Mutter dazu sagen würde, wenn sie wüßte, daß ihre Tochter eine ehemalige Psychiatriepatientin als Mentorin hatte.

Doch nach einigen Wochen kam ich darauf, daß ich ihr vielleicht doch etwas zu bieten hatte: meine eigene Erfahrung mit den Gefahren zu guter Leistungen. Lisa war schwarz, und ich wußte, daß sich ihr Leben von meinem immer grundlegend unterscheiden würde. Aber in mancher Hinsicht kamen wir beide aus ähnlichen Verhältnissen. Wir stammten beide aus Mittelstandsfamilien, die ihre Wurzeln im Süden hatten. Bei ihr und ihrer Mutter hatte ich das Gefühl, daß das Wort «Heimat» dieselbe Südstaatenlandschaft, dasselbe Essen, ja sogar dieselben Lieder, die ich als Kind gekannt hatte, bezeichnete. Wir waren beide das Produkt einer vom fundamentalistischen Glauben durchdrungenen Kultur, die größten Wert auf Bildung und jene Art von Ansehen legt, das mit einem gefüllten Bankkonto einhergeht. Beide waren wir der Liebling aller Lehrer und hatten gelernt, diese Art von Aufmerksamkeit zu kultivieren und sie zu brauchen.

Ich sah mich selbst in jener Seite von Lisa, die eine bestimmte Art von Erfolg so sehr schätzte – hervorragende Notendurchschnitte zu erreichen, Aufsatzwettbewerbe zu gewinnen, Stipendien zu bekommen, den Weg anzutreten, der eines Tages zu einem ansehnlichen Einkommen führen würde. Im Verlauf dieses Schuljahres sprach ich mit ihr über die Lebensauffassung, zu der ich, und das nicht gerade leicht, nach meiner eigenen Jugend als Überfliegerin gelangt war. Ich erzählte ihr, wie ich mir mit fünfzehn in meinem Tagebuch meinen eigenen Grabstein ausgemalt hatte – «Hier ruht Tracy Thompson, sie schrieb nur glatte Einser» – und wie leer und traurig ich mich da gefühlt hatte, selbst als ich glatte Einser noch für das einzige hielt, was andere an mir schätzen könnten. Tolle Noten und Stipendien seien wunderbar, sagte ich ihr, aber mach nicht den Fehler, den ich gemacht habe, und schließe daraus, daß sie es sind, die deinen Wert als Mensch ausmachen. Geh nicht in die Falle, stets die Anerkennung anderer zu brauchen; vergewaltige dich nicht bei dem Versuch, es ihnen recht zu machen.

Ich weiß nicht, ob sie mit meinem Rat etwas anfangen konnte. Sie war nicht so verzweifelt darum bemüht zu gefallen, wie ich es in ihrem Alter gewesen war, und so brauchte sie meine Erfahrung vielleicht gar nicht. Doch sie schien über meine Worte nachzudenken und sie für die Zukunft irgendwo abzuspeichern. Im Laufe des Jahres erwähnte sie manchmal bescheiden etwas aus der Schule, und ich sah, daß sie mich von ihren Leistungen wissen lassen wollte, daß meine Meinung ihr wichtig geworden war. Wir wurden Freundinnen, gingen zusammen ins Kino, trafen uns zum Essen, redeten über Männer. Nach einer Weile sorgte ich mich nicht mehr darum, ob ich die richtige «Mentorin» für sie sei.

Nach diesem Schuljahr ging Lisa aus Washington fort, um ein Vollstipendium an der University of Virginia anzunehmen, einer der Hochschulen, die sie so emsig umworben hatten. Ich beschloß, mich wieder als Mentorin zur Verfügung zu stellen.

Ich hatte nach etwas gesucht, das ich brauchte. Dabei hatte ich entdeckt, daß ich bereits ein echtes Gut besaß, nämlich das Gefühl, etwas geben zu können. Früher war ich so gewesen wie die Leute, die auf Flohmärkten die Lebensfragmente anderer Menschen zusammensammeln – ein Schmuckstück, einen Spiegel – und sie horten. Ihre Freude besteht darin, zu besitzen. Ich hatte Beweise der Liebe und Achtung gesammelt; ich war ein bodenloser Abgrund menschlichen Verlangens gewesen. Jetzt fühlte ich mich, als würde ich meine Garage entrümpeln und dabei Schätze finden – oder zumindest brauchbare Dinge. *Das hier zum Beispiel*, wollte ich sagen. *Braucht vielleicht jemand einen Couchtisch? Kann jemand diese absolut taugliche Lampe gebrauchen?*

Wenn ich darüber vor dem Hintergrund meines Kampfes mit der Depression nachdachte, stieß ich auf einen radikalen Schluß. Vielleicht war dies eine der Verheerungen der Depression, die ich nie bedacht hatte. Die Depression hatte nicht nur mir die Freude am Leben geraubt; die Menschen um mich herum hatten ebenfalls einen ständigen Verlust erlitten.

Dies zu sagen hatte seine Risiken. Erst einmal gab mir die freiwillige Arbeit ein erhebliches Selbstwertgefühl. Sie gab mir das Gefühl, wichtig zu sein – doch das sagte an sich noch nichts über den tatsächlichen Wert dessen aus, was ich tat. Außerdem bestand das Risiko, anzunehmen, ich sei diejenige, die hilft, und nicht diejenige, der geholfen wird. Und dann war da noch das Risiko, arrogant zu werden. Die Religion meiner Kindheit hatte ein wachsames Auge auf zu großen Stolz gehabt: Wir waren hilflose Kreaturen, lehrte uns die Bibel, wir waren nichts vor Gott. «So wie ich bin, arm, elend, blind ...», sangen wir. Es war eine Religion, die für eine Kultur der Armut und der Niederlage geeignet war; das spätere Leben, das sie versprach, war für meine Mutter ein Fels der Stabilität und Hoffnung gewesen. Aber bei mir hatte sie nur eine Art reflexiven Selbsttadel erzeugt.

Ich hatte Selbsttadel immer als eine schlechte Angewohnheit gesehen, die niemandem außer mir schadete. Jetzt aber entdeckte ich darin auch ein verstecktes Element der Selbstverhätschelung. Anmaßung mit Selbstvertrauen zu verwechseln fördert eine Art gewollte Blindheit, eine absichtliche Unehrlichkeit. Ein Mensch, der sich nicht zu seinen Fähigkeiten bekennt, ebenso wie einer, der blind für seine Fehler ist, würde stets durch seine mangelnde Selbstkenntnis behindert sein. Ein Mensch, der sich weigert, seine eigenen Fähigkeiten anzuerkennen, praktiziert eine Form von emotionalem Geiz.

Schlimmer noch, diese Angewohnheit konnte zu einer Art emotionalem Panzer werden. Solange ich mich schwächer darstellte, als ich war, konnte man mir nicht zuviel abverlangen. Wenn ich geschickt war, konnte ich diese Technik sogar benutzen, um den Spieß umzudrehen und für mich selbst etwas zu verlangen. Die Tyrannei der Schwachen: Meine Großmutter hatte es so gemacht. Ich hatte gedacht, daß sie sich bewußt dazu entschieden hatte, die ewige Opferrolle zu spielen, um andere zu manipulieren. Ebenso wahrscheinlich – vielleicht sogar wahrscheinlicher – war es aber, daß sie sich zunächst einfach nur einer Lüge hingegeben hatte, sich geweigert hatte, die Stärken anzuerkennen, die sie besaß. Der Effekt war tödlich. Es war, als würde man einen gesunden Arm in Gips stecken und anderen damit eins überziehen, nur auf emotionaler Ebene.

Wie konnte ich diese Falle vermeiden?

Die Antwort war schon seit einer Weile in mein Bewußtsein durchgesickert. Der Sticker, den ich vor etwa einem Jahr bei American City Diner gefunden hatte, faßte sie gut zusammen: «Jammern verboten.» Dieser Spruch vereinigte zwei sehr beliebte Konzepte in sich, die aber selten in einem Satz genannt wurden. Das eine war die Suche nach Selbstachtung. Das andere war das Konzept der «harten Liebe».

Letzteres, nämlich die Idee, Liebe auszudrücken, indem man Strenge walten läßt, scheint jenen am meisten zuzusagen, die diese Strenge gerne *anwenden* wollen; dagegen steht wohl keiner Schlange, um sie zu empfangen. Tatsächlich bombardiert uns die amerikanische Kultur mit der gegenteiligen Botschaft: Was auch passiert, was du auch getan hast, denk nicht schlecht von dir. In der *Post* wurde manchmal über Menschen berichtet, die ein Verbrechen begangen hatten, aber von Familie und Freunden als «gute Menschen» beschrieben wurden, Menschen, die «ihr Leben ordnen wollten», Menschen, die von den Umständen zu etwas getrieben wurden, was gar nicht ihrem Charakter entsprach – eine Schlußfolgerung, die oft niemand in Frage stellte. Wenn sie erwischt wurden, sagten die Täter niemals: «Es tut mir leid.» Sie sagten: «Ich bedaure, was passiert ist», als wären sie einfach nur danebengestanden, während die Pistole in ihrer Hand sich auf magische Weise entleerte, das Kind erwürgt oder der Rentenfonds geplündert wurde. Eine echte Entschuldigung war gleichbedeutend mit Kriecherei geworden.

Doch wo paßte da die Wahrheit hinein – die peinliche, unbequeme Wahrheit?

Vor Jahren hatte mir einmal ein Kollege von einem Persönlichkeitsseminar erzählt, das er an einem örtlichen College besucht hatte. «Es war toll», sagte er ernsthaft. Man sah, daß er das ganze Blabla abgekauft hatte. «Dieser Typ vertritt die Theorie, daß unser Gehirn nur die Informationen verarbeitet, die wir hineinlassen. Du mußt dir vorstellen, du hast ein Gitter oder einen Filter, der manche Informationen hineinläßt und andere abfängt. Um positiv über sich zu denken, muß man das Gitter einfach nur umstrukturieren. Wenn du nur Positives hineinläßt, kannst du auch positive Gedanken über dich selbst haben.»

«Okay», sagte ich. «Aber was ist, wenn du denkst, du bist klasse, aber in Wirklichkeit bist du ein Arschloch?»

Mein Kollege sah angewidert aus. «Leute wie dich gibt es in jedem Büro», sagte er.

Ich wollte ihn aufziehen, aber ich war auch echt irritiert gewesen. Damals rang ich mit meiner eigenen Unfähigkeit, zu sagen, ob *ich* wirklich klasse war oder nur ein Arschloch; meine Meinung änderte sich täglich. Zu einer realistischeren Einschätzung meiner selbst zu gelangen hatte viele Jahre gebraucht, und ich hatte es genau andersherum angegangen wie mein Freund: Meine Selbstachtung war vollkommen davon abhängig, was andere Leute von mir hielten, und nicht, was ich selbst von mir dachte.

Nun, zu guter Letzt, erkannte ich: Es geht um beides – mich selbst zu lieben und mich dem Urteil anderer zu stellen. Wenn ich mich selbst liebte, konnte ich lernen, mir meine Fehler zu verzeihen. Doch solange meine Selbstachtung auch noch darauf basierte, was andere von mir hielten, wäre ich gleichzeitig motiviert, sichtbare Leistungen anzustreben – eine sehr viel stabilere Grundlage für mein Selbstwertgefühl als leeres Selbstlob oder Psychogebabbel nach dem Motto «Ich finde mich toll».

Der Trick war schonungslose, unsentimentale Ehrlichkeit. Es gab schlechte Dinge zu sehen, wenn ich in den Spiegel schaute. Meine Aufgabe war es, mir zu überlegen, worin sie bestanden, sie in den richtigen Proportionen zu sehen und nicht zurückzuschrecken. «Jammern verboten». Der Sticker hing als stille Gedächtnisstütze an der Pinnwand über meinem Schreibtisch im Büro: harte Selbstliebe. Mich selbst lieben zu lernen hatte mir einen Grund gegeben, eine vernichtende und schreckliche depressive Phase zu überleben; es war der Strick, an den ich mich im Abgrund der Verzweiflung geklammert hatte. Aber hart zu mir zu sein war der Flaschenzug, der mich herauszog.

Kapitel 8

Es wird Tag. Mein Geist taucht aus dem stillen Teich des Schlafes auf und nimmt als ersten bewußten Akt das blaugraue Licht wahr, das unter den Schlafzimmervorhängen hindurchkriecht. Dann werden ganz allmählich, wie wenn ein Fernseher aus den Fünfzigern warmliefe, Objekte sichtbar: Bücherregal, Fernseher, Frisierkommode. Draußen jault der Nachbarshund, und ich höre den Flötenklang einer klagenden Taube. Verschlafen drehe ich mich um und schaue meinen Mann an.

Er schläft tief und fest, die Hände über die Bettdecke geworfen. Als ich mich bewege, regt er sich leise. Bald wird der Radiowecker losgehen, und der Tag wird anfangen.

Letzte Nacht hatte ich einen Angsttraum. Irgendwie saß ich in einem Auto im Stau fest und war in Panik, weil ich woanders sein sollte. In dem Auto waren lauter Menschen, die wußten, wie ich litt, die mir aber nicht helfen konnten. Ihr hilfloses Mitleid machte mich ungerechtfertigterweise wütend. Der Traum war sehr lebendig; ich spüre die Nachwirkungen der Angst, eine Muskelspannung im Bauch und im Rücken. Die Angst im Traum war von jener diffusen, losgelösten Art, wie ich sie mit Depressionen in Verbindung bringe. Es erscheint merkwürdig, von Depressionen zu träumen – doch wahrscheinlich ist das auch nur eine Form der Traumerinnerung wie jede andere. Vielleicht träumt ein Mensch, der sich in seiner Schizophrenie verloren hat, vom normalen Leben, davon, wie er den Müll rausbringt; ich weiß es nicht. Aber ich finde diese Träume immer alarmierend, weil die Gefühle darin so real erscheinen. Ich bin abergläubisch, habe Angst, daß sie, wie ein böser Geist aus der

Flasche, freikommen, wenn ich nur von ihnen träume. Im übrigen, was mein Gehirn anbelangt: Was *ist* denn realer – diese Traumgefühle oder der gegenwärtige, wache Moment?

Im Jetzt dreht sich David um, halb wach, und streckt seinen Arm aus, um mich zu sich heranzuziehen. Die Gegenwart bekommt klare Konturen. Mein Kopf füllt sich mit dem, was ich heute zu tun habe – mein Schreibpensum, danach ein bißchen Gartenarbeit. Diese Dinge erscheinen mir schön, meine Freude an ihnen mühelos. David hat seinen Arm um mich gelegt. Ich genieße die Berührung seiner Haut auf meiner, die Wärme seiner Brust an meinem Rücken, es gibt mir etwas. Wir sind seit fast zwei Jahren zusammen, verheiratet seit einem. Er ist Physiker, ich Autorin, unsere Arbeit hat fast nichts gemein. *Nicht der Mann, den ich suche*, dachte ich an jenem Abend vor fast zwei Jahren, als er die ersten Annäherungsversuche machte. Ich sagte ihm das, und er hörte mir zu. Er saß auf meinem Sofa mit seiner Drahtgestellbrille – so eine, erklärte er mir lachend, wie sie alle besessenen Forscher trugen. Er hörte sich alles an, was ich zu sagen hatte. «Das ist schon in Ordnung», sagte er, als ich fertig war. «Du bist es wert, zu warten. Außerdem bin ich ein netter Kerl. Wenn du lange genug bleibst, wirst du das merken.» Diese Geschichte kommt mir heute wie ein Witz vor, sie gehört zu unserer gemeinsamen Folklore, ebenso wie die Geschichte von unserer ersten Verabredung, als ich in einem modischen Seidendreß an die Tür kam und David dachte, ich sei noch im Schlafanzug. Er dachte, Seide trägt man nur im Bett. *Für intelligente Leute sind wir nicht allzu helle*, denke ich und grinse in mich hinein. Wir liegen da, schläfrig ineinander verknotet, bis das Radio angeht.

So ist mein Leben jetzt.

Vier Jahre sind seit jenem sonnigen Moment auf der Indiana Avenue vergangen. Prozac, das ich seit 1990 nehme, ist zum Gegenstand von Büchern, Fernsehshows und zahllosen Zeitungsartikeln geworden und hat mehrere Nachfolgepräparate hervorgebracht. Vor Prozac stammten Antidepressiva von Medikamenten ab, die ursprünglich für andere Krankheiten entwickelt worden waren – zum Beispiel für Tuberkulose oder Heuschnupfen – und deren antidepressive Wirkung durch Zufall entdeckt wurde. Prozac ist das erste «Designer»-Antidepressivum; es wurde gezielt dafür entwickelt, auf Serotonin einzuwirken, den spezifischen Neurotransmitter, dessen Fehlfunktion zumindest eine der Ursachen für Depressionen ist. Doch heute ist auch Prozac schon Schnee von gestern. Die Wissenschaftler haben die Methoden, die zu seiner Entdeckung führten, verfeinert und entwickeln auf diesem Wege heute noch wirksamere Medikamente, mit denen die Biologie des Gehirns noch gezielter beeinflußt wird, selbst bei früher unbehandelbaren Krankheiten wie einer schweren Schizophrenie.

Das sind die Wunderdrogen der neunziger Jahre, die von Wissenschaftlern gerne als «Jahrzehnt des Gehirns» bezeichnet werden, und sie erwecken Ehrfurcht und Angst. Bei mir ist es am ehesten Ehrfurcht. Die Dimension dieser Errungenschaft kann vielleicht nur der richtig würdigen, der eine psychische Krankheit selbst erlebt hat – den düsteren Sturz in eine Depression etwa, die nicht einmal die schlimmste psychische Krankheit ist, die es gibt. Ich begann mit Prozac nach über einem Jahr massiver Depressionen, die traditionelle Antidepressiva nur teilweise zu lindern vermochten. Nach wenigen Wochen hörte dieser geistige Hurrikan plötzlich auf. Damit beweise ich nichts; zuerst passierte X, dann Y. Aber es fällt schwer, dieses Wunder nicht auf die kleinen grün-weißen Pillen zurückzuführen, ihnen nicht die Tatsache zuschreiben zu wollen, daß ich seither so etwas wie ein normales Leben lebe. Es ist ein Geschenk.

Vielleicht sogar ein Wunder. Prozac scheint auf jener alten amerikanischen Reise, der Suche nach dem Glück, eine Abkürzung zu bieten. Es verspricht Selbstbewußtsein, Erleichterung von nervenden Charakterschrullen, eine heitere Wesensart für die unheilbar Griesgrämigen – nur zu welchem Preis? Auf dem Aktenschrank in meinem Arbeitszimmer habe ich einen Cartoon aus dem *New Yorker*, auf dem dargestellt ist, wie diverse große Denker des neunzehnten Jahrhunderts unter Prozac gewesen wären. Am besten gefällt mir Edgar Allen Poe, wie er einen Raben mit einem fröhlichen «Hallo, Vögelchen!» grüßt. Das faßt unsere Ambivalenz zusammen.

Ich bin auch manchmal ambivalent. Werde ich irgendwann, irgendwo einen Preis für dieses normale Leben zahlen müssen – ein Krebsgeschwür vielleicht oder ein lernbehindertes Kind? Ich weiß es nicht. Niemand weiß es. Ich habe gewürfelt, ich habe einen Handel geschlossen wie ein Spieler. Manche empfinden das als einen leichtsinnigen Schritt in die Schöne Neue Welt der Persönlichkeitsverbesserung. Man sagt mir, ich sei töricht, weil ich mein Gehirn schon vor meinem Tod der Wissenschaft gespendet hätte, weil ich mich für ein künstliches Leben anstatt des echten entschieden hätte, das ich hätte haben können. An einer Stelle in Aldous Huxleys Roman *Schöne Neue Welt* lehnt der Protagonist Sigmund Marx das ihm angebotene *Soma* ab, jenes pharmazeutische Allheilmittel in Huxleys futuristischer Gesellschaft. «Ich will lieber ich bleiben», erklärt Marx. «Ich, das Ekel. Und nicht ein anderer werden, auch wenn er noch so lustig wäre.» *Sag nein zu Drogen*, heißt es. Dieses Mantra wiederholen wir seit Jahrzehnten, inzwischen schon automatisch. Die Menschen fürchten sich vor dieser Droge, die ich nehme, sie ist ihnen nicht geheuer. Wunder gibt es einfach nicht umsonst.

Das hält viele Menschen nicht davon ab, Prozac zu nehmen – schätzungsweise vier Millionen allein in den Vereinigten Staaten. Doch laut amtlichen Schätzungen erleiden jedes

Jahr rund zehn Millionen Menschen eine ernste depressive Episode. Davon begibt sich weniger als die Hälfte in medizinische Behandlung, die anderen leiden lieber still vor sich hin, als daß sie das Stigma riskieren würden, als geisteskrank diagnostiziert zu werden. Man könnte also auch so argumentieren, daß das Problem nicht darin besteht, daß zu viele Menschen Medikamente gegen diese Krankheit nehmen, sondern zu wenige. Doch die ganze Diskussion um Psychopharmaka basiert ja auf einer ganz anderen Annahme: daß die Ärzte zu freigebig mit Präparaten wie Prozac, Paxil und Zoloft umgehen und sie Leuten verschreiben, die sie nicht brauchen. Wir haben sogar einen Namen dafür: «kosmetische Psychopharmakologie» – einen Ausdruck, den der Psychiater Peter Kramer geprägt hat und mit dem er grundsätzlich gesunde Menschen beschreibt, die durch Prozac «weniger von einer Krankheit kuriert als verändert werden». Kramer weist nachdrücklich darauf hin, daß Patienten, die eine kosmetische Psychopharmakologie wollen, in seiner Praxis in der Minderzahl sind, aber diesen Teil seiner Ausführungen hört kaum jemand. Das überrascht nicht; unsere Hochgeschwindigkeitskultur tut sich schwer mit dem Verdauen komplexer Informationen.

Tatsächlich könnten beide Seiten recht haben. Manche Leute – Abenteurer, die auf der Suche nach der nächsten Erleuchtung an die Grenzen gehen – bekommen Psychopharmaka, obwohl sie sie nicht brauchen. Aber Millionen andere, die von diesen Medikamenten profitieren könnten, haben zuviel Angst oder schämen sich zu sehr, sie auszuprobieren. Wenn man wirklich krank ist, wenn man fürchtet, den Verstand zu verlieren, dann gibt es kaum etwas Furchterregenderes, als eine Pille zu nehmen, die die Funktionsweise des Gehirns noch mehr verändert. Dazu müssen die meisten erst total verzweifelt sein.

Unsere falschen Vorstellungen lassen Mythen entstehen.

Die Leute halten diese Medikamente für Stimulanzien wie Amphetamine etwa. In Comicserien sind sie die neueste Form der Selbstverhätschelung für Sensibelchen. Ein Beitrag auf der Dritten Seite in meiner eigenen Zeitung vergleicht sie mit wertlosen Patentarzneien des neunzehnten Jahrhunderts. An einer privaten Mädchenschule in New Jersey treffen sich sechs Teenager, zerhacken ein paar Kapseln Prozac und inhalieren den Inhalt, um high zu werden. Und wer in diesen Drogen nicht nach irgendeinem verbotenen Glücksgefühl sucht, hat den Verdacht, daß alle anderen das hinter seinem Rücken tun.

«Dieses Prozac, ich weiß nicht», sagt ein Mann auf einer Party zu mir. «Jeder scheint es zu nehmen. Bald werde ich es auch nehmen müssen, nur um mitzuhalten.» Er meint das nur halb im Witz.

Ich lächle höflich und nippe an meinem Drink. Hier ist ein Mensch, der den kahlen weißen Raum einer psychischen Krankheit wohl noch nie von innen gesehen hat, der die Bestie noch nie richtig kennengelernt hat. Er hat keine Ahnung, was es bedeutet, einen ganz normalen Tag hinter sich zu bringen, wenn man ein 150 Pfund schweres Bleigewicht mit sich herumschleppt – ein Gewicht, über das man besser nicht spricht, da sein Vorhandensein allein schon eine Peinlichkeit ist.

Versuchen Sie doch mal, dieser Mensch zu sein, würde ich ihm gerne sagen, *wenn Sie verstehen wollen, was es bedeutet, mit einem Handikap zu leben. Versuchen Sie das mal eine Weile, und Sie werden etwas zu fürchten haben.*

Im Herbst 1975 erwachte ich in meinem Wohnheimzimmer an der Emory University aus einem Traum. Ich hatte geträumt, ich wäre im Keller unseres alten Hauses, der in ein Restaurant verwandelt worden war. Das Licht war grell, die Wände weiß und kahl. Ich aß etwas matschig Braunes, eine

Speise, die nicht schmecken, sondern nur nähren sollte. Und dann hatte ich aus heiterem Himmel das wunderbare Gefühl, ich hätte ein phantastisches Geheimnis: Draußen war Frühling.

Ich entschuldigte mich und schlüpfte zur Tür hinaus. Draußen war das alte Kornfeld meines Großvaters, dasselbe Feld, das er vor so langer Zeit mit Becky, dem Maulesel, gepflügt hatte. Es war noch mit den Stoppeln aus dem letzten Jahr bedeckt; die diesjährige Aussaat hatte noch nicht begonnen. Es war kühl, wie an dem Tag, als ich ihm in den Furchen seines Pfluges gefolgt war, aber die Sonne wärmte schon. Die Erde war braun, der Himmel trist, aber ich hörte von irgendwoher Musik. Sie war leise, wurde aber langsam lauter.

Ich zog Pullover, Hut und Schuhe aus und fühlte, wie sich die Erde unter meinen Füßen langsam erwärmte. Der Wind wehte durch meine Haare. Und dann kamen die Wölfe. Sie waren meine geheimen Götter, meine Helfer. Niemand außer mir wußte von ihnen, doch ich hatte sogar gewagt, ihnen Namen zu geben. Sie waren gefährlich, aber ich hatte keine Angst. Ich war zutiefst glücklich. Ich lief über das Kornfeld, und die Wölfe sprangen in großen Sätzen neben mir her, als gehörten wir alle zu einem Rudel. Und die wilde, seltsame Musik erfüllte den Himmel.

Man könnte hier leicht romantisieren, im Rückblick sagen, dieser Traum sei ein Vorzeichen meines schließlichen Triumphes über die Bestie gewesen. Aber hier gibt es keinen Triumph, nur weisere Arten zu kämpfen. Nach all diesen Jahren sind die Bestie und ich wohl Lebenspartner. Aber das ist okay. Ich führe ein normales Leben – und auch wenn mancher das für langweilig halten mag, für mich ist es süß. Ein normales Leben ist eine wunderbare Sache.

Manchmal scheint die alte Verzweiflung zurückzukehren, nur um zweiundsiebzig Stunden später wieder verschwunden zu sein; manchmal leide ich wieder wochenlang unter einer leichten Angst. Ich habe einige schlechte Zeiten durchgemacht seit jenem Herbst 1990. Die schlimmsten waren im August und im Februar, aus mir unerfindlichen Gründen, und während dieser Phasen erscheint mir dieses Leben, das ich unter solchen Mühen und Opfern aufgebaut habe, so wacklig wie ein Kartenhaus. Ich denke dann: *Das war's, ich habe mir etwas vorgemacht. Keine Droge wirkt ewig; früher oder später wird mich diese Krankheit umbringen.*

Und dann geht es wieder vorbei. «Wie fühlst du dich?» erkundigt sich mein Freund Gus in einem ruhigen Augenblick bei der Arbeit. Über meinen Schreibtisch gelehnt, sieht er mich vielsagend an. «Gut», sage ich schlicht, «warum?» Dann fällt es mir ein: Bei unserem letzten gemeinsamen Mittagessen vor einer Woche hatte ich gesagt: «Es scheint, als würde ich mich nie wirklich besser fühlen.» Heute, eine Woche später, habe ich das schon vergessen. Zu Hause finde ich beim Durchgehen meiner Papiere auf dem Schreibtisch ein paar Notizen, die ich vor einem Monat gemacht habe:

> *Diese Angst ist vermutlich das Schlimmste von allem. Sie ist auf nichts bezogen – obwohl ich sie auf David konzentrieren, ihm irgendwie die Schuld geben möchte. Er hat selbst einen schlechten Monat. Ich mache mir Vorwürfe, daß ich ihn nicht besser unterstütze. Es bestätigt meine größte Angst – daß ich einfach nicht fähig bin, eine gute Ehefrau zu sein … Verflucht, ich dachte, ich hätte diese Scheiße hinter mir. Ich erwarte immer noch überall ein gutes Ende. Ich sollte es besser wissen.*

Als ich das lese, denke ich: *Wirklich?*

Oder ich besuche meinen Freund aus der Moderedaktion, um mich auf dem laufenden zu halten. Er und ich sind Gründungsmitglieder des Kemistry-Klubs, einer spontan entstandenen Organisation von *Post*-Mitarbeitern, die Psychopharmaka nehmen. Die Mitgliedschaft ist anonym, und die Versammlungen finden am Eiswasserautomaten statt. Einmal erzählte er mir, wie er die 15th Street hinunterlief und aus den Augenwinkeln eine Frau in einem Mantel mit einem raffinierten Pelzkragen sah. Für den Bruchteil einer Sekunde machten die Umrisse ihres Pelzkragens gegen die Wintersonne eine gigantische, gehörnte Echse aus ihr. Panik sei in ihm aufgeblitzt – *Drehe ich jetzt durch?* –, doch dann war der optische Trick vorbei; es war nur eine Frau mit einem Pelzkragen.

«Das ist mir lange nicht passiert», sagte er und klopfte sich sanft aufs Herz, wie um seinen Schlag zu beruhigen. «Aber, Junge, die Echsenlady hat mich ganz schön zurückgeworfen.»

Wir lachen zusammen wie alte Veteranen. Ich weiß genau, was er meint – das verwirrende Gefühl, nie zu wissen, wann etwas wirklich Schlimmes, etwas Unentrinnbares passieren könnte.

Aber bisher ist es nicht passiert. Und in der Zwischenzeit ist da das tägliche Leben, ein Fieber der Aktivität, das sich gelegentlich in einem Augenblick der Klarheit auflöst – die Wärme von Davids Körper, hereinfallendes Licht am frühen Morgen –, der mir zeigt, daß das Leben kein verworrenes Rätsel ist, sondern die Einfachheit selbst. Ich navigiere vorsichtig; ich werde stets eine Karte brauchen. Ich hinterlasse überall Wegweiser, die mich daran erinnern, was ich tun muß, wenn ich mich verirre.

«Versuch dich nicht an großen Aufgaben – teil sie in kleinere ein», schreibe ich und klebe die Notiz auf meinen Schreibtisch, für Zeiten, in denen ich beunruhigt und ängstlich bin. Oder ich führe, wenn es ab und zu einmal ruhiger zugeht, Listen darüber, was ich an einem bestimmten Tag alles getan habe. *Schau dir das an*, sage ich abends zu mir selbst, wenn ich mich über das Waschbecken beuge, um mein Gesicht zu waschen. *Das hast du heute geleistet. Der heutige Tag war gar nicht so schlecht. Kopf hoch.*

Ich gehe auf die Vierzig zu, den Punkt, ab dem die Jugend nicht mehr selbstverständlich ist und zu einem relativen Begriff wird. Es ist noch zu früh für große Bilanzen, aber trotzdem wäge ich mitunter schon ab, inwieweit mich diese Krankheit letztlich definiert hat und inwieweit ich sie durch meine Persönlichkeit geprägt habe. Ich suche nach einer Regel, nach einem vereinenden Prinzip, das es ermöglicht, dieses Rätsel meines Lebens als Ganzes zu sehen. Und mir scheint, meine Krankheit ist das Produkt dreier Kräfte: Genetik, Kultur und Zufall.

Ich wurde mit einer Veranlagung zu Depressionen geboren. Ich hatte außerdem das Pech, in einer von Angst erfüllten Kultur aufzuwachsen. Manches von dieser Angst war das Produkt der Zeit, in der ich lebte, manches das Produkt der religiösen Auffassungen, die ich von meinen Eltern auferlegt bekam, die ihrerseits die Kultur weitergaben, in die sie hineingeboren worden waren. Ein anderes Element war die unterschwellige Furchtsamkeit, die ich bei meiner Mutter spürte, weil sie ihrer eigenen Vergangenheit nicht entfliehen konnte. Und dann war da noch ein Unfall in der Kindheit, der mein Gesicht verschandelte, als ich gerade in die Pubertät kam – ein zufälliges, singuläres Ereignis, das die Bahn meines Lebens für immer veränderte.

Im Laufe der Jahre wirkten all diese Dinge zusammen – und veränderten dabei dauerhaft die «Schaltungen» in meinem Gehirn, das von vornherein nicht einwandfrei «geschaltet» war. Dies ist eine Sichtweise der Depression, die von der Wissenschaft noch erforscht wird und bei der man von «Initiierung» sprechen kann. Für mich macht sie Sinn. Sie beschreibt, wie mein Gehirn in anderen Bereichen arbeitet – wenn ich in der achten Klasse eine Mathematikaufgabe löse oder beim Tennis den Aufschlag lerne: ein Bombardement von Stimuli, eine wiederholte Reaktion, der Funke des Begreifens und schließlich die Mühelosigkeit dessen, was früher fremd und unmöglich erschien. Gefühle sind, glaube ich, auch teilweise erlernt. Und sie können neu erlernt werden – wenn man Hilfe hat.

Für mich begann die Hilfe mit den psychoaktiven Medikamenten. Sie waren kein Wundermittel und auch kein Ersatz für die Therapie. Aber sie waren es, die es mir ermöglicht haben, aus der Therapie maximalen Nutzen zu ziehen. Die Therapie selbst war harte Arbeit. Medikamente sind Hilfsmittel, nichts weiter – aber das ist nicht wenig. Für einen Felsenkletterer macht ein Kletterhaken den Unterschied zwischen Leben und Tod aus.

Ich ziehe also keine Bilanz; ich sage nur, daß ich mich an einem entscheidenden Punkt für das Leben entschieden habe. Es war eine mühsame Entscheidung, und ich habe mein Bestes versucht, sie zu vermeiden. Als ich mich nicht länger davor drücken konnte, lief es letztlich auf die Erkenntnis hinaus, daß ich eine moralische Verantwortung für mein Leben habe. Die Frage wurde dann: Wie lebe ich jetzt? Und dann, nachdem ich mich dieser Frage gestellt hatte, erkannte ich noch etwas: Sie stellt sich jeden Tag von neuem.

Was der Grund dafür sein könnte, daß ich immer einen Zettel in meinem Portemonnaie mit mir herumtrage. Darauf steht etwas, was ich einmal geschrieben habe, aufbauend auf den sechs Zielen, die ich mir in den ersten Monaten nach meinem Krankenhausaufenthalt gesetzt hatte. Es ist keine Zauberformel, nur etwas, was ich an einem Tag geschrieben habe, an dem ich mich an die Eckpfeiler erinnern mußte, die mich in der Bahn halten.

Sei ehrlich in allen Dingen, großen und kleinen (gesellschaftliche und berufliche Ausnahmen, wenn nötig).

Wenn du ärgerlich bist, drück es aus, löse das Problem, wenn möglich, und dann vergiß es. Kein Groll.

Gib Fehler gleich zu, und mach sie wieder gut, wenn es geht.

Hilf anderen. Mach dich nützlich. Nur so findest du aus dem Gefängnis deines Selbst heraus.

Arbeite hart im Beruf. Er ist dein wertvollster Besitz.

«Die Regeln» habe ich in meiner schlechten Handschrift oben auf den Zettel geschrieben, der ein oft gefaltetes Blatt grünes Stenopapier ist, genau das gleiche Papier, auf dem ich vor vielen Jahren mein Tagebuch begann. Hin und wieder taucht dieser Zettel zwischen einem Haufen Reinigungsquittungen und Coupons und Visitenkarten auf, die sich in meinem Geldbeutel angesammelt haben. Jedesmal schaue ich ihn an und denke, ich sollte ihn wegwerfen.

Und dann, nach einer Minute, falte ich ihn zusammen und tue ihn wieder hinein.

Danksagung

Den vielen Menschen, die mir bei diesem Projekt geholfen haben, als sei es ihr eigenes, bin ich zutiefst dankbar. Meine Arbeitgeber bei der *Washington Post* gaben mir großzügig freie Zeit zum Schreiben. Zwei Redakteure der *Post* haben mir besondes geholfen: Abigail Trafford ermunterte mich, den Feature-Artikel zu schreiben, der dieses Buch entstehen ließ, und Gene Weingarten half mir mit kreativen und geistreichen Kommentaren zum Manuskript, für die ich sehr dankbar bin. Auch andere waren unbezahlbar – so vor allem Robert Content, der mich mit intelligenten Kommentaren herausforderte und mir half, meine Gedankengänge auszufeilen. Dan Baum und Meg Knox steuerten ihren kritischen Blick und ihren Zuspruch bei. Ray Fuller von Eli Lilly hat sich ungeheuer bemüht, mir die jüngsten Entdeckungen in der Hirnforschung verständlich zu machen. Robert Post vom National Institute of Health versorgte mich reichlich mit wissenschaftlicher Literatur. Meine Psychiaterin half mir, einige der persönlichen Erlebnisse, die ich hier wiedergebe, zu rekonstruieren und zu verstehen. Besonders dankbar bin ich meiner Agentin, Beth Vesel, die mir ein ganzes Jahr lang immer wieder zuredete, dieses Buch zu schreiben, und meiner Lektorin bei Putnam, Laura Yorke, deren Energie, Enthusiasmus und Intelligenz selbst die banalsten Aufgaben zum Vergnügen machten.

Im Laufe der Jahre hat mich der Zuspruch und die Liebe vieler Menschen in dunklen Zeiten aufrechterhalten, und dies sind Schulden, die ich nie ganz zurückzahlen kann. Mein Schmerz ging oft auch zu Lasten meiner Familie; trotzdem hat sie nie aufgehört, mich zu lieben und an mich zu glauben. Meine Freunde sind zu zahlreich, um sie alle hier zu erwähnen, doch manche werden sich hier wiedererkennen. Für meinen Mann David schließlich, der mir seine treue Liebe und Ermunterung schenkt, ist bloße Dankbarkeit nicht genug.

Anmerkung der Autorin

Die Ereignisse und Personen in diesem Buch sind real. Um aber die Privatsphäre einzelner Personen zu schützen, habe ich manchmal Pseudonyme verwendet und gelegentlich sogar die Personenbeschreibungen verändert.

Die Originalausgabe erschien 1995 unter dem Titel
«The Beast. A Reckoning with Depression»
im Verlag G. P. Putnam's Sons in New York
«Journey to the Interior» Copyright © 1961
by Beatrice Roethke. Das Zitat ist dem Band
The Collected Poems of Theodore Roethke entnommen,
der in den USA bei Doubleday erschienen ist
Umschlaggestaltung: Susanne Heeder
Foto: G + J Photonica / Silvestre Machado
Foto der Autorin © 1995 by Bill O'Leary
Satz Sabon PostScript (PageOne)

rororo Biographien

Lebensgeschichten

In loser Folge erscheint eine Reihe ganz besonderer Biographien bei rororo: Lebensgeschichten aus dem Alltag, in denen sich das Zeitgeschehen auf eindrucksvolle Weise widerspiegelt.

Helen Colijn
Paradise Road *Eine Geschichte vom Überleben*
(rororo 22146)

Friedrich Dönhoff / Jasper Barenberg
Ich war bestimmt kein Held *Die Lebensgeschichte von Tönnies Hellmann, Hafenarbeiter in Hamburg Mit einer Einleitung von Marion Gräfin Dönhoff*
(rororo 22245)
Seit Jahren korrespondieren Gräfin Dönhoff und Tönnies Hellmann miteinander. Denn so kraß der Klassenunterschied zwischen ihnen, so verbindend ist die Erfahrung des Widerstands gegen den Nationalsozialismus. Hellmann war Kommunist, Mitglied der Bästlein-Gruppe, wurde von der Gestapo verfolgt, war als Kriegsgefangener in Sibirien.

Anne Dorn
Geschichten aus tausendundzwei Jahren *Erinnerungen*
(rororo 13963)

Jean Egen
Die Linden von Lautenbach *Eine deutsch-französische Lebensgeschichte*
(rororo 15767)

Melissa Green
Glasherz *Eine Kindheit*
(rororo 22362)

Eva Jantzen / Merith Niehuss (Hg.)
Das Klassenbuch *Geschichte einer Frauengeneration*
(rororo 13967)
Fünfzehn Frauen aus Erfurt führten seit ihrem Abitur im Jahre 1932 ein Tagebuch, in das reihum jede von ihnen Erlebnisse und Gedanken über ihr Leben schrieb. Dieses «Klassenbuch» führt aus zeitgenössischer Perspektive durch die Kriegs- und die Nachkriegszeit des geteilten Deutschlands bis ins Jahr 1976 und schildert die sehr privaten, aber gleichzeitig auch typischen Frauenschicksale.

Tracy Thompson
Die Bestie *Überwindung einer Depression*
(rororo 22396)

Ein Gesamtverzeichnis aller bereits lieferbaren Titel dieser Reihe finden Sie in der *Rowohlt Revue*. Vierteljährlich neu. Kostenlos in Ihrer Buchhandlung.

Rowohlt im Internet:
http://www.rowohlt.de

3655/1

Nahaufnahmen

Carola Stern
In den Netzen der Erinnerung
Lebensgeschichten zweier Menschen
(rororo 12227)
«Wie konnte man, als Deutscher, Nazi oder Kommunist – also mit (vielleicht) treuestem Herzen einem verbrecherischen System dienen? – Wie schwer sich zwei höchstgebildete, gewissenhafte Menschen mit der Bewältigung der Vergangenheit tun, das hat Carola Stern nun jedermann klargemacht. Nicht nur deshalb: ein liebenswertes Buch.»
Gerd Bucerius, Die Zeit

Ernst Toller
Eine Jugend in Deutschland
(rororo 4178)
Als begeisterter Freiwilliger zog er in den Ersten Weltkrieg und als humanitärer Pazifist kehrte er heim. Er schlug sich auf die Seite der Aufständischen und erkannte früh die tragische Grenze der Revolution. Das wahrscheinlich bedeutendste Werk des expressionistischen Autors Ernst Toller, der in Dichtung und Politik keinen unversöhnlichen Gegensatz sah.

Edith Piaf
Mein Leben
(rororo 859)
Die Autobiographie der Piaf, deren Stimme für die Welt zum Inbegriff des französischen Chansons wurde. Die Beichte eines Lebens, gezeichnet von Alkohol, Rauschgift und Liebe. Der Abschied eines großen Herzens – mit dem Fazit: ‹Je ne regrette rien.›

rororo Literatur

Anja Lundholm
Das Höllentor *Bericht einer Überlebenden. Mit einem Nachwort von Eva Demski*
(rororo 12873 und als gebundene Ausgabe)
Anja Lundholm kam 1944 ins Frauen–KZ Ravensbrück. Als eine von wenigen überlebte sie das Lager, in dem die Nazis Zehntausende weiblicher Gefangener zusammengepfercht hatten.
«Anja Lundholm erklärt nicht; sie kommentiert nicht. Sie entschuldigt nicht. Sie schreibt, was geschah.»
Die Zeit

3297/2

Lebensläufe

Linde Salber
Tausendundeine Frau *Die Geschichte der Anaïs Nin*
(rororo 13921)
«Mit leiser Ironie, einem lebhaften Temperament und großem analytischen Feingefühl.» *FAZ*

Virginia Harrard
Sieben Jahre Fülle *Leben mit Chagall*
(rororo 12364)

Kenneth S. Lynn
Hemingway *Eine Biographie*
(rororo 13032)

Michael Jürgs
Der Fall Romy Schneider *Eine Biographie*
(rororo 13132)
»Der Fall Romy Schneider ist ein freundschaftliches Buch, aufrichtiger und interessanter als die meisten Biographien, die bei uns über Schauspieler geschrieben werden.» *Süddeutsche Zeitung*

Erika Mann
Mein Vater, der Zauberer
Herausgegeben von Irmela von der Lühe und Uwe Naumann
(rororo 22282)
Die Geschichte dieser außergewöhnlichen Vater-Tocher-Beziehung wird in diesem Band nachgezeichnet. Mit zahlreichen Essays, Interviews und Briefen.

Andrea Thain
Katharine Hepburn *Eine Biographie*
(rororo 13322)

rororo Biographien

Charlotte Chandler
Ich, Fellini *Mit einem Vorwort von Billy Wilder*
(rororo 13774)
«Ich habe nur ein Leben, und das habe ich dir erzählt. Dies ist mein Testament, denn mehr habe ich nicht zu sagen.» *F. Fellini zu C. Chandler*

Andrea Thain / Michael O. Huebner
Elisabeth Taylor
Hollywoods letzte Diva. Eine Biographie
(rororo 13512)
«Vor mehr als vierzig Jahren lehrte mich MGM, wie man ein Star ist. Und ich weiß bis heute nicht, wie ich etwas andere hätte sein können.» *Elisabeth Taylor*

Ein Gesamtverzeichnis aller lieferbaren Titel der *Rowohlt Verlage, Rowohlt Berlin, Wunderlich* und *Wunderlich Taschenbuch* finden Sie in der *Rowohlt Revue*. Vierteljährlich neu. Kostenlos in Ihrer Buchhandlung.

Rowohlt im Internet:
http://www.rowohlt.de